墨香会计学术文库

U0674711

资本配置视角下国有资本经营预算制度研究

The Research on State-owned Capital Operating Budget System
from the Perspective of Capital Allocation

陈艳利　著

东北财经大学出版社
Dongbei University of Finance & Economics Press
大　连

图书在版编目（CIP）数据

资本配置视角下国有资本经营预算制度研究 / 陈艳利著． —大连：
东北财经大学出版社，2019.12
（墨香会计学术文库）
ISBN 978-7-5654-3723-6

Ⅰ．资… Ⅱ．陈… Ⅲ．国有资产经营–预算制度–研究–中国
Ⅳ．F123.7

中国版本图书馆 CIP 数据核字（2019）第 296053 号

东北财经大学出版社出版
（大连市黑石礁尖山街 217 号 邮政编码 116025）
网 址：http://www.dufep.cn
读者信箱：dufep@dufe.edu.cn
大连永盛印业有限公司印刷 东北财经大学出版社发行
幅面尺寸：170mm×240mm 字数：241 千字 印张：13 插页：1
2019 年 12 月第 1 版 2019 年 12 月第 1 次印刷
责任编辑：时 博 李 彬 责任校对：王 娟
封面设计：张智波 版式设计：钟福建
定价：48.00 元

教学支持 售后服务 联系电话：（0411）84710309
版权所有 侵权必究 举报电话：（0411）84710523
如有印装质量问题，请联系营销部：（0411）84710711

"东北财经大学'双一流'建设项目高水平学术专著出版资助计划"资助出版

前　言

　　从名义上讲，国家是国有资本的初始委托人，具有管理国有企业、实现国有资本保值增值的职能。国有资本经营预算（简称"国资预算"）制度是政府部门通过预算手段履行国有资本出资者职责的创新方式，也是以管资本为主加强国有资产管理和改革国有资本授权经营体制的现实选择，该制度的建立和实施对于完善政府预算管理体制、深化国资国企改革以及促进国有资本做强做优做大具有关键影响。

　　2007年国资委颁布了《关于试行国有资本经营预算的意见》，中央层面的国资预算试点工作拉开序幕，结束了中央企业缴税留利的历史，此后国资预算制度得到不断完善；地方层面，2010年财政部下发《关于推动地方开展试编国有资本经营预算工作的意见》之后，各地政府高度重视，国资预算改革迅速推广到全国，目前已形成了各具特色的制度模式，其中北京市、上海市最具代表性。经过多年的探索与实践，国资预算的制度框架已基本建立，制度实施范围不断扩大并积累了丰富的经验。然而，制度框架的建立并不代表关于国资预算的理论与实践问题已得到解决，其制度实施效果还有待进行更为系统和深入的检验。

　　2015年国家发布的《中共中央、国务院关于深化国有企业改革的指导意见》中，强调"建立覆盖全部国有企业、分级管理的国有资本经营预算管理制度，提高国有资本收益上缴公共财政比例"。2017年党的十九大报告提出要建立"全面规范透明、标准科学、约束有力的预算制度"和"全面实施预算绩效管理"的重要改革任务。在此背景下，对国资预算的实施效果进行系统审视尤其必要和紧迫：中央和地方的国资预算制度实施状况如何？存在哪些可复制推广的经验和亟待解决的问题是什么？国资预算制度的实施对于国有企业的资本经营活动有何影响？是否助力了政府全口径预算管理？如何从制度上改进和优化国资预算的总体思路和具体措施？这一系列问题的研究对于促进实现国资预算制度改革目标和制度完善具有重要的现实意义。

　　我国经济已由高速增长阶段转向高质量发展阶段，这对国有资本质量和监管效率提出了新的挑战。国有资本的高质量发展，需要以科学的资本配置手段和高效的资本配置效率为基础，还要适当兼顾资本配置的公平性。所以，立足于社会经济转型和全面深化国有企业改革的现实背景，本书基于资本配置的视角，以国资预算与国有资本优化配置之间的良性互动为逻辑主线，对相关基础概念、理论和政策发展进行了系统的梳理，对比总结了国外国资预算管理的相关经验，重点对国资预算的制度实施效果进行总体描述和实证检验，基于国资预算制度改革实践过程中的现实问题，系统提出资本配置视角下完善国资预算制度的政策设计。

本书是国家社会科学基金项目"资本配置视角下国有资本经营预算的实施效果与制度完善研究"（14BJY151）的阶段性研究成果，由衷感谢课题组成员姜艳峰、姜英兵、刘英明、周萍和陈长石等人就前期思路梳理、整体框架设计以及润色定稿等提供的宝贵意见和大力支持。本书部分前期成果发表于《经济学动态》《改革》《财经问题研究》等学术期刊，由衷感谢杂志社编辑老师及审稿专家给予的建设性修改意见与指导帮助！

本书的出版获得了"东北财经大学'双一流'建设项目高水平学术专著出版资助计划"的资助，在此，向东北财经大学发展规划与学科建设处、科研处和东北财经大学出版社一并致以由衷谢意！

由于时间和水平有限，书中疏漏在所难免，恳请广大读者批评指正。

作 者

2019 年 10 月

目　录

1 引　言

自 2007 年 9 月 8 日《国务院关于试行国有资本经营预算的意见》（国发〔2007〕26 号）发布至今，经过实践摸索与经验总结，国有资本经营预算（简称"国资预算"）制度已在全国范围内普遍实施。然而，制度框架的建立并不表明国资预算的理论与实践问题已得到解决。国资预算制度的实施现状如何？其实施是否能够促进国有资本的有效配置？制度实施的效果又受到哪些因素限制？上述问题都是完善国资预算制度亟待解决的关键。基于此，本书以资本配置视角下国资预算制度的实施效果为研究对象，以产权理论、委托代理理论等相关理论为分析工具，结合国外经验比较，系统分析国资预算的实施现状、效果以及存在的缺陷和不足，最后对完善基于资本配置视角下的国资预算制度提出建设性的意见。

1.1　研究背景及研究意义

1.1.1　研究背景

国有资本（经营性国有资产）的主要载体是国有独资企业及国有控股企业，国资预算是政府履行国有资产出资者职责的重要方式，是国有资本经营管理模式变革的现实选择，其对政府预算管理体制改革具有重要影响。自 2007 年中央企业试行国资预算制度以来，国资预算实施由中央企业扩大到地方国有企业，相关政策文件不断健全。中央企业层面，国务院于 2007 年颁布了《国务院关于试行国有资本经营预算的意见》（国发〔2007〕26 号），率先在部分中央企业试行国资预算制度，并在此后逐步扩大预算实施范围。在预算支出方向不断调整并与其他预算体系加强衔接的同时，国有资本收益上缴比例已进行三次调整，国资预算实行的广度与深度也不断扩大，并取得显著效果。地方国有企业层面，在中央政府的引导下，各地方政府也根据自身情况纷纷出台关于实施国资预算的意见或办法，积极探索各具特色的预算管理模式。尤其在 2011 年和 2014 年相继发布关于推动地方开展国资预算的编报与实施的通知以来，地方国资预算制度蓬勃发展起来。

然而，制度框架的建立并不代表关于国资预算的理论与实践问题已得到解决。在国资预算制度的实践过程中，暴露出一些不可忽视的问题，阻碍了其制度作用的有效发挥。与西方国家相比，我国国有资本收益上缴比例较为笼统且整体偏低；虽然预算支出方向逐步与一般公共预算和社保基金预算体系衔接，但在保障民生领域的支出比例仍然偏低，预算支出的公平性有待加强；预算的执行、监管仍存在职能交叉和失职等问题；各地方国资预算制度的执行情况总体差异较大，预算信息披露、预算编制规则等有待统一和完善……

2013年党的十八届三中全会颁布的《中共中央关于全面深化改革若干重大问题的决定》中将"以管资本为主加强国有资产监管"以及"完善国资预算制度，提高国有资本收益上缴公共财政比例"作为深化改革的重要内容。2015年颁布的《中共中央、国务院关于深化国有企业改革的指导意见》中，强调要建立覆盖全部国有企业、分级管理的国资预算管理制度。2016年国务院《关于推动中央企业结构调整与重组的指导意见》（国办发〔2016〕56号）对于优化国有资本配置提出了新要求。强调"中央企业结构调整与重组要坚持公有制主体地位，发挥国有经济主导作用，以优化国有资本配置为中心"。

2017年党的十九大报告提出，建立"全面规范透明、标准科学、约束有力的预算制度"和"全面实施预算绩效管理"的重要改革任务。在此背景下，对国资预算的实施效果进行系统审视尤其必要和紧迫：国资预算的实施是否能够优化国有资本配置结构、提供国有资本配置效率？是否增强了国有资本投资运营中的国有资产预算监管？是否改善了国家与国企的分配关系？是否助力了政府全口径预算管理？如何从制度上改进和优化国资预算的总体思路并提出具体的改革措施？

我国经济已由高速增长阶段转向高质量发展阶段，这对国有资本质量和监管效率提出了新的挑战。国有资本高质量发展，体现为合理的国有资本配置，需要兼顾资本配置的效率和公平两个维度的优化改革。立足于社会经济转型和全面深化改革的现实背景，本书基于国有资本配置的视角，较为系统地研究国资预算的实施效果，以国资预算与国有资本优化配置之间的良性互动为逻辑主线，系统研究资本配置视角下完善国资预算制度的政策设计。系列问题研究对于完善国资预算制度，促进国有资本经营效率提升具有重要的现实意义。

1.1.2　研究意义

本书研究资本配置视角下国资预算的实施效果及其制度完善，研究内容符合党的十八届三中全会提出的"完善国有资产管理体制"的战略导向以及"完善国资预算制度"的政策取向，具有重要的理论及实践价值。

1）理论意义

为了有效调整国有经济布局，积极促进国有资本保值增值，相关部门有必要加快构建系统完备、规范有效的国资预算的制度体系，针对中国目前国有资产监管越位、缺位、错位以及监督机制不健全等问题，需要合理设计并不断强化国资预算的组织机制和监管机制。本书以此为重点，对国资预算的相关理论概念、制度框架、国际经验以及制度实施效果进行研究，为上述问题的解决以及制度完善提供理论参考。

国资预算制度实施后，国有企业无需上缴利润已成为历史，但上缴多少、利润如何分配等话题仍旧是争议讨论的热点。理论层面，本书在借鉴已有研究成果的基础上，评价国资预算制度实施对国有资本配置的影响，尤其是国有资本收益收取规定对国有企业管理层代理行为的影响，有助于丰富国资预算、国有企业公司治理等领域的研究。

2）实践意义

中国自2007年试编中央企业国资预算至今已达12年之久，但是地方国资预算的编制起步较晚，各省市实施情况差异较大，地方国资预算实行情况的统计口径缺乏可比性。客观而言，无论是中央还是地方，尚缺乏对国资预算制度实施情况系统的描述性分析，以及规范的实证效果检验。本书通过对国资预算的实施效果进行实地调研、访谈调查（调查问卷见附录5）、案例分析和实证检验，分别对中央和地方的国资预算制度实施状况进行系统的描述性分析，并且重点从资本配置的视角研究检验国资预算制度实施带来的经济后果，总结当前制度存在的缺陷并据此提出针对性的完善建议，对于国资委、财政部等政府有关部门完善和落实国资预算制度具有较为重要的参考价值。

此外，以资本配置效率与公平为导向，明确国资预算与政府公共预算的关系，理顺财政部门与国资委的职责分工，放大其引导与调控功能，能够为实现国有经济结构调整与政府治理转型提供研究参考。

1.2 研究思路与研究方法

1.2.1 研究思路

本书立足于社会经济转型和全面深化改革的现实背景，以国资预算为研究对象，以国有资本配置为研究视角，系统研究国资预算实施效果与政策完善设计。

（1）界定国有资本配置的概念范畴和评价标准，确立资本配置视角下国资预算制度实施效果的研究基础。本书对国资预算和资本配置等相关理论概念进行系统的梳理和界定，对国资预算、国有资产管理、国有资本收益上缴模式等内容进行国际比较，以此提供国资预算制度实施效果评价的理论基础。

（2）对中央和地方国资预算制度进行较为详尽的描述，提供国资预算实施效果及其完善的实践依据。对不同省份、地区和行业的国有资产管理机构进行问卷调查与深入访谈，获取有关国资预算制度实施情况的相关资料，考察制度实施中存在的问题以及影响其实施效果的可能因素。

（3）实证检验探究国资预算制度实施对国有资本配置的影响。本书以纳入国资预算制度实施范围的国有企业为研究样本，利用国泰安、万德以及国资委、财政部等网站披露的国资预算相关数据，构建计量模型，实证检验国资预算制度实施对于资本配置效率（投资效率、价值创造能力以及企业绩效等）与资本配置公平（支持和保障民生的力度）的影响，剖析制度实施过程中存在的现实制度约束和优化路径。

（4）研究设计资本配置视角下国资预算制度的系统性完善政策。综合理论分析、国际经验对比、实践案例考察和实证检验结果，结合社会经济转型和全面深化改革的现实要求，研究设计国资预算的优化资本配置的战略机制，据此构建国资预算的制度体系，系统性提出资本配置视角下完善国资预算制度的政策建议参考。

本书遵循"问题提出→概念界定→文献综述→理论基础→国际比较→实施状况描述→经验研究→制度缺陷与完善→研究结论"的思路，基于国有资本配置的视角对国有资本经营预算制度进行探究，研究思路框架图如图1-1所示。

1.2.2 研究方法

本书将理论分析与实证检验相结合，综合运用多种研究方法：

（1）运用历史逻辑法、归纳分析法诠释国资预算的属性与战略性功能定位；运用分类分析法和演绎归纳法界定国有资本配置的概念范畴和评价标准。

（2）运用历史逻辑法考察国资预算的历史变迁，并通过案例分析、问卷调查与深入访谈法，获取国资预算实施情况及其资本配置状况的最新数据。

（3）运用演绎推理法提出若干研究假设，并运用数理统计和经济计量研究法，进行数据分析和实证检验，提供基于资本配置的国资预算实施效果的经验证据。

（4）运用系统研究法和归纳分析法，构建国资预算的制度体系，研究设计资本配置视角下完善国资预算制度的系统性政策建议。

研究思路	研究内容	研究方法
问题提出	**导论** 研究背景及意义 / 研究内容及主要框架 / 研究贡献	时事整理 文献搜集 数据统计
概念界定	**概念界定** 资本与资产 / 资本配置 / 国有资产、资本 / 国资预算	文献搜集 分类归纳
文献综述	**文献综述** 资本配置相关研究 / 国资预算相关研究 / 文献评述	文献搜集与 整理、评述
理论基础	**理论基础** 国有资本配置 / 国资预算制度 / 国有资本收益上缴与支出 马克思主义资本配置理论等 / 产权理论、委托代理理论等 / 股利政策理论、自由现金流理论等	文献梳理 理论分析 演绎归纳
国际比较	**国际比较** 模式比较 / 预算模式、国资经营 / 对中国的启示	比较分析 系统研究 归纳分析 历史逻辑
实施状况描述	**制度实施状况总体性描述** 中央层面 ⇒ 制度框架、收入、支出 / 地方层面	问卷调查 数据搜集 统计分析
经验研究	**经验研究** 投资效率 / 价值创造 / 企业绩效 / 支出公平	案例研究 实证研究 规范研究
制度缺陷与完善	**制度缺陷与完善** 组织体系 / 编制体系 / 执行体系 / 监督体系 / 配套保障	文献搜集 归纳总结
研究结论	**研究结论与展望**	归纳总结

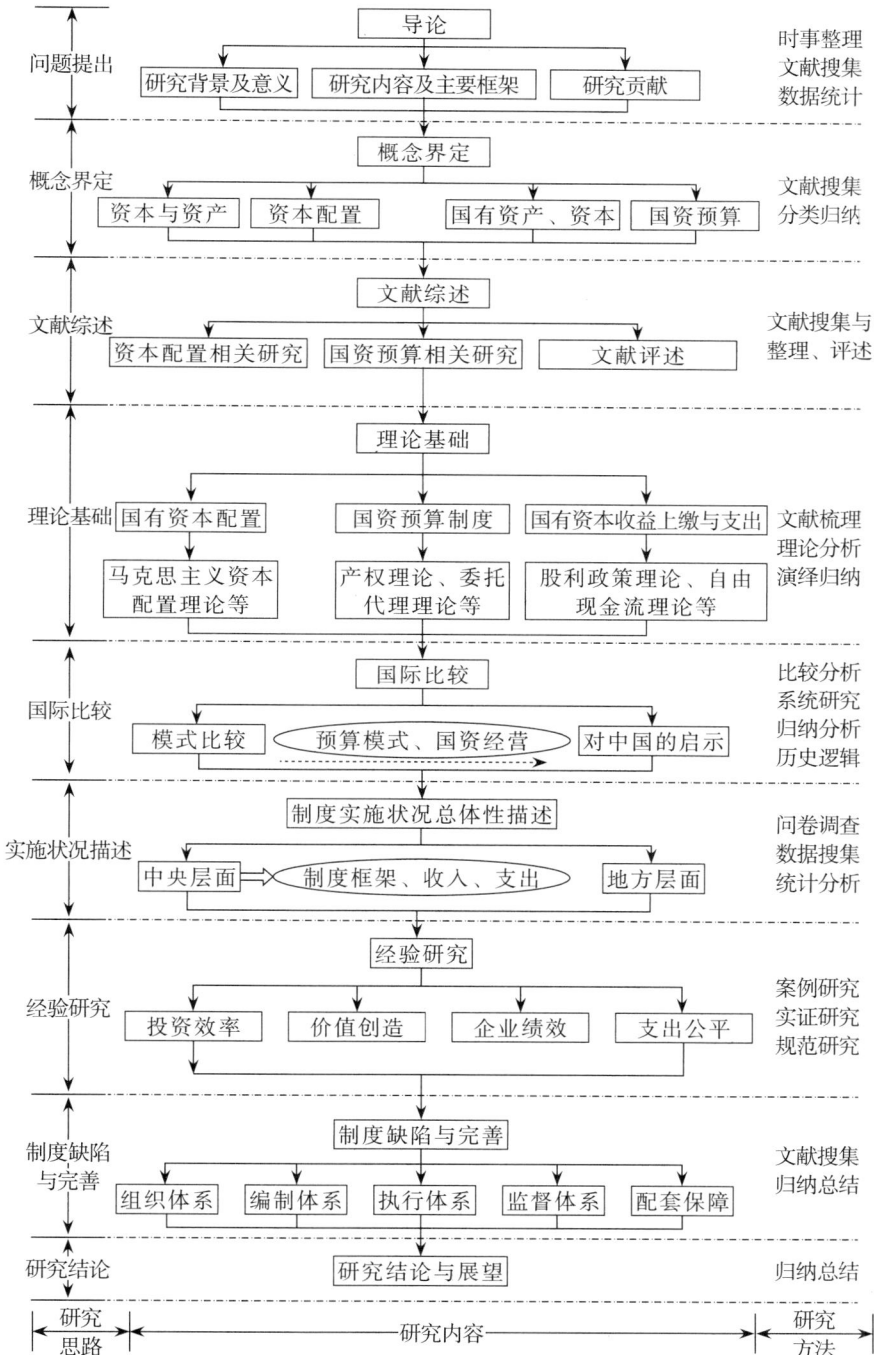

图 1-1 研究思路框架图

5

1.2.3 研究创新

本书在研究中的创新主要体现在：

研究视角层面：开创性地以资本配置为研究视角对国有资本经营预算的实施效果进行理论分析和实证研究，并提出国有资本经营预算制度的完善政策。

研究成果层面：确立国有资本经营预算的优化资本配置的战略机制，构建国有资本经营预算的制度体系，尝试性提出资本配置效率与公平动态平衡导向下完善国有资本经营预算制度的系统性政策建议。

2 资本配置视角下国资预算制度研究：概念界定

基于研究目标，本章主要对核心概念进行界定，具体包括资本与资产、资本配置、国有资产和国有资本以及国资预算。其中，重点对国资预算的演进历程、性质与地位以及制度框架进行了系统的梳理。

2.1 资本与资产

资本是马克思主义经济学的范畴。按照马克思在《资本论》中的定义，资本是能够带来剩余价值的价值，是对剩余劳动的占有权和支配权，是为了自身价值增值的价值运动[①]。

对于资本的理论研究，可追溯到西方古典政治经济学，当时人们就开始探究各种投入在生产过程中发挥的作用及与价值分配的关系，形成了关于资本在性质、内涵、作用等方面的学术观点。由于历史条件、认识角度等多方面的差异，经济学家对资本概念的理解各不相同，但大致可将其划分为货币时间派、生产资料派、时间派、资本宽派与资本关系派，详见表2-1。

由学者的观点可以看出，马克思揭示出资本概念中最本质的内容，即资本体现的是人与人之间的关系，是特定历史形态下生产资料所有者与劳动力所有者之间交换关系的总和。但是，马克思认为资本是资本主义特有的经济范畴，注重其社会属性而忽视了自然属性。抛开社会制度属性，资本从其自然属性来看，它是一种特殊性质的价值运动形式，主要体现为资本运动的价值实现程度。

资本的运动过程以流动为手段，以增值为目标。增值性与流动性是资本的两个本质特征。资本的价值增值特性是指资本能够创造出大于其自身价值的价值，这种特性使其不断地追求效率最大化，以期用最小的投入获得最大的产出。流动性是资本得以存在并使其获得价值增值的必要条件。马克思认为流动性是区分资本的交换价值与货币的重要方面。除此之外，资本的特征还包含风险性、趋利性等。

---

① 马克思，恩格斯. 马克思恩格斯全集 [M]. 中共中央马克思恩格斯列宁斯大林著作编译局，译. 北京：人民出版社，1972.

表 2-1   "资本"代表性观点汇总表[①]

学术观点	代表人物	主要观点
货币时间派	Turgot、McLeod	该学派主要从货币在生产过程中所起的作用的角度认识资本，认为虽然资本以多种形式存在，但资本总是首先表现为货币，并且所有形式的价值都可以用货币来度量
生产资料派	David Ricardo、Clark、Paul A Samuelson	该学派将全部或部分的生产资料作为资本，将资本作为生产过程中必不可少的要素，并把其与劳动和自然资源作为同样发挥作用的生产必要条件
时间派	Eugen Bohm-Bawerk、Hicks John Richard	该学派认为资本具有周期性的特点，强调周期性对资本价值的影响，并指出周期性在经济分析中具有重要的作用
资本宽派	Adam Smith、Marshall、Fisher	该学派的主要观点是凡是可以获利的手段（包括物、货币、人的知识与能力）都是资本，把资本看作与劳动相对应的可以辅助劳动的各个方面
资本关系派	Karl Heinrich Marx	该学派认为资本以物的形态进行循环周转，在流通中增值，资本的本质是带来剩余价值的价值

    许多人将资产与资本视为同一概念，但实际上却并非如此。资产作为一个概念，有经济学内涵和会计学内涵之分。从经济学角度来看，《现代经济词典》规定："资产之所以对物主有用，或者是由于它是未来事业的源泉，或者是由于它可以用于取得未来的利益[②]。"从会计学角度来看，1993 年的《企业会计准则》规定："资产是企业拥有或者控制的能以货币计量的经济资源，包括各种财产、债权和其他权利[③]。"其中，"拥有或者控制"是指企业虽然形式上没有所有权，但是实际上取得控制权，能够拥有并处置与所有者相关的利益风险。从上述定义来看，"资产"这一概念强调两点：一是资产被特定的人或者组织控制，二是资产能够带来某种经济收益[④]。资本与资产的定义、表现形态、特点等既有区别又有联系。详见表 2-2。

① 贾后明. 资本概念理解上的分歧及派别划分 [J]. 理论月刊，2003（12）：77-80.
② 格林沃尔德. 现代经济词典 [M].《现代经济词典》翻译组，译. 北京：商务印书馆，1981.
③ 财政部于 1993 年发布《企业会计准则》，标志中国会计制度改革迈出一大步。
④ 邓子基、陈少晖. 国有资本财政研究 [M]. 北京：中国财政经济出版社，2006.

表 2-2　　　　　　　　　　　　　　资本与资产的区别与联系分析表

区别	定义	表现形态	特点	二者联系
资本（capital）	出资人以出资形成的资本性权益	以价值形态（股权或产权）表现	增值性、流动性、风险性、趋利性、竞争性等	资本是资产的一个组成部分，对应于以价值增值为目标的部分
资产（asset）	用于生产经营活动，为投资者带来未来经济利益的经济资源	以实物形态（流动资产、固定资产等）表现	为特定的经济主体所拥有或控制；能够带来收益的经济资源；能够以货币加以计量	

在国资预算制度中，国资委组建的投资控股公司的任务是资本经营，而其下属企业的资本可看作投资控股公司自有资产。对于投资控股公司控制的企业来说，它们对于自有的资本并不具有所有权，无权经营自有的资本，但是可以通过从事生产经营活动使资产保值增值[①]。

2.2　资本配置

资本的稀缺性和可选择性使得资本配置成为理论和实践的重大问题。前者表明资本合理配置的必要性，后者说明资本合理配置的可能性。客观上，资本稀缺性要求合理配置资本，在资本稀缺性制约的情况下，企业或政府需合理安排资本来源结构，以促进资本利用最大化。较之民营企业和外资企业，中国国有企业资本配置效率虽然稳定，但仍处于较低水平[②]。众所周知，提升资本配置的合理性对融资结构、投资结构具有优化作用，同时也能提高资本的经营效率。高效公平的国有资本配置要求政府合理地将资本分配到适当的企业、行业和公共领域中，使用定量的资本创造出更多的社会财富，即保证国有资本在为经济领域服务的同时能够更好地为公共领域提供服务。资本配置概念界定图如图 2-1 所示。

2.2.1　资本配置

资本通过各种经济活动在各区域和部门间流动被称为资本配置。资本配置包含两方面内容，分别为资本的形成运用与资本收益的分配。对于国有企业来说，资本的稀缺性要求企业或政府合理配置资本，通常采用的手段有计划配置和市场配置两种。

---

① 李曙光. 国有资产法律保护机制研究［M］. 北京：经济科学出版社，2015.
② 方军雄. 所有制、市场化进程与资本配置效率［J］. 管理世界，2007（11）：27-35.

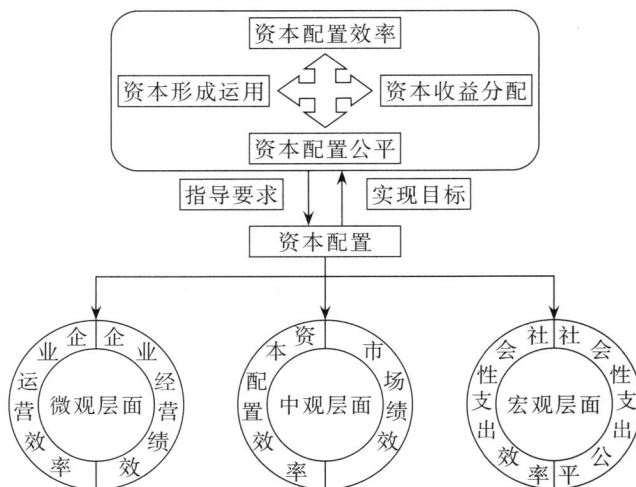

图 2-1 资本配置概念界定图

在资本形成中，资本配置主要是做出筹资决策计划，即资本的来源和构成，包括长期资本和短期资本计划、债务资本和权益资本计划、债务和权益资本内部计划。在资本运用中，资本配置主要是做出投资决策计划，即对资本流向和流量进行动态调整。在资本收益的分配中，资本配置主要是为不同利益主体设定合理的分配标准，妥善处理主体间的收益分配关系。微观层面，在国有企业兼并与收购、破产与重组中，资本配置更多地表现为资本的再配置，并保证国有资本保值增值；中观层面，资本的配置对象主要体现在国有资本在竞争性行业退出，选择具有发展潜力或需要扶持的行业；宏观层面，资本配置主要作用于政府的转移支付以及公共财政领域。

2.2.2 资本配置效率

资本配置效率是指资本在形成运用和利润分配过程中的运行效率。资本配置效率的提高作为促进经济发展的手段之一，是指在社会资本总量固定的情况下，资本可受到利润信号的驱使，在各企业、行业、区域或部门间高效流动。资本配置效率的提高，意味着资本将按照投资收益率的水平，从高往低依次满足各企业、行业、区域或部门的需要，使资本配置到具有成长潜力或效益较高的领域[①]。当资本不存在进一步交易的空间，企业间投资运营效率或行业间资本配置效率变得相等时，资本进入最优配置状态，各个领域的资本边际收益率都没有差异，即实现帕累托最优的目标。资本配置效率的影响因素主要包括所有制类型、市场化进程、行业要素密集度和企业外源融资等。影响资本配置效率的因素包括产权问

---

① 蒲艳萍，成肖. 金融发展、市场化与服务业资本配置效率［J］. 经济学家，2014（6）：43-52.

题、信息不对称、治理缺陷和监管失败。

资本配置效率的度量方法主要分为两类。一类是经验公式或生产函数，例如新古典经济增长模型、柯布-道格拉斯生产函数等；另一类是投入产出法，例如Malmquist指数分解法[①]和Wurgler经典范式及拓展模型[②]等。相比较资本配置效率，资源配置效率是衡量证券市场运行效率的另一个关键指标，即稀缺的证券是否会流向资源运用效用好的公司。目前理论界没有对资源配置效率做出权威明确的解释，但可以在宏观和微观视角对其进行分析。从宏观角度来看，资源配置效率分为全社会经济角度和证券市场角度，前者是指社会所有资源配置状态具有经济效率，后者具有两重含义，其一是聚集社会资本资源，使证券市场能够实现资源配置效率的最大化，其二是证券市场内部将资源配置到能够最大化产生社会财富的公司和行业中。从微观角度（企业）来看，资源配置效率包括融资和投资两个完整的证券配置流程。

2.2.3 资本配置公平

资本配置主要体现在三个方面：收入分配的公平、产业配置与不同区域内产业配置的公平和资源配置公平，其中资源配置公平仅限于一些公共资源的配置方面，如教育资源配置公平性问题，医疗资源配置公平性问题等，但国有资本配置的公平性问题专门研究较少。

收入分配公平和资源配置公平本质上都属于分配问题，资源配置是生产要素的分配。因此在研究国有资本配置公平程度的方法上可以借鉴收入分配公平性的相关资料。产业公平、区域公平和代际公平构成了国有资本配置公平的内容[③]。国有资本配置的产业公平是指国有资本在各产业之间进行配置时，既要增加产业配置效率，也要注重各产业之间协调发展，防止产业发展差距过大。国有资本配置的区域公平是指国有资本在进行区域配置时，除注意发挥区域资源禀赋条件外，还应关注区域的协调发展问题，防止区域经济差距拉大，这是由国有资本的特殊功能决定的。国有资本配置的代际公平是基于可持续发展理论，主要在可持续发展理论要求下做好国有资本在产业与区域间的短期与长期优化配置，并从长期和代际的时间框架出发进行国有资本配置，在考虑当代人公平的基础上，将其与未来各代人之间的公平也考虑进来。中国国有资本配置经历了由计划配置到市场配置的转变。前者由国家按计划配置各种资产，存量资产不能自由流通，资本配置效率总体水平较低，国有资本不存在市场化配置的价值形态。后者由市场主

---

① 王大鹏，朱迎春. 改善资本配置效率的 Malmquist 指数分解方法［J］. 数量经济技术经济研究，2009（1）：99-108.
② W. Financial Market and the Allocation of Capital［J］. Journal of Financial Economics，2000（58）：187-214.
③ 王木，钱坤. 国有资本配置公平性测算与分析——基于94个行业和31个省市的数据［J］. 财会通讯，2011（27）：116-117.

体进行资本配置和运作,实施国有资本结构调整与重新分配,资本配置效率较之前者有所提高,但仍存在提高的空间。此外,如何引导国有资本配置到高效率的部门和民生领域仍是改革中的热点。影响资本配置公平的约束条件包括收入分配差距、社会责任履行、全口径预算管理和政府治理转型。

2.3 国有资产与国有资本

国有资产是指属于国家所有的一切财产和财产权利的总和。"国有资产"在概念上有广义和狭义之分。广义的国有资产,按照中国《企业国有资产法》规定,是指全民所有亦即国家所有的财产,具体是指国家以各种形式投资及收益形成的,或者接受的馈赠转成的,或者凭借国家权力取得的,或者依据法律认定的各种类型的财产和财产权利。目前学术界普遍认同按照经济学理念将广义的国有资产划分为经营性国有资产、事业性国有资产、资源性国有资产和金融性国有资产。狭义的国有资产特指经营性国有资产,即国家出资者在企业中依法拥有的资本及其权益,而经营性国有资产主要指国有资本。

财政部和国家经济贸易委员会在2000年发布的《国有资本保值增值结果计算与确认办法》(财统字〔2000〕2号)中将国有资本定义为:国有资本是指国家对企业各种形式的投资和投资所形成的收益,以及依法认定的国家所有者权益[①]。

由前述可知,狭义的国有资产等同于国有资本。企业国有资产对于国有独资企业来说,是指该企业的所有者权益,属于净资产范畴,而总资产是企业作为法人所拥有的资产,即企业中只有净资产才属于国家所有;企业国有资产对于股份制企业来说,是该企业所有者权益中的国有资本,而总资产是由国家、其他法人、自然人出资形成的企业全部财产(其金额为负债与所有者权益之和)。对国有资产与国有资本在内涵、功能、管理等角度进行的比较详见表2-3。

表2-3 国有资产与国有资本的比较

区别	内涵	功能	管理侧重点	二者联系
国有资产	属于实物形态范畴,是一种实物资产的管理	是静态的概念,强调的是资产实物形态的完整性	侧重于实物管理(管企业),对企业组织直接管理,保证国有资产有效使用	都是属于全民所有的财产,都要求安全完整,某种程度上都要求保值和增值
国有资本	属于价值形态范畴,是一种价值管理	更强调在运行过程中实现保值增值功能	侧重于价值形态(管股权),促进资本不断增值	

---

① 《国有资本保值增值结果计算与确认办法》财统字〔2000〕2号。

正确理解国有资产与国有资本的概念有助于深入国资预算制度的理论研究与实践探索。国家由过去重点强调国有资产到现在更多地强调国有资本，体现了中国对国有资本管理认识的重大突破。树立国有资本的理念，一方面有助于我们从管理全社会的国家财产转移到管理有盈利能力的国有资本，由实物管理转移到价值管理；另一方面也有助于国家从宏观层面最大限度地通过资本流动来调整产业结构，从而实现国有资本保值增值。

2.4　国资预算

国资预算是国有资本经营预算的简称，该简称在学术界采用较为普遍，具有一定的严谨性。国资预算是指国家以所有者的身份对国有资本实行存量调整和增量分配而发生的各项预算，是政府预算体系的重要组成部分。国资预算也是国家进行国家财务管理的重要手段之一，具体以价值预算为核心，通过预算收支安排，使国有资本经营战略落实为预算目标与预算权责体系，可以发挥预算的监督、激励作用，发挥预算的分配和统筹作用，优化国有企业内外部资源配置，实现出资者到位。本部分主要介绍国资预算的演进历程、性质和地位，并分析其制度框架。

2.4.1　国资预算演进历程

随着国有企业改革工作的不断推进，国资预算的定义与相关政策规定也在不断变化与调整。对于国资预算的定义，理论界和实务界经历了从建设性预算到国有资产经营预算、国有资本金预算，最后到国资预算的变化历程。在此基础上的国资预算也由政策层面逐步上升到法律层面。

20世纪90年代，中国开始进行政府预算的编制，1992年起国家预算按复式预算编制，即编制经常性预算和建设性预算。建设性预算包括对国有企业的投资内容，一定意义上可以视为国资预算的前身；1993年，《关于建立社会主义市场经济体制若干问题的决定》首次在政策层面上提出国有资产经营预算，但并未对国有资产经营预算与国资预算进行区分；1995年《中华人民共和国预算法实施条例》（国务院令第186号）首次在法律层面提出国有资产经营预算；1998年，政府提出要"逐步建立起政府公共预算、国有资本金预算和社会保障预算制度"，此时将国有资产经营预算调整为国有资本金预算，这是由重视"资产"到重视"资本"的转变，体现出国家对出资人的重视，同时更加适应国有资产管理体制改革和财政职能转变的要求。

此后，政府进入了不断完善国有资产经营预算制度的阶段。2003年，《中共中央关于完善社会主义市场经济体制若干问题的决定》明确提出建立国资预算制度与企业经营绩效考核体系；2007年，国务院发布《关于试行国有资本经营预算的意见》（国发〔2007〕26号），要求中央本级国资预算从2008年开始实施，收取实施范围内企业在2007年实现的国有资本收益，这标志着国资预算制度的正式建立。同年12月，国家提出国有企业应缴利润比例；2008年，《中华人民共和国企业国有资产法》对国有资产经营预算进行法律阐析，国资预算列明其收支范围与出资人职责，国资预算制度上升到法律层面；2012年，国资预算制度初步改进，逐步扩大预算范围，提高应缴利润比例；2013年，国资预算逐步完善，再一次扩大国有资本收益申报范围，强调有效提高资金使用效率；2014年，提出完善政府预算体系，并强调统筹协调国资预算与其他预算体系。2017年财政部出台《中央国有资本经营预算支出管理暂行办法》和《中央国有资本经营预算编报办法》，国资预算的支出管理得到完善和加强，由此可见，国资预算从制度提出到预算具体编制与执行，都在实践中得到不断完善。中央国资预算制度发展时间轴如图2-2所示。

年份

	2017年出台《中央国有资本经营预算支出管理暂行办法》和《中央国有资本经营预算编报办法》
2015年提出提高国有资本收益上缴比例，2020年目标为30%，且更多用于保障和改善民生	2016年将部分中央金融企业纳入新管理条例，并扩大预算支出项目
2013年国资预算制度逐步完善，再一次扩大预算范围	2014年进一步提高国有资本收益收取比例，完善政府预算体系
2008年《中华人民共和国企业国有资产法》，使国有资产经营预算从政策层面上升到法律层面	2012年国资预算制度初步改进，逐步扩大预算范围，提高分红比例
2003年《决定》明确提出建立国资预算制度	正式建立国资预算制度
1995年《中华人民共和国预算法实施条例》（国务院令第186号）首次在法律上提出国有资产经营预算制度	国有资产经营预算调整为国有资本金预算，这是由重视"资产"到重视"资本"的转变
1992年提出编制建设性预算，是国资预算制度的前身	首次在政策上提出国有资产经营预算

图2-2 中央国资预算制度发展时间轴

作为国资预算系统的重要组成部分，地方国资预算制度改革对于国有企业的整体发展和国资预算目标的实现，有着不可替代的作用，相关改革工作正如火如荼地进行。地方国资预算的演进历程可以追溯到1987年，中国第一家国有资产管理经营专门机构，即深圳市投资管理公司在深圳成立。2004年，深圳市开始独立编制市本级国有资产收益预算。此后，北京市、上海市等地方国资委初步推出当地的国资预算制度。为了进一步推动地方国资预算制度的工作开展，我国财政部在2010年5月下发《关于推动地方开展试编国有资本经营预算工作的意见》（财企〔2010〕83号），各地政府高度重视，因地制宜，积极建立和完善本地国资预算制度。此后，财政部相继发布了更多政策，以促进地方国资预算制度的发展和完善。2011年，为推动地方国资预算编制工作的进步，财政部印发了《关于推动地方开展国有资本经营预算工作的通知》（财企〔2011〕83号），提出"2011年试编、2012年汇总编制全国国资预算"的目标，各地严格按照财政部制定的收支科目，单独编报预算，除了新疆、西藏、福建等几个情况比较特殊的省份，其余省份基本上建立了预算编制、执行、绩效、公开"四位一体"的制度体系。2014年10月23日财政部下发《关于做好2015年地方国有资本经营预算编报工作的通知》（财资〔2014〕34号），要求各地对预算编报工作高度重视，及时、保质地做好编报工作，地方国资预算制度进一步完善。到2017年年初，地方试行国资预算制度已将近7年，积累了较为丰富的理论与实践经验，富有中国特色的地方国资预算制度蓬勃发展起来。从财政部汇总编制的全国国资预算报告来看，地方收入占全国收入总额的比例呈现总体上升的趋势，2015年达到最高值36.77%，随着地方国资预算制度的完善，该比例势必会进一步增长。地方国资预算制度发展时间轴如图2-3所示。

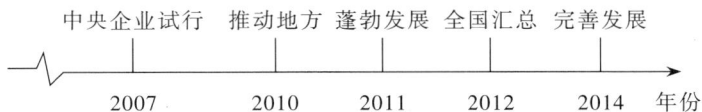

图2-3　地方国资预算制度发展时间轴

根据文献梳理和政策研究，本书认为国资预算制度特点如下：首先，国资预算制度反映政府以资本所有者身份对经营性国有资产的收入与支出活动进行管理与分配[1]；其次，国资预算制度包含中央与地方两个层面；再次，国资预算制度目的在于对国有资本进行保值与增值、对国民经济结构进行不断优化；最后，国资预算制度始终坚持"统筹兼顾、适度集中；相对独立、相互衔接；分级编制、逐步实施"[2]的原则。

---

[1]　李燕. 论建立我国国有资本经营预算制度［J］. 中央财经大学学报，2004（2）：1-8.
[2]　《国务院关于试行国有资本经营预算的意见》（国发〔2007〕26号）。

2.4.2　国资预算性质与地位

2014 年，为贯彻落实新预算法和《国务院关于深化预算管理制度改革的决定》（国发〔2014〕45 号），中国对政府预算体系进行完善，强调国资预算与政府其他预算体系的统筹协调。

目前，中国初步形成了由一般公共预算、政府性基金预算、国资预算和社保基金预算组成的全口径政府预算体系。为适应现代财政制度要求，《中华人民共和国预算法》（2018）规定，政府性基金预算、国资预算、社保基金预算应当与一般公共预算相衔接。国资预算与政府其他预算体系的统筹得到加强，国资预算资金调入一般公共预算的力度正在逐步加大。

《关于完善政府预算体系有关问题的通知》（财预〔2014〕368 号）指出，加大政府性基金预算与一般公共预算的统筹力度，将政府性基金预算中用于提供基本公共服务等方面的项目收支转列一般公共预算，并且加大对继续纳入政府性基金预算管理的支出，促进与一般公共预算支出的统筹安排。同时，加大国资预算与一般公共预算的统筹力度，提高国有资本收益上缴公共财政的比例以便更好地保障和改善民生；加强国资预算支出与一般公共预算支出的统筹力度；进一步完善国资预算支出编制工作，细化编制项目，严格审批程序，完善编制程序。国资预算与其他预算体系概念界定如图 2-4 所示。

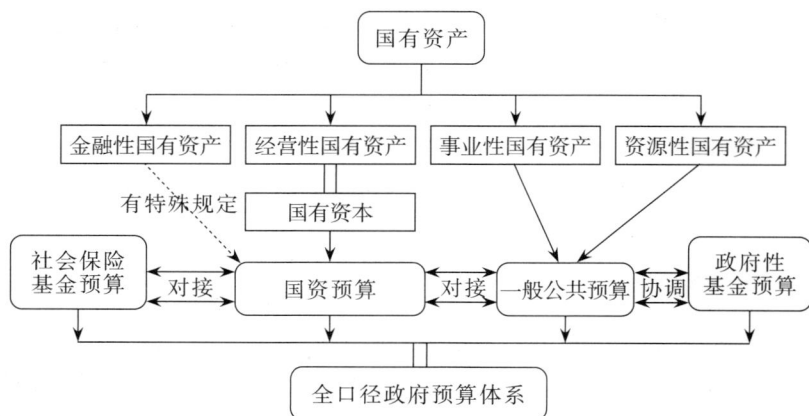

图 2-4　国资预算与其他预算体系概念界定图

2.4.3　国资预算的制度框架

国资预算的制度框架分为国资预算组织体系、国资预算编制体系、国资预算执行体系和国资预算监督体系等。

1）国资预算组织体系

国资预算组织体系是国资预算制度实施的基础，可分为三个层次：一是政府组织层次，国资预算的编制机构为各级政府下属的国资预算部门；二是出资人组织层次，出资人在各级政府委托下管理国有资本，在相关制度的约束下行使国有资本所有者的权利；三是法人组织层次，包括两个方面，分别为国有企业及国有控股企业的法人预算组织结构和出资人的法人预算组织结构。

此外，国资预算的实施过程可以视为组织监督体系，具体包括预算编制、执行、监督与决算审计。

2）国资预算编制体系

实施国资预算制度的第一步是国资预算的编制，其贯穿于整个实施过程。目前，政府相关政策文件对预算编制的原则、目标、主体、格式以及收入范围、收益上缴比例、支出内容、支出方向等步骤进行规范。

财政部为国资预算的主管部门，它负责中央国资预算草案的编制，本单位所监管的央企国资预算建议草案由国资委及其他中央预算单位负责编制。

国资预算收入包括利润收入、股利股息收入、产权转让收入、清算收入、其他国有资本经营收入以及上年结转收入，其反映当年企业国有资本收益预计入库数额及上年结转额。而国资预算支出包括资本性支出、费用性支出以及其他支出。国资预算支出的编制以推动国有资本经济布局战略性调整、支持提供公共服务、保护生态环境与国家安全以及保障和改善民生方向为重点。

国有资本收益上缴比例逐步提高。2014年，最新的政策规定，针对现有的中央企业，国有资本收益的上缴比例需分为五大类别执行：中国烟草总公司收益上缴比例最高，为25%；电力、电信、石油石化等资源垄断特征行业的企业上缴比例为20%；钢铁贸易等一般竞争性行业的企业上缴比例为15%；军工、科研院所等上缴比例为10%；政策性公司（中国储备粮、储备棉总公司）可免除上缴国有资本收益。地方国有企业的收益上缴方式因地而异，但是总体呈现收益上缴比例不断提高的趋势。

3）国资预算执行体系

国资预算的执行体系主要由执行体系和激励评价机制构成。执行体系大致可分为国资委对国资预算的严格执行以及国有资本经营机构对国资预算的严格执行。因为仍有相当一部分企业未纳入国资预算范围，因此还存在巨大的拓展空间。在执行过程中，激励和评价机制是完善国资预算监督管理体系的重要内容。为了加强国资预算的执行力度，政府部门需合理设置考核指标体系，建立健全的、涵盖各个层次的国有经营单位考核与奖惩制度。

4）国资预算监督体系

目前，政府对国资预算监督体系主要从监督格局和监督手段进行强化制约。在监督格局方面，形成国资委、各级政府以及各级人大共同履行职责的监督链条，同时还需充分发挥好市场和社会的力量。国有企业内部审计部门在监督手段方面既代表国家监督了国有企业，同时又协助管理层履行其控制职能。国资预算制度框架如图2-5所示。

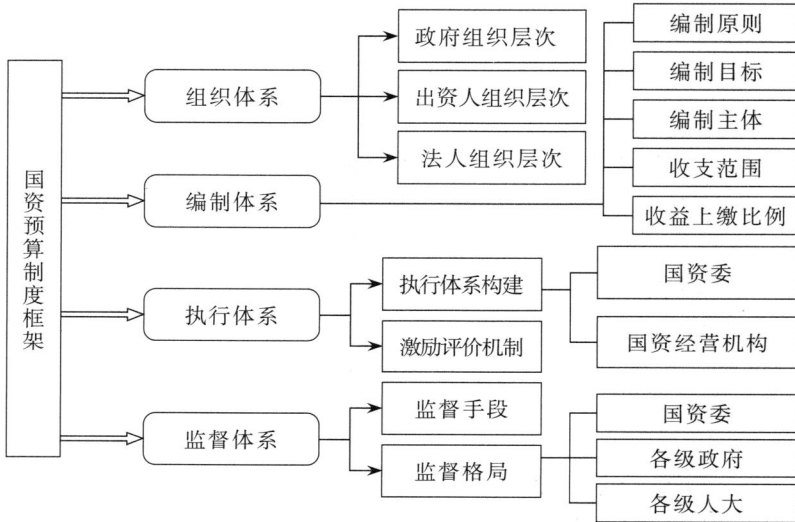

图2-5 国资预算制度框架

3 资本配置视角下国资预算制度研究：文献综述

文献综述分别从资本配置和国资预算两个方面进行。表 3-1 为中国知网收录的相关文献统计，从表中可以看出，我国的国资预算的研究热潮开始于 2006 年，前期主要集中于基本理论、基本概念和制度体系的探讨，2013 年以后开始更多地关注到对于制度有效性和经济后果研究的实证检验。资本配置相关研究主要兴起于 2001 年，2008 年之前主要是规范研究，此后实证研究的内容也开始变得丰富。但是，将国资预算和资本配置两个领域相结合的研究尚有很大的拓展空间。

表 3-1 中国知网相关研究文献分布表[①]

研究内容	文献数	最早出现年份	文献集中阶段
国资预算	137 篇	1999 年	2006—2016 年
资本配置	363 篇	2001 年	2008—2018 年

3.1 资本配置相关研究综述

资本是资源的价值表现，资源的稀缺性与人类需求的有效性之间是相互矛盾的，合理地配置资源是极其重要的。

作为最大的发展中国家，中国的资本配置效率存在较大的扭曲（Hsieh & Klenow，2009；罗德明等，2012；张天华等，2017；刘啟仁、黄建忠，2018）。资本具有稀缺性的特征，因此需要通过合理的手段实现有效配置。资本配置效率是将资本配置到单位收益最大化的领域与部门（王珺，2018）。根据文献梳理，资本配置效率涵盖了微观、中观和宏观三个层次，如微观层面的投资和融资效

---

① 在知网中以"国有资本经营预算"和"资本配置"为关键词或者篇名，对 CSSCI 类期刊进行高级检索，精确查询得出的相关文献分布。

率，中观层面的企业间、行业内、行业间资本配置效率，宏观层面国家总体的资本配置效率。

宏观层面，近年来，经济增长文献越来越强调资本配置效率的重要性，给定物质资本、人力资本和知识水平，资本配置效率在很大程度上决定了一国总的产出水平和生产效率。Hsieh & Klenow（2009）利用全要素生产率价值的离散程度来衡量资本配置效率，测算了中国1998—2005年的资本配置效率情况，认为如果中国的资本得到了有效的配置，制造业全要素生产率可以提高86.6%～115%。国内很多学者（张军、施少华，2003；易纲等，2003；郭庆旺、贾俊雪，2005；聂辉华、贾瑞雪，2011；罗德明等，2012；陈诗一、陈登科，2017）也对中国全要素生产率做了大量研究，结果均表明资本配置对经济增长至关重要。学者们进一步研究了影响资本配置效率的因素，尤其是宏观政策对资本配置的影响，如增值税改革（蒋为，2016）、劳动保护政策（Lashitew，2016）、环境立法（李蕾蕾、盛丹，2018）。

中观层面，企业整体、企业间和行业资本配置都属于"集合"或群体概念，因此都属于中观层面的资本配置效率范畴。现有文献主要是从两个方面探讨资本配置效率问题。第一个方面是测度资本配置效率及其变化，聂辉华、贾瑞雪（2011）、杨汝岱（2015）等分析了中国制造业生产率与资本配置效率之间的关系，黄海霞、张治河（2015）从投入与产出角度对战略性新兴产业科技资本配置效率进行了定量分析。第二个方面是探讨资本配置效率的影响原因，这方面的文献主要是从外商投资（刘湘丽，2000）、人民币实际汇率（毛日昇等，2017）、城市规模（张天华等，2017）、房价（张巍等，2018）等角度分析某一行业资本误置的成因。也有学者将资本进一步具体化，分别从劳动力、教育资本、金融资本、科技资本等角度对资本配置效率的影响因素或经济效应进行研究。

微观层面，大多利用企业微观财务数据将资本配置效率分解为融资效率和投资效率两个方面探讨资本配置效率的影响因素，如投资者情绪（花贵如等，2010）、企业集团内部交易（陈艳利等，2014）、上市公司的壳价值（屈源育等，2018）等对微观企业资本配置效率的影响。此外，杜兴强等（2013）还从IPO公司的过会概率和IPO前后业绩变化研究了发审委联系与IPO市场的资本配置效率的关系。Bushman & Smith（2001）、Stein（2003）指出现实中存在许多因素使得公司资本难以实现合理有效的配置，其中重要且最常见的扭曲性因素为信息不对称和代理问题。政府补助等投资者保护政策，能够提高企业财务报告质量，降低代理问题以及减少外部融资成本，显著提高企业投资效率（La Porta等，1997；Leuz等，2003）。

此外，近年来关于资本配置效率及其与国有企业关系的文献研究很多，但多是集中于国有企业总体层面的研究，微观层面的直接研究较少，尤其国企改革政策对于企业内部资本配置效率深入研究较少。已有研究认为国有企业资本误置是导致我国资本配置效率低下的主要原因，如国有企业占比过大（聂辉华、贾瑞雪，2011）、国有企业获得的信贷资本过多（罗知、张川川，2015）、政府行政权力与国有企业垄断结合而形成行政垄断（靳来群等，2015）。龚关等（2015）发现企业平均生产率以及资本配置效率的差异是国有企业总 TFP 低于非国有企业的主要原因。朱荃、张天华（2016）基于异质性企业生产率的视角，发现政府规模对国有企业的资本配置效率没有显著的影响，但显著降低了非国有经济的资本配置效率。李艳、杨汝岱（2018）研究了地方国企依赖对资本配置效率的影响，认为如果能有效缓解地方国有企业过度依赖问题，提高国企资本使用效率，样本行业工业总产值将提升 9.7%，就业将增加 11.2%。

关于资本配置效率的度量方法，宏观和中观层面已有的代表性研究主要从生产率离散和分布变化状况来进行测度和分析，企业之间生产率离散程度越大表示资本错配程度越严重（Hsieh & Klenow，2009；Balasubramanian & Sivadasan，2009；Moll，2014）。在完全竞争条件下，竞争机制促使资本不断从低生产率企业向高生产率企业流动，则不存在资本错配问题，具体表现为行业内企业层面生产率离散程度的持续下降，最终所有企业生产率水平均相等（Syverson，2004）。或者，以 Jeffrey Wurgler 模型为基础，通过对模型改进、方法变换进行回归分析并计算弹性系数，提出提高资本配置效率的方法；微观层面上，以 Richardson 模型为基础，通过回归分析计算出模型的残差项，并把它作为被解释变量构建模型，以此分析影响非效率投资的各种因素。前者的代表性学者有：李鑫、李香梅（2014）；王淼（2016）；申慧慧、于鹏（2012）；陈工、陈明利（2016）；陈艳利、迟怡君（2015）等。后者的代表性学者有：蒲艳萍、成肖（2015）；陈艳利等，（2014）；方军雄（2007）等。除此之外，也有学者（覃家琦、邵新建，2015）从全要素生产率和托宾 Q、现金流敏感性（陈德球等，2012）研究资本配置效率。具体内容详见表 3-2。

表3-2

资本配置效率实证研究一览表

Richardson 模型：$INV_{i,t}=\beta_0+\beta_1Growth_{i,t-1}+\beta_2Lev_{i,t-1}+\beta_3Cash_{i,t-1}+\beta_4Age_{i,t-1}+\beta_5Size_{i,t-1}+\beta_6Ret_{i,t-1}+\beta_7INV_{i,t-1}+\delta\sum YrDummy+\theta\sum IndDummy+\varepsilon_{i,t-1}$

作者	年份	研究层次	模型	变量解释	特色
李鑫 李香梅	2014	公司层面	$OI_{i,t}(UI_{i,t})=\alpha_0+\alpha_1PBC_{i,t-1}+\alpha_2Inc_{i,t-1}+\alpha_3Sup_{i,t-1}+\alpha_4Inc_{i,t-1}\times PBC_{i,t-1}+\alpha_5Sup_{i,t-1}\times PBC_{i,t-1}+\alpha_6Controls_{i,t-1}+\sum\alpha_iIndustry+\sum\alpha_tYear+\theta_{i,A}$	解释变量为控制权私有收益（PBC），公司治理的激励（Inc）、约束机制（Sup）	公司治理的约束机制能抑制控制权私有收益引起的非效率资本配置
王森	2016	公司层面（国有上市）	Underinvest（Overinvest）$=\alpha_0+\alpha_1Govin+\alpha_2Contshar\times Govin+\alpha_3Indedir\times Govin+\sum\gamma_i\times Control+\varepsilon$	Govin代表政府对企业的干预程度，Contshar为国家持有股权的方式	中国企业资本配置效率较低，国企甚至更为严重
申慧慧 于鹏	2012	公司层面	$Ainvt=\beta_0+\beta_1\Delta EU+\beta_2SOE+\beta_3\Delta EU\times SOE+\sum\gamma_i\times Control_i+\varepsilon$ $\Delta TobinQ=\beta_0+\beta_1\Delta EU+\beta_2Ainvt+\beta_3\Delta EU\times Ainvt+\beta_4SOE+\beta_5\Delta EU\times SOE+\beta_6Ainvt\times SOE+\beta_7\Delta EU\times Ainvt\times SOE+\sum\gamma_i\times Control_i+\varepsilon$	ΔEU为环境不确定性变化值，SOE为终极控制权性质；ΔTobinQ为企业价值变化的衡量	环境不确定性与企业投资偏离度正相关；环境不确定性引起的投资偏离在国有和民营上市公司的作用效果不同
陈工 陈明利	2016	公司层面	$Overinv_{i,t}(Invt_{i,t})=\alpha_0+\sum\gamma_i\times Control+\sum Year+\sum Industry+\varepsilon_{i,t}$ $TobinQ=\alpha_0+\beta_1Overinv_{i,t-1}+\beta_2Overinv\times Cityfd+\beta_3Cityfd_{i,t-1}+\sum\gamma_i\times Control+\sum Year+\sum Industry+\varepsilon_{i,t-1}$	Overinv为过度投资，Inv为公司投资，TobinQ为公司价值，Cityfd为财政分权指标	上市公司所在地财政分权与过度投资或投资不足负相关，地方财政分权和资本配置效率对国有企业的影响更显著
陈艳利 迟旭君	2015	公司层面	$OverInv_{i,t}=\alpha_0+\alpha_1ScmbDum(ScmbR)+\alpha_2Control_{i,t}+\sum\gamma rDummy+\sum IndDummy+\mu_{i,t-1}$	ScmbDum为是否实施了国资预算制度；ScmbR为收益收取比例	国资预算的实施以及收益收取比例的上升有助于抑制中央企业的过度投资

续表

Jeffrey Wurgler模型：Ln $(K_{i,t}/K_{i,t-1})$ $=\alpha+\eta$Ln $(V_{i,t}/V_{i,t-1})$ $+\varepsilon_{i,t}$
其中：η为弹性系数，反应资本配置效率

作者	年份	研究层次	模型	变量解释	特色
成力为 孙玮 孙帼泽	2009	行业层面（制造业）	Ln $(I_{i,t}/I_{i,t-1})$ $=\alpha+\eta$ $(LnV_{i,t}/V_{i,t-1})$ $+ \varepsilon_{i,t}$	I为固定资产月均余额，V为月销售收入，η为区域的资本配置效率	地方政府财政支出竞争导致区域产业资本配置低效
蒲艳萍 成肖	2015	行业层面（工业行业）	$\eta_{c,t}=\alpha\times\eta_{c,t-1}+\beta_1\times D+\beta_2\times nsoe_{c,t}+\gamma\times Control_{c,t}+\mu_c+\varepsilon_{c,t}$	η为行业资本配置效率，D为行业性质哑变量，nsoe为行业非国有经济发展水平，μ为行业个体效应	中国工业资本配置整体有效，但效率较低且行业差异显著；非国有经济发展对行业资本配置效率改善有显著作用
陈艳利 乔菲 孙鹤元	2014	宏观层面（资本市场）	$F_{i,t}$ $(I_{i,t})$ $=\beta_0+\beta_1EPS\_WA_{i,t}+\beta_2\times EPS\_WA_{i,t}\times X+\varepsilon_{i,t}$ (X=RPG_{i,t}, RSR_{i,t}, RPA_{i,t}, RPF_{i,t})	F为每股股票募集的资本金，RPG为关联担保占净资产的比例，RSR为关联购销占净利润的比例，RPA为关联交易占净资产的比例，RPF为关联资金交易占净资产的比例	集团内部关联担保降低资源配置效率；集团内部的资源易带动整个资本市场的资源配置效率；企业集团内部资金交易降低了资本市场资源配置效率
方军雄	2007	宏观层面（资本市场）	Ln $(I_{i,t}/I_{i,t-1})$ $=\alpha+\beta_1$Ln $(V_{i,t}/V_{i,t-1})$ $+\beta_2$Prosperty$_{i,t}$ $+\beta_3$Prosperty$_{i,t}\times$Ln $(V_{i,t}/V_{i,t-1})$ $+\beta_4$Shelter$_{i,t}+\beta_5$Shelter$_{i,t}\times$Ln $(V_{i,t}/V_{i,t-1})$ $+\beta_6$Ln $(IGDP_{i,t}/IGDP_{i,t-1})$ $+\beta_7$Decline$_{i,t}\times$Ln $(V_{i,t}/V_{i,t-1})$ $+\varepsilon_{i,t}$ Ln $(I_{i,t}/I_{i,t-1})$ $=\alpha+\beta_1$Ln $(V_{i,t}/V_{i,t-1})$ $+\beta_2$Prosperty$_{i,t}$ $+\beta_3$Prosperty$_{i,t}\times$Ln $(V_{i,t}/V_{i,t-1})$ $+\beta_4$Shelter$_{i,t}+\beta_5$Shelter$_{i,t}\times$Ln $(V_{i,t}/V_{i,t-1})$ $+\beta_6$Ln $(IGDP_{i,t}/IGDP_{i,t-1})$ $+\beta_7$Decline$_{i,t}\times$Ln $(V_{i,t}/V_{i,t-1})$ $+\beta_8$Index$_{i,t}\times$Ln $(V_{i,t}/V_{i,t-1})$ $+\varepsilon_{i,t}$	I为年末固定资产的原值，V为衡量行业的效益，Prosperty为所有制，Shelter为政策保护行业哑变量，Decline为行业状态哑变量，IGDP为由国内生产总值（工业）计算，Index为设计的市场化指数总体评分	整体上国有企业的资本配置效率显著弱于非国有企业，随着制度环境改善，两者资本配置效率的差异逐渐缩小

23

续表

作者	年份	研究层次	模型	变量解释	特色
其他研究方法					
陈德球 李思飞 钟昀珊	2012	宏观层面(资本市场)	$INV_{i,t}=\beta_0+\beta_1\alpha_{i,t}+\beta_2\alpha_{i,t-1}+\beta_3\alpha_{i,t}\times GQI_{i,t}\times CF_{i,t}+\beta_4\alpha_{i,t-1}\times GQI_{i,t}+\beta_5CF_{i,t}+\beta_6Q_{i,t-1}\times GQI+\beta_7CF_{i,t}\times GQI+\varepsilon_{i,t}$ $INV_{i,t}=\beta_0+\beta_1I_{i,t}+\beta_2Q_{i,t-1}+\beta_3CF_{i,t}+\varepsilon_{i,t}$ $\log(1+\beta_2)=\alpha+\beta_4GQI+\varepsilon_c$ $\log(1+\beta_3)=\alpha+\beta_5GQI+\varepsilon_c$	GQI代表地方政府质量，INV为公司资本投资水平，CF_{i,t}为公司经营活动现金流动除以期初总资产，Q为托宾Q值的自然对数，α为控制变量	政府质量与投资和Q值敏感度正相关，与投资和现金流敏感度负相关。政府质量改善资本配置效率的功能在民营企业和地方国企中更显著
覃家琦 邵新建	2015	公司层面(交叉上市公司)	$ECA_{i,t}=\alpha_0+\alpha_1CL_{i,t}+\alpha_2Controls_{i,t}+\varepsilon_{i,t}$ $q_{i,t}=\alpha_0+\alpha_1CL_{i,t}+\alpha_2ECA_{i,t}+\alpha_3CL_{i,t}\times ECA_{i,t}+\alpha_4Controls_{i,t}+\varepsilon_{i,t}$	ECA代表资本配置效率变量，包括静态效率(TPP全要素生产率和TE技术效率)和动态效率(TPPG全要素生产率增长率，CTP技术进步率，CTE技术效率变动和CRTS规模经济变动的变动)，CL代表所研究的样本是否交叉上市，q为TobinQ	H+A公司具有更低的全要素生产率、技术效率和全要素生产率增长。相对于纯A公司而言，H+A公司具有更低的资本配置效率与公司价值

3.2　国资预算相关研究综述

在学术研究方面，国资预算成果丰富，本部分从国外、国内两个维度对相关文献进行综述。国外文献中，鲜有直接与本研究相关的内容，因此主要从复式预算、国家管控、国有收益收支三个方面进行归纳；国内文献按照国资预算的定义、性质、目标与意义、制度框架以及实施效果进行总结。国资预算文献综述思路如图 3-1 所示。

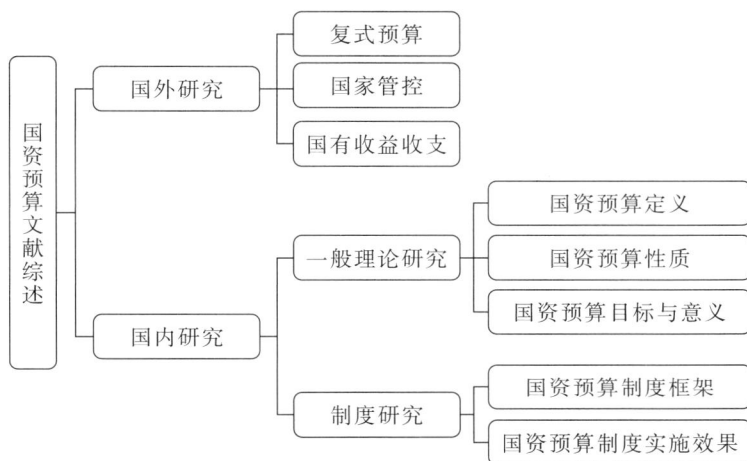

图 3-1　国资预算文献综述思路图

3.2.1　国外研究综述

1）复式预算

复式预算是国家预算技术组织形式或编制方式的一种，它是把国家同一个预算年度内的全部预算收入和支出按性质进行划分。一般分为经常预算和建设预算（或债务预算）。20世纪20年代末产生了复式预算，在第二次经济危机的背景下，西方国家逐渐强调政府对国民经济的宏观调控功能，由于财政收支规模大幅度扩张，单式预算不再适用。1927年，复式预算率先被丹麦采用，并迅速发展，此后许多国家纷纷效仿这种预算形式。迄今为止，这种预算形式在各个国家都有不同程度的体现，如丹麦的复式预算分为"普遍预算"和"资本预算"，美国的复式预算分为"正常预算""非正常预算"，日本的复式预算分为"一般会计预算""特别会计预算""政府关联机构预算"。西方学者对复式预算进行过较为系统的总结，Anthony & Young（1997）认为可将复式预算分为经常预算和资本预算、正常预算和非正常预算、循环预算和非循环预算。在形式上，各种预算之间略有差异，但在实质内容方面，它们是相似的，经常预算、正常预算和循环预算属于一般行政上的收支预算，其主要支出经费来源为税收，而资本预算、非正常预算和非循环预算则具有特种预算的性质，其收入与支出都更具针对性。在资本预算方面，西方发达国家和中国的国资预算非常相近，但收入不仅仅来源于国有资本收益，支出也包括除政府运行所必需的经常性费用之外的各种支出。近些年来，众多西方发达国家对政府预算和会计制度进行改革，并将一些商业性的会计方法引入到政府预算中，力求使经常性项目与资本性项目支出相互配合，提升管理效率，并积累了较为丰富的实践经验。

2）国家管控

在国家管控方面，国有经营性资产的管理模式因各国的实际国情不同而不同，各国学者都有相应研究，但其结论存在很大的分歧。从国家干预的角度来看，Claude Dennis & Doug Brown（1994）等认为西方国家应该根据国有资产管理的不同性质和特点，成立对国有资产进行专业管理的资产专业管理机构。以上述思想为指导，大致可将经营性国有资产的管控模式分为以下三种：

（1）控股机构管理模式。政府主要以设置大型控股公司的方式来管理国有资产，例如新加坡的淡马锡。近年来，许多国家（韩国、新加坡等）开始设立主权财富基金（Sovereign Wealth Funds，SWFs），这是政府经营和管理国有资产的一种新形式，通过设立专门的投资机构，在风险得到有效控制后，构造出一个更加合理的投资组合，用以提高国有资产收益。

（2）政府直接管理模式。政府部门对国有资产进行直接的统一管理和监督，国有企业自主权较低，这种模式在印度等转轨和发展中国家较为普遍。

（3）综合协调机构管理模式。在这种模式下，政府设置了一个国有资产管理职能机构，该机构具有咨询、服务和监督的性质，不独立行使国家所有者职能，只履行综合协调的职责，如意大利的国库部咨询系统（SICOT）。

某些国家对国有资产的管控并非采用单一的管理模式，而是根据国家和国有资产实际情况，协调采用多种管控模式，如意大利的"双重"管控模式，不但设立了国家控股公司，还专门设置专业咨询机构共同进行管理。

从私营的角度来看，Paul. J. Sobel（1996）等认为西方国家管理公有资产的主要方式并非行政干预，而是建立严格的管理考核体系。因此，有关国企民营化改革的研究成果非常丰富。部分学者对国企民营化改革持积极态度，如Sun et al（2003）的研究发现国有产权对公司绩效存在负面影响，民营化作为国企改革的最主要方式，对国有企业的绩效有明显的积极作用（Tonneli，2000；Meggionson et al，2001；Djankov et al，2002）。也有人对该种观点持反对态度，Shirley et al（1998）以发展中国家的国有垄断企业为研究对象，发现市场化的激励契约会使企业绩效降低。Bai et al（2006）认为当今维持社会稳定的基础制度尚不发达，为了维护社会稳定，相当数量的国有企业依然有存在的必要性。具体汇总见表3-3。

表3-3　　　　　　　　　　　**国家管控模式研究汇总表**

研究角度	代表模式/观点	代表性国家/学者	主要内容
国家干预角度	控股机构管理模式	新加坡的淡马锡、韩国等	政府主要通过设置大型控股公司来实现对国有资产的管理
	政府直接管理模式	印度等转轨和发展中国家	政府对国有资产进行直接统一管理和监督，国有企业自主权较低
	综合协调结构管理模式	意大利的国库部咨询系统（SICOT）	政府设置一个具有咨询、服务和监督性质的国有资产管理职能机构，不独立行使所有者职能，只履行综合协调的职责
私营角度	积极观点	Tonneli（2000）、Megginson et al（2001）、Djankov et al（2002）	国有产权对公司绩效存在消极影响，民营化作为国有企业改革的最主要方式且对国有企业的绩效有积极作用
	消极观点	Shirley et al（1998）、Bai et al（2006）	维持社会稳定的基础制度尚不发达，相当数量的国有企业依然有其存在的必要性

3）国有资本收益收取和支出

"股利支付政策"作为国有企业收益上缴的核心理论基础之一，很早得到国外学者的重点关注，目前主要从"是否企业的价值会受到股利支付政策的影响"和"股利政策如何影响企业价值及如何确定企业的最佳股利支付水平"两方面进行研究。Black & Scholes（1974）、Bernstein（1996）等研究学者认为股利政策与企业价值无关，但由于成立条件过于理想化而受到其他学者的批判。Lie（2000）、Chose（2005）等实证检验了股利支付政策与公司价值的关系，认为股利支付政策能够影响公司的价值。Rozeff（1982）、Lang（1989）、Faccio（2001）等则认为股利支付可以缓解企业的代理问题，进而提升企业价值，应合理制定股利分配政策。国有企业作为企业的一种特有形式，Meade & Hitch（1938）以宏观经济的视角论述了其收益上缴的必要性，并表明国家对税收和国债的过度依赖可以通过公有资产的市场收益有所缓解。Meade在《经济分析与政策导论》（An Introduction to Economic Analysis and Policy）中提出社会化企业（国有企业）的分红构想，将公有资本（国有资本）收益的支出分为投资支出和消费支出，一部分进行社会化企业再投资，另一部分用于社会消费，实现社会福利最大化，但是对这两种支出的比例划分问题，Meade没有做出进一步的研究。中国的国有经济比重较大，有国外学者对中国国有企业的红利上缴问题进行研究，比如国外学者Aloysius Louis G. Kui.js等（2006）指出，中国国有企业的红利上缴应纳入国家预算，而且应对国有资本的监督管理进行强化，从而促进国有资本配置效率的提升。

3.2.2 国内研究综述

对于国资预算的国内研究主要有一般理论研究和制度研究两个方向，其中前者包含国资预算的定义、性质和目标，后者包含其框架体系和实施效果。

1）国资预算的定义

中国特色的经济结构决定了中国特殊的财政预算体制，国资预算的产生源于国有经济规模庞大的特殊国情，需对经营性国有资本进行专门的预算，以达成"全口径的政府预算体系的完善"和"国有资本结构性调整"两个目标。自20世纪90年代以来，国资预算的概念及定义经历了"国有资产经营预算""国有资本金预算"等阶段，在实践与研究中不断进化，最终发展成为一个完善的理论体系。

叶振鹏（1993）认为，国家财政应分离为公共财政和国有资产财政，以使"政企不分"的状况消失。国家财政预算也应相应地分为公共财政的政府经费预算与国有资产财政的国有资产经营预算两部分。他认为国家有权分配国有企业的经营收益，并对国有资产进行再投资等。随着研究愈加深入，学术界不断深化对国资预算的认知。不少学者先后对国资预算做出了界定，代表性观点有李燕（2004）、吴祥云（2005）、邓子基（2006）和张先治（2008）等。"国资预算定义"代表性观点汇总见表3-4。

表3-4 **"国资预算定义"代表性观点汇总表**

作者	时间（年）	观点	切入点
李 燕	2004	反映政府以资本所有者身份，对一个财政年度内经营性国有资本收支活动进行价值管理和分配的预算活动，反映国有资本所有者与国有资本经营者之间的收益分配和再投资关系	强调了国家的出资人地位
吴祥云	2005	国资预算是国家每一预算年度内国有资产经营收入、支出和平衡的计划，是国家以资产所有者身份获取收入和国家用于资本性投入、发展国有经济的专项预算	强调了国资预算的内容
邓子基	2006	国资预算指国有资产监督管理机构依据政府授权，以国有资产出资人身份依法取得国有资本经营收入、安排国有资本经营支出的专门预算	强调对国有资产的监管作用
张先治	2008	国有资本所有者代表为了实现国有资本保值增值、国民经济结构优化和经济稳定等目标，对国有资本进行筹集、投入、运营、组织收益与再投入的预算活动	强调了预算的目标

从各学者的定义内容来看，虽侧重点不同，但都取得了三点共识：一是指出对国有资本实行专项预算，明确国资预算的性质和实施对象；二是指出国家（或政府）的出资人地位，明确国资预算主体的问题；三是强调了对国有收益的分配和支出，明确国资预算的内容问题。

2）国资预算的性质

国资预算的性质体现在"国资预算与公共财政预算的关系"以及"与其他预算的资金衔接"两个方面，该领域在学术界存在诸多争议。在两种财政预算的关系研究方面，目前学术界存在"独立说"和"包含说"的分歧，在资金衔接研究方面有"单项相通""双向相通"以及"不宜相通"三派之争。"国资预算性质"研究汇总见表3-5。

表3-5 "国资预算性质"研究汇总表

研究方面	观点	代表性学者	主要内容
国资预算与公共财政预算的关系	独立说	吴树畅（2003）；文宗瑜、刘微（2005）；吴祥云（2005）；谭啸（2012）等	国资预算与政府公共预算应是并列的两大系统
	包含说	李燕（2004）；张瑞琰（2008）；顾功耘、胡改蓉（2013）等	国资预算是公共预算的重要组成部分，而不能是一个与之相并列的范畴
国资预算与其他预算的资金衔接	单向相通	陈怀海（2005）；文宗瑜（2008）等	国资预算资金应该与公共预算相对接，弥补公共财政预算资金缺口
	双向相通	李燕等（2004）；李世聪、谢英姿（2006）等	由财政部门和国资委共同完成预算编制工作，预算资金可以相互调度，以最优效率支持各方面工作的完成
	不宜相通	丛树海、吕建永（2001）；李晓丹（2009）等	国资预算成为一个单独的预算体系，与公共预算之间不能实行资金融通

关于国资预算与公共财政预算关系的研究虽存在不同的观点，但两者在本质上都承认了国资预算的相对独立性，即将其作为针对经营性国有资产的专项预算，服务于"政企分开"。关于国资预算与其他预算的资金衔接关系，分歧原因在于各派学者研究的侧重不同。从国有收益分配公平的角度看，应采用"单向相通"的观点，国资预算补充公共财政预算的资金缺口；从预算体制的效率看，应采用"双向相通"的观点，预算资金可以相互调度，实现预算工作的高效性；若侧重于国资预算的独立性，"取之国企，用之国企"，则应采用"不宜相通"的观点。

2014年修正的《中华人民共和国预算法》将全口径的政府预算分为一般公共预算、政府性基金预算、国资预算和社会保险基金预算四个部分。四种预算之间应当保持完整、独立，政府性基金预算、国资预算、社会保险基金预算应当与一般公共预算相衔接，说明目前中国政府结合中国具体国情，接受国资预算与公共预算相互独立又具有一定联系的观点，这是对各种学说的观点进行综合。

3）国资预算的目标和意义

学术界对于国资预算目标的研究成果已十分丰富：李燕（2004）、邓子基（2006）、刘永泽（2007）等从维护出资者权益的角度出发，认为国资预算的目标在于通过加强对国有资本的整体规划和控制以避免国有资产的不合理流失，并促进国有资本收益最大化和国有资产保值增值；文宗瑜和刘微（2008）、焦建国（2008）等认为国资预算是政府宏观调控的一种衍生手段，应服务于国家产业的结构调整及社会资源的优化配置，此外，还有学者独辟蹊径，如刘小明（2003）等认为，国资预算是一种预算机制，其目标是服务于深化预算改革，理顺财政部门与国有资产管理机构间的关系，并完善国家预算体制。

目前关于国资预算的建立对深化改革的影响存在"消极观"和"积极观"两种观点，即"中国特色论"和"一体两翼论"。前者认为中国拥有独特的社会主义国有经济体系，以西方预算理论为基础的国资预算制度在中国没有存在的基础和必要。后者认为以公共财政为主的政府经营预算和以国有资产财政为主的国资预算构成了国家财政预算的主体，应对其给予充分的重视并采取不同的管理手段。

基于上述两种观点，多数学者倾向于"一体两翼论"，认为构建国资预算制度有一定的理论基础及现实意义。陈艳利（2008）认为，国资预算制度的建立确立和突出了国有资本经营目标，这对于加强国有资产的监督和管理是有利的，它能避免不应有的国有资产流失，以真正实现国有资产的保值增值。邓子基（2006）认为，建立国资预算制度有利于出资人和国资监管人发挥其职能，并强化国有资产的规范化管理和预算制度的完善。李燕（2004）认为，国资预算制度的意义还应体现在建立与完善市场经济体制等方面。文宗瑜（2011）认为，除以上观点之外，国资预算制度还有利于降低预算管理的运行成本并防范公共风险，能够充分发挥其作为政府宏观调控衍生手段的作用。

4）国资预算制度框架体系

党的十四届三中全会于1993年将建立国有资产经营预算作为国有企业改革的一项中长期任务，相关学者响应国家号召，开始对国资预算制度框架提出构想，形成了现有预算制度体系的雏形。进入21世纪之后，为适应国家建立健全国资预算体系的需要，学术界对制度框架的设计日趋完善，形成了组织、编制、执行和监督等制度体系。2010年以来，学术界在制度框架的研究重点逐步转向亟待完善的绩效评价以及资金监管等方面。

李晓丹（2006）认为应该建立国资预算管理体系与监督体系，以保障国资预算制度的有效实行；张秀娥、张先治（2007）提出国资预算的制度体系应包括：组织机制、编制系统、激励系统、监控系统与制度保障；王景升（2008）认为应当构建两层三级的预算体制，包括预算的组织、编制、审批、决算与监督等制度；陈艳利（2008）等学者认为国资预算制度应包括组织系统、编制系统、审核系统、评价和激励系统以及监控系统五个部分（如图3-2所示）。

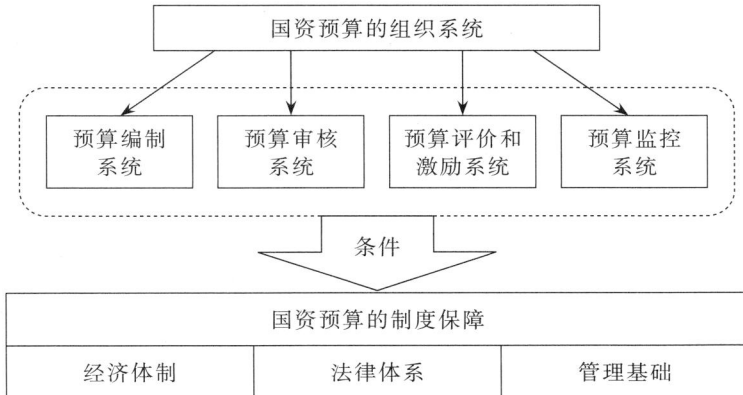

图3-2 国资预算系统构成图

近年来国有资本绩效评价体系与监控体系的制度构建设计是学术研究的热点，吴晓东（2012）提出了基于多级预算管理体系结构并结合预算监管体系层级的内外部综合绩效评价体系，强调了对国有资本社会职能贡献程度及预算制度合理性的考评；张舒（2013）等运用层次分析法构建绩效评价指标体系，从定性与定量的角度，对国资预算支出绩效的考核提出了相关建议。

5）国资预算制度实施效果

从名义上讲，国家是国有资本的初始委托人，具有管理国有资本的义务和获取国有企业分红的权利。在国资预算制度实施之前，财政部侧重从税收征管的角度管理国有企业，国有企业缴税留利，国家作为出资者无法获得股权分红，国有资本运营低效问题较为严重。国家出台国有资本经营预算制度的初衷是希望通过实行国家出资者的股利收益权，获取更多资金以更好地履行公共治理职能，最终希望以此助力国有资本结构的优化调整和国有资本保值增值目标的实现，后果却产生了不小的争议，其是否能到达预想的效果引起了广泛的讨论。学术界对现有制度的有效性褒贬不一，无论是规范研究还是实证研究，得出的结论众说纷纭。

规范研究方面，主要是对国资预算试点和实施情况的比较分析。对于国资预算制度的实施效果，持乐观态度的学者如杜宁、王桂媛（2009）等认为政府公共管理与国有资本管理之间划分了界限，国有资本配置效率得到改善。而陈少晖、朱珍（2011，2012），王小荣（2013）、赖永添、李讳（2011）以及张舒（2013）等学者通过调研与分析，对现有制度的有效性持保留态度，认为现行国资预算制度存在一定的有效性，但是仍存在诸多弊端，比如法律制度体系还不完善、预算收入规模较小、支出方式落后等问题，阻碍了其有效实施。国资预算制度缺陷观点汇总见表3-6。

表3-6　　　　　　　　　　　**国资预算制度缺陷观点汇总表**

学者	时间（年）	观点内容	失效原因
陈少晖 朱珍	2011	国有资本经营收益的收取主要针对国有独资企业，未对国有控股或参股企业的利润分配行为做实质性规定。这种现象使得国有独资企业以各种方式隐藏集团利润，导致制度的失效	预算范围的局限性；收益收取的监管措施等制度不完善
陈少晖 朱珍	2012	省域国资预算存在认识不到位、预算范围较窄、尚未形成刚性有效的激励约束机制等问题，影响了国资预算有效性的实施	省域预算实行力度有限，激励约束机制不全
王小荣	2013	不合理的收益收取比例导致一些中央企业的现金流不断增长且显现出比较充裕的状况，这会使国资预算无法抑制企业的过度投资，从而无法达到资本的有效配置	收益收取的标准及比例方面的缺陷
赖永添 李讳	2011	国资预算收支在预算存在单位体内循环的现象，导致国资预算更多的是部门利益或者部门意志，国家意志和全民利益便难以实现和保障	预算支出方向存在问题，背离国有收益分配公平性的初衷

实证研究方面，主要考察了国资预算的实行（或国有资本收益上缴）对国有企业层面的影响，观察的指标包括企业投资效率（过度投资）、融资模式和经营业绩（国有企业利润）等方面。

国资预算对企业投资效率（过度投资）产生的影响主要是基于自由现金流量理论，研究过程应用了Jensen（1986）和Richardson（2006）模型。自由现金流量假说认为，超过适度投资水平时，资本配置效率会降低，发放现金股利或进行股份回购则可以消减自由现金流，有效抑制过度投资现象，从而提升企业价值（Lang &Litzenberger，1989；唐雪松等，2007）。在这一理论的支撑下，关于国资预算收益上缴与投资效率关系的研究成果较为丰富。张建华、王君彩（2011）曾通过对比国资预算实施前后分红比率对过度投资的抑制作用，肯定了国资预算在提高投资效率方面的作用；王佳杰（2014）等验证了进一步提高分红比例有助于抑制国企过度投资行为，然而目前的国资预算制度由于其实施范围有限，对提升国企资本的配置效率作用不大。

有学者发现，国资预算制度的实行对国有企业融资方式产生了一定的影响。曾焱鑫（2009）分析了2002年到2007年北京市国有上市公司的内源融资与外源融资的变化趋势，发现在国有资本收益上缴国家以后，原有盈利的企业内源融资比例加大，股权融资比例下降。

朱珍、陈少晖（2013）研究发现，国资预算收入的变动与国有企业利润正相关，国资预算制度的实行符合市场经济发展方向。然而国有企业上缴的红利比例相对较低，与国有资产产权转让、国有企业清算等相关的制度不够完善，刚性的奖惩机制尚未形成，预算资金存在严重的内循环现象，致使国资预算制度的长期效果不明显。

近年来，很多学者尝试拓宽研究国资预算实施效果的思路。龚小凤（2015）从代理问题的角度考察了国资预算的影响，研究发现国资预算的实施促使企业实施盈余管理行为，使企业的代理成本降低，并增强了收益分配的公平性，此外他们还发现收益上缴政策的实施，使管理层控制的资源减少，管理层的积极性受挫，这对企业业绩产生了负面影响。许浩然、廖冠民（2018）认为，国资预算制度实施总体上会引起负面市场反应，只有在代理成本较高的企业里，制度实施才会带来较高的累计超额回报率。

以上列举的实证研究在样本的匹配性以及数据的准确性方面存在或多或少的问题，研究的理论基础和逻辑性也存在一定的缺陷。但是，通过实证方法考察国资预算有效性的尝试既拓宽了实施效果研究的思路，也为国资预算制度的有效实施提供了思路。

3.3　文献评述

资本是资源的价值表现，资源的稀缺性与人类需求的有效性之间是相互矛盾的，合理地配置资源是极其重要的。目前国内主要从宏观层面（如国家、资本市场总体等）、中观层面（如某一行业、某地区等）和微观层面（如企业内部各部门等）对资本配置进行研究。各研究选取的资本配置相关模型或衡量指标也不尽相同，从管理学或财务学角度倾向采用Wurgler（2000）和Richardson（2006）模型，从经济学角度偏向边际产出或全要素生产率。

随着国资预算制度的确立与逐步完善，国资预算的一般理论和制度框架研究渐成体系，目前这一领域的学术研究重心和重点挖掘的内容主要是严谨的制度实施效果检验和制度完善。一方面，需要以规范研究的方法对国资预算制度的不足之处进行考察并提出完善建议；另一方面，通过实证检验的方法来评估国资预算制度的实施效果，特别是对其国有资本收益上缴比例的经济后果进行评估，以此提出制度优化建议。此外，基于经济学中的理性人假设，从国有资本配置角度考察国企改革或国有资本结构性调整的研究主要是"效率观"视角下的经验研究，很少有文献从资本配置的公平性角度开始考察其社会效益，这是国有企业改革效果性研究中需要重视的新视角。

从资本配置和国资预算两个视角对现有相关文献进行综述，发现各自单独的相关学术成果已较为丰富，但是关于两者结合的研究仍有待补充。我国经济已由高速增长阶段转向高质量发展阶段，这对国有资本质量和监管效率提出了新的挑战。国有资本的高质量发展，需要以科学的资本配置手段和高效的资本配置效率为基础，并适当兼顾资本配置的公平性。所以，立足于社会经济转型和全面深化国有企业改革的现实背景，本书基于资本配置的视角，以国资预算与国有资本优化配置之间的良性互动为逻辑主线，首先对相关基础概念、理论和政策发展进行系统的梳理，对比总结国外国资预算管理的相关经验，然后重点对国资预算的制度实施效果进行总体描述和实证检验，最后基于国资预算制度改革实践过程中的现实问题，系统提出资本配置视角下完善国资预算制度的政策设计。相关的研究内容具有重要的理论价值与实践指导意义。

4　资本配置视角下国资预算制度研究：理论基础

实施国资预算一方面可以完善全口径政府预算体系，另一方面也能够促进国有资本结构性调整。这一制度体现了国家对于国有企业收益分配方面的思路转变，也体现了优化国有资本配置方向的侧重关注，符合在一般竞争行业国退民进、加大公共服务性行业资本投入的调整思路。结合研究视角，本书从资本配置、国资预算与国有资本收益收支三个方面系统地梳理相关的理论基础，如图4-1所示。

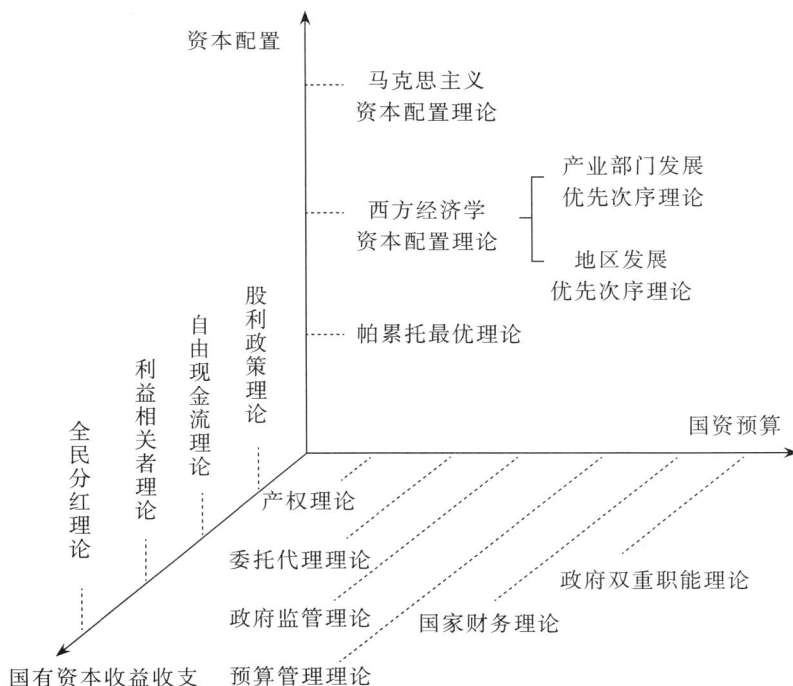

图4-1　相关理论梳理图

对于国有资本配置，马克思主义和西方经济学中有关国有资本配置的理论为中国的国有资本配置提供了思路，帕累托最优理论为国有资本配置效率提供了优化目标。

35

对于国资预算，产权理论明确了国家在国资预算中出资人的身份；委托代理理论界定了国资预算中国家、国有企业监管机构与国有企业之间的委托代理关系；国家财务理论与政府双重职能理论为国资预算的独立性及其与公共财政预算互动关系奠定了基础；预算管理理论表明了在国有企业的运行管理中实行国资预算制度的科学性。

对于国有资本收益收支，国有资本收益上缴的本质上是国有企业分红，股利政策的相关理论和自由现金流理论为国有资本收益上缴提供了理论基础，国有资本收益的上缴成为了抑制国有企业非效率投资、在职消费等代理问题的重要手段。利益相关者理论与全民分红理论为国有资本收益支出奠定了理论基础，是国资预算对接公共预算、国有资本收益补充公共预算资金的理论来源。

4.1 国有资本配置的理论基础

国资预算制度是一项国家干预市场、协调资本配置的制度举措，不应局限于企业内部的实施效果，而应放眼于中国国民经济背景，观察国资预算这一制度举措在整体资本配置方面的效果。马克思主义资本配置理论是马克思社会再生产理论与后续一系列发展理论组成的理论体系，为研究资本配置视角下国资预算实施效果提供了理论依据。西方经济学资本配置理论包括产业部门发展优先次序选择理论、地区发展优先次序选择理论和帕累托最优理论。以上理论为本书提供了理论借鉴。

4.1.1 马克思主义资本配置理论

马克思主义资本配置理论以社会总产品的实现为目标论述社会总资本再生产运动过程。马克思从实物形态和价值形态的角度对社会总产品和社会总生产进行分类。社会总产品分类见表4-1。

表4-1　　　　　社会再生产理论对社会总产品分类一览表

分类角度	社会总生产	社会总产品	
实物形态	生产资料的生产部类	生产资料	生产生产资料的生产资料
			生产生活资料的生产资料
	生活资料的生产部类	生活资料	必要生活品
			奢侈品
价值形态	不变资本		
	可变资本		
	剩余价值		

社会总生产包括社会总资本简单再生产和扩大再生产，两大部类内部及类别之间按一定比例进行产品交换才能使社会总产品在实物与价值两个方面都获得相应补偿。在社会总资产扩大再生产过程中，商品资本转化为生产资本，社会资本也因此而重新配置[①]。列宁在马克思社会再生产理论基础上将科技进步因素予以考虑，得出资本有机构成不断提高使两大部类所产生的利润率不同。资本从由低利润率部门流入高利润率部门进而达到资本在两大部类间的优化配置[②]。

4.1.2 西方经济学资本配置理论

西方关于资本配置理论的研究起源于20世纪50年代，主要探讨发展中国家如何进行资源配置以达到经济发展的目标。此阶段出现了平衡增长模式与非平衡增长模式，并形成了以非平衡增长模式发展为基础的产业部门发展优先次序理论和地区发展优先次序理论等分支。

1.产业部门发展优先次序理论

产业部门发展优先次序理论是在非平衡增长模式基础上发展起来的。支持非平衡增长模式的学者认为，发展中国家所拥有的资源不足以支撑国家所有产业平衡发展，应该将宝贵的资源集中在某些产业部门和地区，再通过产业、地区间的联系和驱动效应实现产业发展扩大化，最终达到经济增长的目的。产业部门发展优先次序理论有以下不同观点，如图4-2所示。

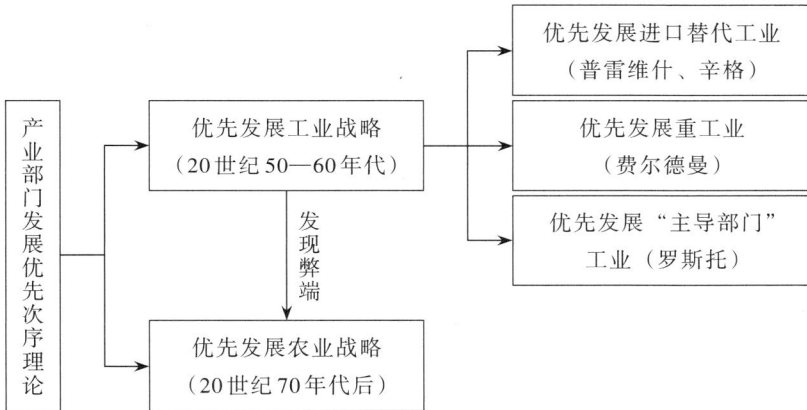

图4-2 产业部门发展优先次序理论观点分类图

2.地区发展优先次序理论

发展中国家地区发展差异化较为严重，为改变这一状况，一些学者根据区域经济学提出不同的地区发展优先次序理论。

---

① 马克思，恩格斯. 马克思恩格斯全集 [M]. 中共中央马克思恩格斯列宁斯大林著作编译局，译. 北京：人民出版社，1972.
② 列宁. 列宁全集 [M]. 中共中央马克思恩格斯列宁斯大林著作编译局，译. 北京：人民出版社，1984.

（1）"发展极"理论

1955 年经济学家 Francois Perroux 提出 "发展极" 理论（the theory of development poles）[①]。他将一些聚集了发展能力强劲的企业和部门的经济活动中心定义为"发展极"。他认为国家的经济增长会首先表现为"发展极"的经济增长，进而由"发展极"强大的辐射能力产生城市化趋向，带动其他区域的经济发展，形成国家整体经济网络，从而实现国家整体经济的增长。

（2）缪尔达尔-赫希曼模型

Albert Otto Hirschman 和 Karl Gunnar Myrdal 分别在其著作中提出关于区域经济发展模式相近的观点。他们认为，区域经济无法实现各区域的均衡发展，优先发展区域必然会对其余落后区域产生积极或消极的影响。因此，经济发展中国家应采取非均衡发展战略，优先发展优势明显的地区，其次通过这些地区推动剩余区域的发展[②]。

（3）威廉姆森的倒"U"型理论

美国经济学家 Oliver Williamson 研究了在区域经济发展进程中区域间发展差距的演变情况，发现一国经济方面的区域差距与国民经济增长（GNP）呈倒"U"型关系，即在国家经济发展的初期，地区间的差异化现象严重，随着国民经济增长，该差异呈现逐渐缩小趋势。这一理论认为市场的自然调节实现了区域经济发展由非平衡逐步向平衡演变的过程。但在第二次世界大战后，学者发现单独依靠市场的力量并不能实现经济的均衡发展，并认为政府应当进行适当的干预。

（4）区域经济发展梯度转移理论

区域经济发展梯度转移理论认为区域经济间存在梯度化差异，并用梯度来衡量不同区域的经济发展水平。在梯度区域上，高科技技术等优势资源会逐渐由高梯度向二三梯度推进，最终在空间层面实现经济发展的相对均衡。基于区域经济发展梯度转移理论，国家发展应集中资本配置于高梯度地区并协同带动低梯度地区发展。

通过前面各理论的阐述可以发现，西方经济学资本配置理论主要研究在一国中资本如何在产业间和区域间配置的问题。无论是产业部门发展优先次序理论还是层次更多的区域发展优先次序理论，学者大多支持资本非平衡配置方式，即将一国资本优先配置于具有良好增长势头的产业和地区实现优势产业地区领先发展，再通过领先产业或部门的辐射扩散作用推动国家整体经济均衡发展。中国实际国情虽与西方资本主义国家有较大差异，但上述资本配置相关理论对于中国优化国有资本配置具有一定的理论借鉴意义。2015 年 12 月 31 日，国资委、财政

---

① 佩鲁. 略论"发展极"概念 [J]. 应用经济学，1955（8）：307-320.
② 谭崇台. 发展经济学 [M]. 上海：上海人民出版社，1989.

部、国家发改委联合印发《关于国有企业功能界定与分类的指导意见》（中发
〔2015〕22号）。该意见明确将国有企业界定为"商业类和公益类"，对于商业类
国有企业"按照市场化要求实行商业化运作"，对于主业处于充分竞争行业和领
域的商业类国有企业"积极引入其他资本、实现股权多元化"；对于公益类国有
企业"可以采取国有独资形式"[①]。该意见体现出国家根据不同的企业性质来进
行国有资本的配置，这有助于完善国资预算制度和优化国有资本配置布局。

4.1.3 帕累托最优理论

帕累托最优是资源配置最优化状态，即不存在其他资源配置方案可使至少某
一主体境况改善情况下，其余主体境况不变坏。若存在符合上述要求的其他配置
方案，即可说此时的资源配置状态存在"帕累托改进（Pareto improvement）"[②]。
帕累托最优是帕累托改进的最终实现目标，帕累托改进是帕累托最优的实现过
程。如果一个经济主体没有达到帕累托最优，则必定存在帕累托改进。帕累托理
论认为，完善并且充分竞争的市场必定会达到帕累托最优。但是真实市场并非完
善，且充分竞争市场在现有社会发展阶段下并不存在，因此帕累托最优状态只是
一种理想状态，是各经济主体所追求的目标。

中国作为社会主义国家，实行以公有制经济为主体的经济制度，这也决定了
国有资本在整个市场资本占主导地位。防止国有资本流失、实现国有资本有效配
置一直是国家追求的目标。中国从中华人民共和国成立以来对国有企业各阶段的
改革，如"计划经济为主，市场调节为辅"阶段的"放权让利"的改革和"建立
有中国特色的市场经济体制"阶段的"建立现代企业制度"的改革，无一不体现
出国家在国有资本优化配置方面的政策布局。根据十六大强调的"国有经济的战
略性调整"，2007年9月8日国务院颁布了《关于试行国有资本经营预算的意见》
（国发〔2007〕26号）。该意见指出"应通过对国有资本收益的合理分配及使用，
增强政府的宏观调控能力，完善国有企业收入分配制度，促进国有资本的合理配
置，推动国有企业的改革和发展"。由此可见，国资预算是国家进行帕累托改进、
推动国有资本合理配置的重大举措。

4.2 国资预算制度的理论基础

国资预算制度的建立是建立健全现代企业制度的需要，同时这一制度也强
调了国家与政府在国有经济发展中应扮演的角色。通过产权理论，国家作为国

---

① 国资委、财政部、发展改革委联合印发《关于国有企业功能界定与分类的指导意见》（中发
〔2015〕22号）。
② 范里安. 微观经济学：现代观点 [M]. 费方域，朱保华，等，译. 9版. 上海：格致出版社，
2015.

有资本所有者的身份得以明确，再通过委托代理理论，"人民—国家—国有企业"的多层委托代理关系得以界定。政府监管理论与预算管理理论论证了使用国资预算进行国有企业结构性调整的合理性。此外，国家财务理论与政府双重职能理论为国资预算与公共财政预算间既相互独立又彼此衔接的关系奠定了基础。

4.2.1　产权理论

产权理论[①]随西方发达资本主义现代企业形式的产生而产生，最初的产权理论以经济学家 Ronald Harry Coase 提出的交易成本理论为基础，并于20世纪60年代末形成三个主要分支。产权理论演进过程见表4-2。

表4-2　　　　　　　　　　　　　产权理论演进表

时间阶段	理论名称	代表人物	主要理论观点
20世纪30年代	科斯定律	Coase	批判了正统微观经济学，指出市场机制运行中存在摩擦，并提出制度创新是克服这种摩擦的关键
20世纪30-50年代	科斯定律	Coase	正面论述了产权的经济作用，指出产权的界定与应用有利于克服外在性，降低社会成本，从而在制度上保证资源配置的有效性，实现其经济功能
20世纪60年代后	交易成本经济学	Oliver Eaton Williamson、George Joseph Stigler、张五常	交易自由度和交易成本的高低影响市场运行及资源配置效率。该理论认为交易成本有广义和狭义之分。狭义交易成本是履约所耗费的资源；广义交易成本为与建立合约相关的全部资源
	公共选择学派	James McGill Buchanan Jr、Gordon Tullock	权利除"所有"之含义外，还应含有其他要求履行契约的权利，该学派认为只要交易是自愿的，则合法权利的初始配置与资源配置有效性无关
	自由竞争派	C·Sehultze	只要交易是在完全竞争的市场中发生的，那么初始的合法配置与资源配置的有效性无关

---

①　产权理论分为马克思所有制理论与西方经济产权理论，西方经济产权理论在马克思所有制理论基础上发展形成，本书中的产权理论为西方经济产权理论。西方产权理论主要研究产权安排与资本配置效率间的关系、交易费用、产权生产效率与制度效率以及产权制度演进。

Coase 认为市场交易的前提是产权的明确，强调在产权未明确的情况下，产权转让和重组行为是不会发生的。1994 年 Coase 在《论生产的制度结构》一书中对产权理论作过如下概括："在交易费用为零的世界中，当事人各方间的谈判将实现财富最大化，而结果的产生与权利的初始配置无关"[1]，即科斯第一定律。随后，Coase 将第一定律中前提假设放宽，得出在交易成本大于零时，初期的权利配置将会对社会福利产生影响，产权界定明晰可降低改进社会福利的成本。

为解决改革发展中的问题，中国在 20 世纪 80 年代将产权理论引入国内企业的改革实践中。国有企业进行了公司制改革，使得所有权与经营权两者分离。如何实现公司制企业产权的有效管理是企业发展中必然要考虑的问题。出资人所有权表现为其持有相应股权，享有参与重大决策、改选管理者、转让股权等权利。但出资者无法对投入资本随意支配，只能通过自身股东的权力去影响企业的决策。而法人享有法人财产的占有权和支配权，并以独立财产对自身经营活动负责。因此，只有当企业产权明晰后，才可建立真正独立的经济关系。

国资预算制度以产权理论为基础，同时丰富和深化了产权理论。在中国，国务院国有资产监督管理委员会为国有资本的产权所有者，具有现代企业制度中出资人性质。在国资预算制度下，国资委可利用预算手段管理资本经营行为，提高国有资本经济效率。因此，国资预算制度的建立有利于明确国资预算编制主体，落实国有资本出资人职权，推进以"产权清晰、权责明确、政企分开、管理科学"为目标的国有企业改革。

4.2.2 委托代理理论

委托代理理论最初由 Jensen 和 Meckling 于 1976 年提出，是对产权理论的深化。委托代理理论主要研究微观层面企业内部权力分布及各企业成员间的制约协调机制。其主要研究在委托人与受托人目标函数不同的情况下，如何消除代理成本问题。根据股权集中情况，委托代理问题分为股权分散情况下股东与经理层之间的代理问题，以及股权集中情况下大股东与小股东之间的代理问题。

国有企业监管结构是多层委托代理关系结构：全国人民—国家—国资委—国有企业。国有资本为全民所有，但人民由于虚主体的特质而无法真正对国有资本实行管理，此时权利集中到国有企业的管理层手中。国有资本产权的层层下放，随之产生多层委托代理关系，如图 4-3 所示。

---

[1] 科斯. 论生产的制度结构 [M]. 盛洪，陈郁，译. 上海：三联书店上海分店出版社，1994.

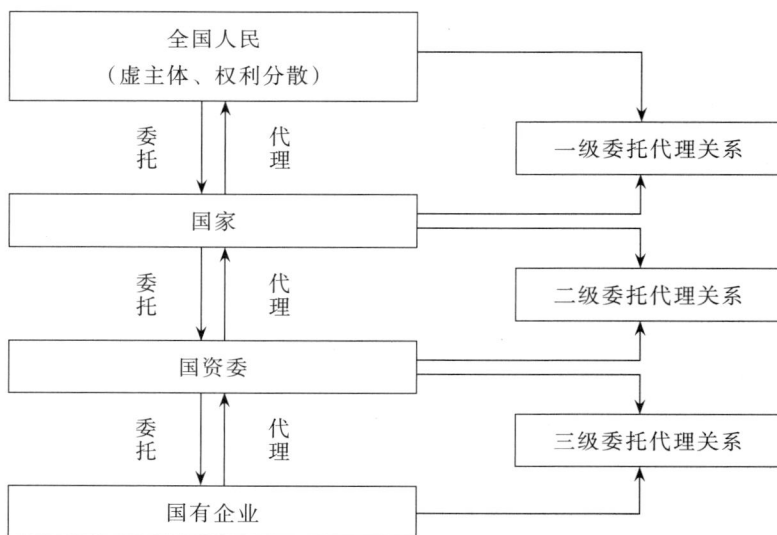

图4-3 国资预算多层委托代理关系结构图

在多层委托代理关系的背景下，建立国资预算制度的意义也更为重大。首先，国资预算本质上是一种计划，预测未来所需资金，同时规范各个部门未来职责；其次，在各组织运作过程中，国资预算充当"警戒线"角色，强化预算系统的控制效能；最后，通过国资预算的监督和激励评价机制，加强对代理人的控制，缓解委托代理问题，提高社会资源配置效率。委托代理理论突出了国资预算这一制度的重要意义，同时，国资预算也为解决委托代理问题提供了一种有效途径。

4.2.3 政府监管理论

1929年经济危机之前，学者认为市场就像"看不见的手"，可以自行调节以实现均衡发展。1929年经济危机出现将公众目光引向市场失灵（market failure）问题上，这一阶段的理论均认为政府监管是弥补市场失灵的有效途径。日本学者植草益从领域、性质以及追求目标这三个方面将政府监管分为直接监管和间接监管[①]，可作如下归纳（见表4-3）。

表4-3　　　　　　　　　　　政府监管的一般分类表

分类	直接监管		间接监管
内容	经济性监管	社会保障性监管	不公平竞争监管
政府活动	对具有自然垄断产业在进入、价格、退出、投资等方面实行制约	防止公害、环境保护、取缔毒品等	限制企业垄断行为和不公平竞争手段

---

① 谢地. 政府规制经济学 [M]. 北京：高等教育出版社，2013.

1936年著名经济学家John Maynard Keynes在其著作《就业、利息和货币通论》提出当国家进入经济萧条期时，人们的消费和投资降低，无法实现充分就业，市场失灵，此时需通过政府干预来弥补市场机制的缺陷，以达到充分就业[1]。凯恩斯理论的提出对当时资本主义摆脱经济危机，恢复经济活力具有重大的指导意义。同时，政府监管理论认为政府通过将外部性"内部化"和直接行政干预两种方式进行监管。

政府监管本质是政府、企业和人民之间利益的权衡。国民主体由于自身庞大且分散的特点而难以对企业，特别是国有企业进行有效监管。企业作为监管对象处于有利地位。企业可利用自身内部信息将资源配置于有利于自身的位置，这可能导致国家整体资本配置效果的损失。而政府的重要职能之一就是促进资本配置的公平有效和社会福利最大化。对一些如石油、电力等关乎人民生存保障的重要行业领域进行监管是必要举措，但监管力度强弱的把控是对政府能力的严峻考验。国资预算制度的实施有利于国家对国有资本的监管，保证实现资本配置公平与效率。现行制度以行业为标准对国有资本收益的上缴比例进行分类，将关乎人民生存保障的资源垄断型行业归入上缴比例较高的组别，体现了政府监管对于资本配置公平性的重视。

4.2.4　预算管理理论

预算管理理论是基于公司治理背景下的全方位行为管理理论。在西方世界中，政府预算已有约300年的发展史。18世纪，Adam Smith在《国富论》中对国家税收和政府支出的有关论述，被视为经济学范畴对政府预算管理的最早研究。19世纪到20世纪20年代初自由市场经济时期的预算管理理论[2]，以及从20世纪30年代到60年代初政府预算经济功能理论为当代西方政府预算理论的发展和完善奠定了基础。20世纪70年代以来，这一理论的发展呈现出"探索建立'企业型政府'"和"分散政府管理职能"等特点。目前，预算管理理论已建立起较为完善的理论体系并在各个领域中得到广泛地运用。

预算管理涉及划分预算相关的权限和落实预算责任，这一过程需要全员参与。预算本身作为一种管理手段，被广泛应用于宏观以及微观经济领域。预算为企业的所有经营活动提供了清晰的信息，并且可以调动所有职工和管理人员的广泛参与。所以，为实现经营性国有资产的保值增值和国有资产的有效经营，对经营性国有资产实行预算管理就成为一种必然选择。国资预算是一种针对经营性国有资产实施预算管理的手段，在运营管理国有资产方面有着无法比

---

① 凯恩斯. 就业、利息和货币通论［M］. 李欣全，译.2版. 海南：南海出版社，2010.
② 1922年麦金内（J.O.McKinney）出版的《预算控制论》（Budgetary Control）中全面介绍了预算控制理论，标志着预算管理理论开始形成。

拟的优越性。

4.2.5　国家财务理论

国家财务是指国家作为生产资料的所有者，将国有资本投资于国有生产经营单位的一系列活动及其所形成的经济关系，是国有经济的重要组成部分。1986年郭复初首次提出"国家财务"概念，1993年《国家财务论》的出版标志着国家财务理论已形成基本的理论体系。根据国家财务理论，国家财务活动是国家作为生产资料所有者，对企业或部门的一部分资金或创造的国民收入进行分配与再分配的经济活动，以实现组织经济活动的职能，满足经济发展的物质需要。国家财务与国家财政在资金运动形式、经济建设支出方向以及实现目标等方面均有不同[①]。因此，"国家财务"应独立于"国家财政"自成一体。但是独立出来的国家财务与国家财政也存在一定的联系。

国资预算制度的实施是将国家财务理论运用于实践的检验，国家财务理论认为国家财务是对"企业或部门的一部分资金或创造的国民收入进行分配与再分配的经济活动"[②]，而这也正符合国资预算的主要内容（国有资本经营收益的预算收支分配）。同时，国家财务理论也为国资预算独立于公共财政预算提供了理论基础，国资预算与其他预算"相对独立，相互衔接"的编制原则也是国家财务理论的映射。在中央以及各级地方政府分别代表国家行使出资人权利的制度下，国家财务理论为国资预算制度的实施提供了重要理论依据，同时也在这一实施过程中对中国的国有资本管理体制改革与监督管理发挥了重要作用。

4.2.6　政府双重职能理论

政府双重职能是指政府具有国家行政职能与经济组织职能。行政职能是指政府为贯彻执行党和国家的方针政策和各项法律、法令而采取的一切行政手段和措施；经济职能主要是指组织各项生产经营活动，通过增加产品供给，取得各种利润和收益。不同职能的最大区别是价值准则的不同。经济组织职能追求低投入高产出的经济效益最大化；而国家行政职能则是社会效益最大化。

政府双重职能意味着政府拥有社会管理者和生产资料所有者的双重身份，不同的身份需要履行不同的职能。在党的十八届四中全会提出的"职能科学、权责法定、执法严明、公开公正、廉洁高效、守法诚信"的政府建设思路之下，国资预算与公共预算相互独立，有利于改善政企不分的状况，硬化国有企业预算约束，进一步实现国有资本保值增值的目标。随着国有企业改革的深化，生产经营权逐步分离出企业，政府剩余的两项职能（政治权利行使者和国有资本所有者）

---

① 郭复初. 社会主义财务的三个层次 [J]. 财经科学，1988（3）：21-24.
② 郭复初. 国家财务论 [M]. 成都：西南财经大学出版社，1993.

的区别凸显。

国资预算与公共财政预算之间既独立又衔接，反映出政府双重职能间的互动关系。政府要实现行政职能与经济职能的分离，首先须建立起与公共预算相对独立的国资预算，只有对经营性国有资本的收入、支出、资产和负债等情况进行全方位了解与追踪，才能保证国有资本保值、增值和再投资的进行。同时，要实现国资预算与公共财政预算的衔接，可根据实际情况将国有资本经营收益调入公共财政，这一衔接过程也体现了国有企业的社会性特征。另外，设立国有资产监管机构，提出建立国有资产管理、监督、营运体系等实践也表明了政府双重职能的客观要求。

国资预算作为体现政府经济职能的预算管理制度，同其他公共预算共同构成国家预算体系。合理划分国资预算的收入和支出范围对于明确和履行政府行政职能、经济职能具有重要的作用。在两种预算独立运行的同时，提倡相互衔接和适度互通，这一原则为政府充分履行职能奠定了良好基础。

4.3 国有资本收益上缴的理论基础

国资预算的核心是国有资本收益上缴与支出安排。有关国有资本收益上缴的理论主要包括股利政策理论和自由现金流理论，有关收益支出的理论主要包括利益相关者理论和全民分红理论。上述理论为该制度的实施和完善提供了思路。

4.3.1 股利政策理论

股利政策理论作为现代企业财务理论的重要研究内容之一，一直受到理论界与实务界的关注。迄今为止，世界各国的学者们通过多种角度和方法对股利政策与企业价值的关系进行了研究，形成多结论的理论体系。其包括最初的 MM 理论、结论相异的"一鸟在手"理论与将税收因素纳入考虑范围的税差理论等。表4-4 将上述三种理论进行了对比梳理。

国资预算是国家作为生产资料所有者将资本投入国有企业生产中的收支预算，本质上体现了国家与国有企业间的利润分配关系。在计划经济时期，国家财政进行统一拨款调配，国有企业作为国家附属生产单位并不承担归属自身的经济责任。改革开放后，市场经济体制开始全面推行，企业逐步拥有自主生产与经营的权利，国家由主体地位转变为股东地位，国有企业上缴利润问题显现。股利政策理论为国资预算中制定国有资本收益上缴比例提供了相应的理论依据。根据"一鸟在手"理论，投资者更青睐于发放现金股利的公司，股利分配越多，公司的市场价值就越高，这为国有企业的经营管理提供了启示。当今有关国有企业股

表 4-4　　　　MM 理论、"一鸟在手"理论与税差理论梳理表

理论名称	提出时间	代表人物	主要理论观点
MM 理论	1958年	Miller& Modigliani	在不考虑所得税和破产风险，并且市场充分有效时，资本成本的高低并不会影响资本结构，即股利无关理论
	1963年		在考虑所得税因素后，公司的资产负债率越高，资本成本就越低，公司价值越大。当债务资本在资本结构中趋近100%时，此时的企业价值最大
"一鸟在手"理论	1963年	M.Gordon	投资者作为厌恶风险者会规避将股利留存企业的风险，更偏爱分配股利的企业，公司分配的股利越多，其市场价值也就越大
税差理论	1967年	Farrar & Selwyn	在股利税率高于资本利得税率的经济中，投资者更倾向于将企业利润留存在企业中以求以后期间获得更高报酬。因此，为使资金成本降到最低并最大化公司价值，应采取低股利政策

利分配的政策中，只对国有独资企业的分配比例进行了规定，对于国有控股企业以及国有参股企业的利润上缴比例并没有做出硬性规定。许多企业为减少外部融资，少发或不发股利的现象较为普遍。这一做法可能会对公司价值的提升带来负面影响，也不利于国有资本利用效率的提高。因此，相关政策部门在制定进一步提高国有资本收益收取比例政策的同时，应该更多考虑国有控股和国有参股企业的利润上缴问题。

4.3.2　自由现金流理论

自由现金流理论是在委托代理理论的基础上产生与发展的。Jensen（1986）认为支付现金股利会在一定程度上减少公司内部可自由使用的现金流，从而遏制经营者的非效率投资行为，最终实现资金利用效率的提高[①]。1984年 Easterbrook 从另一角度论述了自由现金流理论，其认为公司在支付更多的现金股利，减少了经营者非效率投资，另一方面也增加了其从公司外部进行融资的可能性[②]。公司进行外部融资的同时也必然会受到资本市场更多的监督和约束，从而在一定程度上缓解所有者与经营者之间的代理问题。

在实施国资预算之前，国有企业的经营收益全部留存于企业内部。当企业资

① Jensen M. Agency Costs of Free Cash Flow, Corporate Finance, and Takeovers［J］. American Economic Review, 1986（76）: 323-329.
② Easterbrook F H. Two Agency-Cost Explanation of Dividends［J］. American Economic Review, 1984, 74（4）: 650-659.

金存量高于适度投资水平时，管理者往往偏好于投资低效率项目，会损害整体的经营效率，不利于提升企业经营绩效。在实施国资预算后，国有企业的资本收益需要按照一定的比例上缴。一方面，该措施减少了供经营者自由支配的现金流，降低了企业持有现金的成本；另一方面，国有企业内部现金流的减少将促使企业进行外部融资，这一过程势必会引入第三监管者，从而通过加强外部监督这一路径来提高国有企业的经营绩效，实现国有资本保值和增值。但是，国资预算虽已改变国有企业不上交红利的历史，但从国有资本收益上缴的比例来看，中国相比于西方国家仍然偏低。财政部于2010年发布的《国有资本经营预算编制情况》也表示"国有资本收益收取比例过低"。只有弥补这些不足才能助力国有企业的经营改善和国资预算的顺利实施。给予自由现金流理论，提高国有资本经营收益上缴比例可以更好地抑制国有企业非效率投资，提高国有资本配置效率进而实现资本保值增值。

4.3.3　利益相关者理论

1984年，R.Edward Freeman 提出利益相关者理论，打破了人们"股东利益至上"的观念。该理论强调由于企业资金不仅来自于股东投入，还来源于从债权人借入的资本。除了股东，债权人也承担着一部分企业经营风险，并且关系到企业生存发展的个体和组织都会为企业承担经营风险[1]，他们都是企业利益相关者。企业不应只注重股东利益，而应放大格局重视利益相关者的整体利益。随着经济一体化程度的不断加强，利益相关者理论在实践中发挥的作用越发显著。现行国资预算制度作为利益相关者行使权利的一种手段，对于全体人民监督国有企业的经营状况有着不可忽视的作用。国有企业的所有者为全体人民，因此，全国人民都应纳入其利益相关者的范围。国有企业应本着全体人民利益最大化原则进行生产经营，在制定国资预算制度的相关规定时也应充分考虑国有企业的利益相关者的权利，适当引入社会评价和监督机制。

4.3.4　全民分红理论

1977年诺贝尔经济学奖获得者James Meade是最早系统提出全民分红理论的学者。1936年，他在《经济分析与政策导论》（An Introduction to Economic Analysis and Policy）一书中提出"社会分红"构想：国家将在投入社会化企业的资本和土地中获得利润，它可以将利润的一部分作为社会分红无条件分给公民，体现公民对企业或资源的全民所有性质，将另一部分作为对社会化企业的再投资[2]。1938年，Meade在《消费者信贷和失业》一书中进一步分析提出"社会分红"可

---

[1]　弗里曼．战略管理：利益相关者方法［M］．王彦华，梁豪，译．上海：上海译文出版社，2006．
[2]　米德．经济分析与政策导论［M］．伦敦：牛津大学出版社，1936．

以作为"反周期"的政策工具来运用，并认为无条件的"社会分红"比有条件的"失业救济"更能促进就业[①]。这里的社会化企业即通常所说的国有企业。在国内，李燕将经营性收益归为公共资源收益，国资预算应彰显"人民投资，人民收益"的理念，实现公共收益的全民共享[②]。

近几年来，国有资本利润不断提升，但国有资本经营收益大多在企业内部循环。因此，如何合理安排国资预算支出将是国资预算能否实施成功的一项关键要素。国家代表全民行使出资人权利，收取国有资本经营收益，理应将这些收益更多地运用到改善民生等支出方面。现行政策下，国民作为国有资本所有者享受到的权益较少，国有资本收益分配的公平性有待提升。对国有资本经营收益实行全民共享，有利于增强国有资本配置的公平性，因此，在目前中国经济发展面临诸多严峻考验的大环境下，全民分红理论对于中国国有资本收益的分配具有较为重要的指导意义。

---

① 米德. 经济分析与政策导论［M］. 伦敦：牛津大学出版社，1936.
② 李燕，唐卓. 国有企业利润分配与完善国有资本经营预算——基于公共资源收益全民共享的分析［J］. 中央财经大学学报，2013（6）：7-12.

5 资本配置视角下国资预算制度研究：国际比较

国有资产管理体制并不是中国独有的。虽然世界上每个国家的政治、经济和文化情况存在较大的差异，但是在国有资产管理和国企改革方面的经验存在一定的共性，具有一定的借鉴意义。从预算角度来看，国资预算的本质是一种资本预算，是复式预算的一部分，其产生与发展能够从国外的理论和实践中寻找到一定的起源①。因此，分析国外资本预算制度，学习和借鉴国外国有资本经营运营的做法，对于构建和发展适合中国国情的国资预算体系具有重要的意义。本章主要对国外国资预算模式、国外国有资产管理模式、国外国有资产监督模式和国外国有资本收益上缴与支出模式等方面进行比较和总结，以此为基础为完善中国的国资预算制度提供一定的启示和参考。

5.1 国外国资预算相关模式比较

西方资本主义国家的预算制度发展，主要以20世纪30年代的经济危机为分界点。在经济危机爆发之前，国家预算主要服务于监督和控制政府财政收支，是一种单一的预算制度。经济危机爆发后，面对较为严峻的通货膨胀、周期性波动等问题，政府开始重视通过预算手段加强对经济的干预，在此过程中复式预算应运而生，此后越来越多的国家开始采用这一预算手段。

5.1.1 国外资本预算模式比较

中国将国家预算划分为国资预算、一般公共预算、社会保险基金预算，这种预算模式是复式预算的一种。目前，世界各国采用最多的预算制度是复式预算，这种预算把同一预算年度的所有预算收入和支出，分成两个或两个以上的收支对照表，以特定的预算来源保证特定的预算支出，通常将预算划分为经常性预算和资本预算两类，国外的"资本预算"类似于中国的"国资预算"，相关实践经验对于国资预算制定的完善具有一定的借鉴价值。复式预算最早由丹麦于1972年

---

① 王景升. 国资预算组织与编制研究 [M]. 大连：东北财经大学出版社，2010.

创造，政府部门将预算划分成经常预算和资本预算。1933年，美国将复式预算进行了拓展完善，政府预算被划分成"正常"预算和"非正常"预算两类。此后，复式预算发展迅速，目前已被联合国广泛推介，在发达国家和发展中国家均有实施，丹麦、瑞典、英国和日本最具有代表性。

1）丹麦

丹麦是世界上率先开展复式预算的国家，将政府预算划分为"资本"和"普通"两类。关于普通预算，其收入方面以租税为主，支出方面主要用于服务政府当局的常规性费用；关于资本预算，遗产税、普通预算转移的偿债基金或折旧基金等是其收入的主要来源，凡是具有投资性质的都列为支出（不论是否获利），公共事业支出也列入其中。对资本预算承担监管职能的是财政部门和议会，预算的编制、执行由财政部门负责，议会则主要负责对预算计划的审批和执行监督。

2）瑞典

瑞典是历史上率先将国家预算与经济相配合开展的国家，这种政策对于促进其国民经济的平稳运行、国家预算的有效编制和执行具有显著的效果。1937年，瑞典放弃预算的逐年平衡政策，引用资本预算进行预算改革，并于1938年创立普通预算和资本预算。在预算项目划分方面，瑞典与丹麦有着较大的差异，比如在资本预算中，只有当一项投资是可盈利性的或者一项投入是生产性的，才能够被划分为资产；无报酬的投资被划分为经常性支出……此外，瑞典的资本预算由财政部门组织实施，议会和社会公众对资本预算的运行进行监督，资本预算的监督环节受到格外的重视。

3）英国

英国在20世纪60年代前对国民账户支出区分了线上和线下。线上通常是指有盈利性的经常性支出，线下则主要囊括政府部门有权用借款满足的支付项目。60年代后期，线上和线下的项目划分方法被政府修订，预算被综合地划分为统一国库基金和国家借贷基金两类，分别类似于"经常"预算和"资本"预算，具体的收支项目与丹麦、瑞典等国家类似。英国的财政部门负责国家借贷基金预算的编制和实施的组织工作，预算监督组织由议会负责。

4）日本

日本政府没有单独编制资本预算，与之具有类似功能的是财政投融资预算计划。财政投融资预算计划主要根据相关政策导向，利用政府性资金进行投融资活动。在资金运用方面，主要用于服务国家金融机构、国债等方面的支出，其中企业上缴的税后利润等主要用于弥补国家经常性支出。在监督方面，国会部门主要负责预算的审批和监管，审计机关负责资金利用的绩效考察，财政部门则对财政投融资预算计划的编制、执行和管理等全过程进行监督和把控。

国外资本预算的模式虽然不尽相同，但是也有其共同特点：一是财政部门主要负责资本预算的编制、执行和管理等工作；二是通过议会、审计机关等部门专项负责资本预算的监督和检查；三是资本预算收入的内容主要是具有盈利性的资本经营收入，支出主要是资本投资等。

5.1.2　国外国有资产管理模式比较

国外国有资产管理的实践纷繁复杂，但是各国的管理模式仍然存在一定的共性，通过汇总发现，国有资产管理的"三层次"模式、"两层次"模式和"分类管理"模式最具有典型性和代表性。

表5-1　　　　　　　　　　　国外国有资产管理模式比较

代表国家	模式名称	模式特点
意大利、英国、奥地利等	"三层次"模式	国有资产行政管理机构→国有资产产权营运机构→国有企业
法国、德国、加拿大等	"两层次"模式	国有资产行政管理机构→国有企业
日本、瑞典等	"分类管理"模式	将国有资产按照功能界定进行分类管理，可交叉采用"两层次"或者"三层次"管理模式

5.1.3　国外国有资产监督模式比较

由于世界各国在政治、经济和文化方面存在较大的差异，各国企业组织形式不尽相同，国有资产的监督重点和监督手段等有所不同。依据国有资产受到国家监督控制程度的不同，可以划分为完全监督、部分监督和较少监督三类[①]，其具有代表性的国家分别有美国、日本、法国和英国。特别的，英国设立的国家企业局对我国完善国资预算制度和国有资本授权经营模式具有一定的参考价值。国家企业局的产权监督管理主要体现在四个方面：一是向其投资的子公司和关联企业提供贷款，国家企业局不直接干预其日常生产和经营；二是国家企业局向其投资的子公司和关联企业派出董事；三是国家企业局制定了适用于所有子公司和关联公司的一系列报告制度；四是国家企业局要对公司的财务状况和计划进行认真审查。各国国有资产监督模式比较特点见表5-2。

---

① 曹均伟. 国外国有资产监督模式的比较和借鉴［J］. 世界经济研究，2007（6）：73-88.

表 5-2 　　　　　　　　　 各国国有资产监督模式比较

国家	监督模式	模式特点
美国	"分级监督"模式	有关国有资本管理的各种议案,都需要得到国会的审议批准才可实施
日本	"政企合一监督"模式	属于高度集权的监督模式,国有企业自主权较少,企业的财务预算、生产业务、人事管理等经营活动都在政府或者议会的严格监督之下
法国	"国家财政与行业主管协同监督"模式	财政部与行业主管部门共同负责国有资产监督管理,向国有企业派出代表,监督检查企业的日常经营活动
英国	"国家企业局控股监督"模式	政府对国家企业局实施全资控股并作为出资者进行产权监督,国家企业局依据出资对其控股的子公司和孙公司等进行产权监督和财务检查,不直接干预其日常经营活动

5.1.4　国外国有资本收益上缴与支出模式比较

国有企业的主要出资者是国家,其分红政策由国家体制决定,各国的国有资本收益上缴和支出模式存在较大差异,与其各自的历史根源和制度背景相关[①]。本部分简要概括了法国、意大利、英国和美国的国有资本收益上缴与支出模式特点。

1)法国

在法国,政府是国家的代表,对具有国有性质的企业承担出资人角色,主要采用分类管控和计划性合同制对国有企业监管。对于国有企业的税后利润上缴规定较为严格。国有企业需要将净利润的百分之十上缴国库,剩余部分的百分之六十到百分之七十主要用于投资或者弥补企业亏耗,其他的可用于职工福利。在法国的国家财政收入中,国有企业的利润分红是仅次于税收的重要组成部分。

2)意大利

意大利的国有企业系统类似于一个金字塔:政府主管部门→国家持股公司→基层国有企业。对于国有企业,其每年盈利的百分之二十留归企业,用于企业的投资发展或者弥补亏损,百分之十五专项用于科技研发,其余的百分之六十五需要全部上缴国库。当发生偶然亏损的年份时,国库可以从上缴来的国有企业税后利润款中调动部分资金进行补亏。

---

① 汪平,李光贵,袁晨. 国外国有企业分红政策:实践总结与评述 [J]. 经济与管理研究,2008(6):78-86.

3）英国

英国国有企业的财务状况受到国会的控制。在税后利润分配方面，不同功能定位的国有企业需要遵守的分红规定存在较大差异，即实行差异化的分红政策，但是相关差异和各类国有企业利润分配数据需要在政府预算中进行详细的说明[①]。英国的国有企业红利纳入财政预算体系，不单独编制预算，上缴国库后由政府统一分配管理。

4）美国

由于其高度发达的市场经济，美国政府对国企利润采取企业自愿上缴的方式。国有企业不被强制向政府上缴税后利润，但是可以自愿向所在地的州政府缴纳30%~50%的税后利润，用于支持地方政府开支所需。国有企业可以将这些税后利润留存企业自用，比如投资新的开发项目、支持公益事业，也可以向投资者直接分红[②]。

5.2　国际经验对国资预算的启示

迄今为止，国外曾有过多次国有化运动，但与中国相比，其国有经济的比重还很低。国资监管在西方国家已有300多年的历史，在理论和实践方面有诸多值得借鉴之处，但是从制度结构方面来看，至今仍没有一个国家实施独立的国资预算制度，因此直接的经验借鉴并不存在。但是，自19世纪以来，经营性国有资产一直存在于各个国家，以经营性国有资产为对象的管理体制与预算机制也是存在的，比如英国设立的国家企业局，既尊重了经营性资本运动的市场属性，也能够通过产权纽带来有效管理国有资产，保护国家出资者的权利，相关经验可为中国的国资预算制度的建立与完善提供借鉴。

5.2.1　加强国资预算立法和监督工作

在美国，国会对预算的审议与批准全面负责[③]。这种审议批准的规范化与透明度，有效避免了管理体制的任意性。中国在财政立法方面还不够完善，规范内容以原则性指导为主，资源管理离任审计制度还有待加强，人民代表大会对于国资预算的监督职能的实现需要进一步细化。因此，需结合国资预算实践过程中的现实问题，完善财政体制和监督规范体系，尤其需要加强人民代表大会对国资预算的监督作用。

---

① 陈少晖. 国有企业利润上缴：国外运行模式与中国的制度重构 [J]. 财贸研究，2010（3）：80-87.
② 张涛，曲宁. 西方国有企业分红模式及政策比较：经验与借鉴 [J]. 会计之友，2010（6）：19-22.
③ 廖添土. 国有资本经营预算：历史考察与制度建构 [M]. 北京：社会科学文献出版社，2015.

法国的国有资本管理体制尤其注重对经营的监督，政府对其采用分类管理的模式，监控系统主要包括事前监督和事后监督两方面。在监督操作程序上，中国缺乏事前监督，只是委派审计署对一些重点国有企业进行审计。应完善国有资本和国有企业的监控系统，做到事前、事中和事后的全程监控，有效发挥预算功能。目前中国的国有企业进行了功能界定与分类，针对中央企业负责人经营业绩的考核也进行了分类管理，但是这其中关于国资预算绩效的评价比重较低，国资预算的分类监督工作尚未见到具体的指导性文件，相关工作有待加强。

5.2.2　完善国有资本授权经营体制

从国际经验来看，国家进行国有资本管控时，国家控股公司是一种较为常用的媒介形式和落实国家权力的工具。控股公司能够有效地阻隔政府对于国有企业的直接干预，更多地采用市场化手段提升国有资本的管理效率。虽然中国也在国资委下设立了国有资本经营公司等类似公司，但比较分散，国有控股公司的职责落实有待进一步加强。从国外国有资产管理的"三层次"模式、"两层次"模式和"分类管理"模式来看，国有资本的授权经营发挥着关键作用，对于国有企业发展至关重要，有利于从产权层面加强国有资产的管控力度，同时让被控股企业在授权范围内能够获得充分的自主经营权，提高国有资本运营水平和配置效率。

5.2.3　基于国情适当提高税后利润上缴比例

从国际经验来看，发达资本主义国家对国有企业利润的收缴比例较高，比例一般在30%~90%，如法国按50%上缴国库，美国可自愿按30%~50%上缴州政府，新加坡的部分国有企业上缴比例高达80%~90%[①]。相比而言，中国的国有企业国有资本收益上缴总额偏低，主要体现在两个方面：收益收取时间较短，中国早在1993年就提出了国资预算制度，但由于种种原因至2007年才正式实施该制度；收益上缴比例较低，目前国资预算制度利润收取比例提高并分为五档，最高比例为25%，且覆盖面较低，与发达资本主义国家的30%~90%比例相比，仍有较大的差距。因此，我国的利润上缴比例较低，需要基于中国国情适当提高。

5.2.4　优化国资预算支出比例和方向

对于国有企业上缴的税后利润，发达资本主义国家有明确的支出方向，由政府统一管理。支出方向包括公益事业、公共民生领域或企业自身的发展，美国的部分国有企业会对公民直接分红。目前中国对国资预算的支出安排仅包括资本性支出、费用性支出和其他支出的原则性规定，并没有强调民生财政的导向，且支

---

① 马乃云. 国外国有企业管理及收益收缴实践对我国的启示［J］. 财会研究，2010（17）：60-63.

出比例偏低还缺少具体的操作流程。从 2011 年到 2015 年，纳入公共财政预算的资金占总预算资金的比重依次为：4.66%、5.71%、6%、11.66% 和 16.36%，比重呈现每年递增的趋势但仍较低，大部分支出仍用于国企的结构调整和产业升级等支出①。目前其支出方向仍为学术界讨论的热点，但基于资本配置公平视角，收益支出应侧重民生领域，不应全部留存于企业内部弥补改革成本。因此，中国的国资预算制度应明确支出比例和方向，并适当偏重民生领域。

---

① 数据来源于财政部网站。

6 资本配置视角下国资预算制度研究：实施状况

实施国资预算制度对于国有经济发挥其主导作用、全社会资本配置的优化和国有资本的保值增值率的提高具有重要作用，中国可通过国资预算制度的实施来解决很多在深化改革的过程中遭遇的深层次问题。自初步确立国资预算制度框架以来，中央国资预算制度的实施范围逐渐扩大，收益上缴比例也逐渐提高，相应的收益上缴总额不断增大。事实上，部分省市国资预算制度的试点工作早于中央，但由于经济发展水平的差异，不同省、市、自治区的实施广度和深度参差不齐。本章较为详尽地对中央和地方国资预算制度进行描述，以期为进一步完善国资预算制度提供参考。

6.1 中央国资预算制度的实施状况描述

作为国民经济的重要支柱，中央企业助力国有经济发挥了主导作用，在其中贡献出骨干力量。2007年建立的中央国资预算制度对中央企业的收入分配制度具有完善作用，进而对国有经济布局的推进和战略性调整其结构具有重要的意义。中央国资预算制度试行后，其以编制、执行、评价及激励为主要内容的政策体系不断完善，日趋成熟。从预算实施范围来看，由最初2008年的144家中央一级企业扩大到2015年的832家中央一级企业，且实施范围仍在逐步扩大；从国有收益上缴比例来看，由最初的0~10%三个行业类型提高到0~25%五个行业类型，国有收益上缴比例依据"十三五"规划的要求，将在2020年左右提至30%。通过分析国有资本收入与支出情况，自2008年以来，中央国资预算收入与支出金额大幅度提高，收入的来源更加广泛，支出的结构也更加合理。本部分概述了中央国资预算的实施范围和收支情况。

6.1.1 中央国资预算实施范围

自2007年国资预算试行以来，越来越多的中央企业被纳入预算实施范围，最初的范围是隶属国资委管控的中央企业，而后扩大到国务院直属机构和部委机构管控的中央企业，数量由144家扩大到832家，实施范围仍在逐步扩大。中央国有独资企业的国有收益上缴比例也随着预算实施范围的不断扩大而逐年提升，中央国有独资企业的国有收益上缴比例依据"十三五"规划的要求，将在2020年提高至30%左右。

1）中央国资预算实施范围

中央国资预算实施范围的扩大不仅体现为数量的增加，还体现在纳入预算范围的企业所属的行业类别的愈加丰富。自2008年国资预算制度实施以来，纳入预算实施范围的中央一级企业数量的变化情况如图6-1所示。

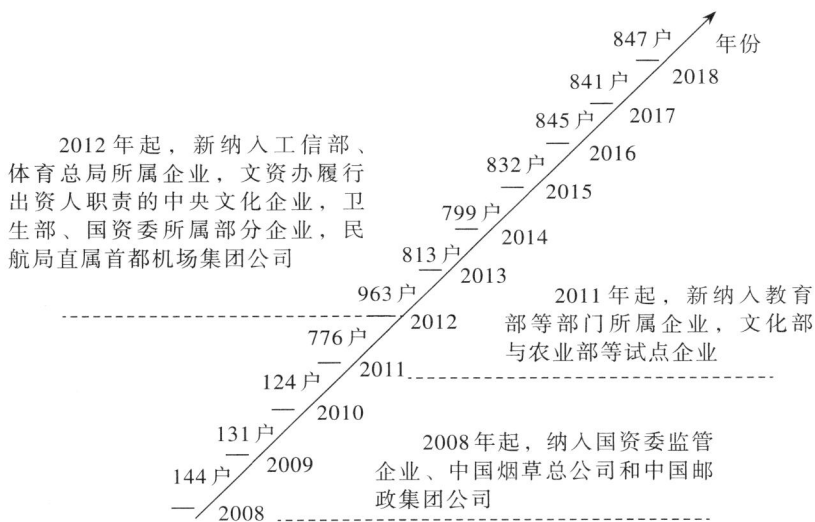

图6-1　2008—2018年纳入国资预算实施范围的一级中央企业数量

2007年开始试行国有资本预算制度时，预算范围中仅有国资委监管企业和中国烟草总公司，部分中央金融企业于2016年也被纳入了预算实施范围。国资预算制度正式实施于2008年，纳入预算实施范围的中央一级企业为144户。此后实施几年间，国资委相继发布有关执行工作的通知，及时了解掌握纳入预算实施范围的中央企业执行情况。

财政部于2010年下发《关于完善重要中央国资预算有关事项的通知》（财企〔2010〕392号），预算实施范围进一步扩大，自2011年开始，教育部、中国国际贸易促进委员会所属企业、国家广播电视总局直属中国电影集团公司、文化部直属中国东方演艺集团公司、中国文化传媒集团公司、中国动漫集团公司、农业部直属黑龙江北大荒农垦集团公司、广东省农垦集团公司以及中国出版集团公司和中国对外文化集团公司均被纳入中央国资预算实施范围①，776户中央一级企

---

① 其中，中央管理企业（2户）、教育部所属企业（623户）、文化部所属企业（3户）、农业部所属企业（2户）、国家广播电影电视总局所属企业（1户）、中国国际贸易促进委员会所属企业（21户），共652户。

业被纳入中央国资预算的实施范围中。

财政部于 2012 年下发的《关于扩大中央国有资本经营预算实施范围有关事项的通知》(财企〔2012〕3 号),自 2012 年起,工信部、体育总局所属企业、中央文化企业国有资产监督管理领导小组办公室履行出资人职责的中央文化企业、卫生部和国资委所属部分企业、民航局直属首都机场集团公司均被纳入中央国资预算实施范围①,被纳入中央国资预算实施范围的中央一级企业增加至 963 户。由此可知,中央国资预算的实施范围已开始扩展到部分事业单位经营性国有资产,超出了经营性国有资产范畴。

财政部于 2016 年下发的《中央国有资本经营预算管理暂行办法》的通知(财预〔2016〕6 号)将预算实施范围拓展到部分中央金融企业。至此,在中国,金融性资产也被纳入到国资预算的范围中,国有资本逐渐由狭义的国有资本转向广义的国有资本。

根据《关于 2018 年中央国有资本经营预算的说明》,新疆生产建设兵团所属国有企业也被纳入国资预算范围,截止到 2018 年纳入中央国资预算制度实施范围的中央企业达到 847 家,其涵盖范围还将随着国资预算制度的不断推进和完善而进一步扩大。

2)中央企业国有资本收益上缴比例

根据国资预算的制度规定,国有独资企业是按照行业的类型来上缴年度净利润的②。于 2007 年试行的国资预算制度规定被划分为第一类别的企业有中国烟草总公司、电力、电信、石油石化和煤炭等具有资源垄断特征的企业,上缴比例为 10%;第二类别的企业有钢铁、贸易、运输、电子等一般竞争性行业企业,其上缴比例为 5%;军工集团、中国邮政集团、转制科研院所为第三类别,暂缓上缴,政策性公司免交。具体的企业分类名单详见附录 1。

2011 年以来,伴随着政府不断地扩大预算的实施范围,国有资本收益的上缴比例也应适当地提高。新政策规定分四大类别执行:第一类为企业税后利润的 15%;第二类为企业税后利润的 10%;第三类为企业税后利润的 5%;第四类可被免除上缴国有资本收益。其中,新纳入中央企业预算实施范围的企业根据第三类别执行国有资本收益的上缴。具体的企业分类名单详见附录 2。

国资预算实施范围于 2012 年再次扩大③,新纳入实施范围的国有独资企业也被归类为中央国有资本收益上缴政策中的第三类企业,上缴利润比例为税后净利

---

① 其中,工业和信息化部所属企业(81 户)、卫生部所属企业(3 户)、国资委所属企业(55 户)、国家体育总局所属企业(53 户)、中国民用航空局直属企业(1 户)、文资办履行出资人职责企业(108 户),共 301 户。
② 国有独资企业应上缴的年度净利润,以拥有全资公司或者控股子公司、子企业的,由集团公司(母公司、总公司)以年度合并财务报表反映的归属于母公司所有者的净利润为基础申报。
③ 纳入预算实施范围的符合小型微利企业规定标准的国有独资企业、应交利润不足 10 万元的,比照第四类政策性企业,免交当年应交利润。

润的 5%。具体的企业分类名单详见附录 3。

财政部于 2014 年下发《关于进一步提高中央企业国有资本收益收取比例的通知》（财企〔2014〕59 号）。该通知规定，自 2014 年开始，中央企业国有资本收益上缴比例将被适当地提高，国有独资企业的应交利润收取比例也在现有的基础之上提高 5 个百分点。此后，第一类企业收益上缴比例为 25%；第二类企业为20%；第三类企业为 15%；第四类企业为 10%；第五类企业可被免除上缴当年应交利润。具体的企业分类名单详见附录 4。

表 6-1 为历年中央企业所属行业及其纳入收益上缴比例变化表。

表 6-1   **中央企业国有资本收益上缴比例变化表**[①]

行业企业	2007 年	2011 年	2012 年	2014 年
中国烟草总公司	10%	15%	20%	25%
电力、电信、石油石化、煤炭等资源垄断特征的企业	10%	15%	15%	20%
钢铁、贸易、运输、电子等一般竞争性行业企业	5%	10%	10%	15%
军工集团、中国邮政集团、转制科研院所	免交	5%	5%	10%
教育部、农业部、文化部所属企业、电影集团公司等	—	5%（新增）	5%	10%
工信部、体育总局、卫生部、国资委所属部分企业等	—	—	5%（新增）	10%
政策性公司，中国储备棉总公司、中国储备粮总公司	—	免交（新增）	免交	免交

6.1.2 中央国资预算收入

国资预算制度明确界定了中央国资预算收入的范围，具体包括利润收入、股利股息收入、产权转让收入、清算收入、其他国有资本经营收入和某些年份的上年结转收入。收入数额随着实施范围的变化逐年提升，对于收入的构成部分，其数额差异较大，且利润收入也因行业不同而呈现较大差异。

1）中央国资预算收入概述

中央自 2007 年实施国资预算以来，不断地扩大中国国有资本收益的上缴范

[①] 依据政策如下：《中央企业国有资本收益收取管理暂行办法》（财企〔2007〕309 号）；《关于完善中央国有资本经营预算有关事项的通知》（财企〔2010〕392 号）；《关于扩大中央国有资本经营预算实施范围有关事项的通知》（财企〔2012〕3 号）；《关于进一步提高中央企业国有资本收益收取比例的通知》（财企〔2014〕59 号）。

围，同时也不断地完善国有资本收益实施制度。根据《国务院关于试行国有资本经营预算的意见》（国发〔2007〕26号）、《关于印发中央国有资本经营预算编报试行办法的通知》（财企〔2007〕304号）以及《关于印发中央企业国有资本收益收取管理暂行办法的通知》（财企〔2007〕309号）、《中央国有资本经营预算管理暂行办法》（财预〔2016〕6号）这些文件规定，由财政部根据中央企业年度盈利情况和年度国有经济布局、结构调整计划组织中央预算单位测算中央国资预算收入。中央国资预算收入反映的是当年企业预计入库的国有资本收益数额及上年结转收入。国资预算的收入指由各级人民政府及其部门、机构履行出资人职责的企业（即一级企业，下同）上缴的国有资本收益，具体内容如下①。

（1）利润收入

利润收入是指国有独资企业按规定上缴国家的税后利润。

利润收入是通过企业年度合并财务报表反映的归属于母公司所有者的净利润和规定的上缴比重计算进行核准的，其中，企业年度合并财务报表是经过中国注册会计师审计的。拥有全资公司或者控股子公司、子企业的国有独资企业应当由集团公司（母公司、总公司）以年度合并财务报表反映的归属于母公司所有者的净利润为基础进行申报。其中，在计算企业应交利润的年度净利润时，可以扣减以前年度未弥补亏损。如果中央企业减免应交利润是由于依据国家政策做重大调整，或者因为不可抗力因素（如重大自然灾害等）带来的巨大损失，应对财政部和国资委提出申请，经过财政部和国资委报国务院批准后，减免的应交利润可直接转增到国家资本或者国有资本公积中。

（2）股利、股息收入

股利、股息收入是指国有控股、参股企业国有股权（股份）享有的股利和股息。股利、股息收入是依据国有控股、参股企业有关利润分配的决议审核制定的；国有控股、参股企业应付给国有投资者的股利、股息，是根据经股东会或者股东大会决议通过的利润分配方案执行的。同时，国有控股、参股企业应当依法规范地分配年度净利润。政策规定，应当详细说明当年不予分配及暂不分配的依据和理由，同时应出具相关的股东会或者股东大会的决议。

（3）产权转让收入

产权转让收入是指国有独资企业产权转让收入和国有控股、参股企业国有股权（股份）转让收入以及国有股减持收入。在处理国有企业的产权转让业务时，应进行资产评估。于2016年7月通过的《中华人民共和国资产评估法》规定，必须对国有资产相关的法定业务进行资产评估。

---

① 2016年财政部公布了关于印发《中央国有资本经营预算管理暂行办法》的通知（财预〔2016〕6号）。该通知中关于中央国资预算收入的定义与范围未发生实质性变动。

（4）清算收入

清算收入是指扣减清算费用后的国有独资企业清算收入和国有控股、参股企业国有股权（股份）享有的清算收入。清算组或管理人应当通过提交的企业清算报告对清算收入进行核定。

（5）其他国有资本经营收入

其他国有资本经营收入通过与经济行为相关的财务会计资料核定。

（6）上年结转收入

上一年收入的结余转到今年预算的这一部分为上年结转收入。

2）中央国资预算收入数据分析

本部分首先对中央国资预算收入进行描述性统计，具体从总体收入、收入构成以及利润收入上缴这三个方面展开，同时还对比分析了中央国有资本经营收入决算数与预算数，目的是为了进一步分析中央国资预算收入近年来的制定及执行情况。

2014—2018年中央国资预算收入的总体执行情况请见表6-2[①]，国资预算收入按照构成部分分类列示。其中国资预算收入的主要构成部分为利润收入，而利润收入主要来源于25个重要行业。本表通过比较国资预算收入的预算数与决算数从而得出相关年度预算收入变化情况的结论，其中决算数是本年度中央企业实际上缴的收入；而百分比是指收入决算数占收入预算数的比例，即决算数/预算数，预算数是国资委依据中央企业财务预算，并联系宏观经济形势和企业生产经营发展状况，而测算出的预计本年度中央企业可实现的国有资本收益。

根据表6-2的具体数据，可以更为直观的分析中央企业国资预算数据特点，运用折线图和柱状图进行进一步的描述分析。

（1）中央国资预算（决算）收入年度变化趋势

中央国资预算（决算）收入是随着国资预算范围的不断扩张和国有收益上缴比例的逐步提升而不断增长的。以2010—2018年的相关数据进行分析，如图6-2所示。

从2010年到2018年间，中央国资预算（决算）收入总额总体上呈现逐渐增长的趋势，具体的中央国资预算收入总额由421.00亿元提高到了1 376.82亿元，同比增长227.04%；中央国资决算收入总额从558.67亿元提高到了1 326.18亿元，同比增长137.38%。其原因主要是国资预算收入范围的扩张以及税后利润上缴比例的提高，以及国有资本经营效率水平的总体提升。其中预算（决算）收入2013—2014年增长幅度明显，平均达到30%以上。之所以在此期间增长幅度非常显著，主要是因为利润收入增长幅度较大，2014年国家对国有独资企业规定的

---

① 清算收入数额较少，对此不做分析。

表6-2　　　　　　　　　　　国资预决算收入一览表　　　　　　　　　单位：亿元

项目	2014年		2015年		2016年		2017年		2018年	
	决算数	预决算比（%）	决算数	预决算比（%）	决算数	预决算比（%）	决算数	预决算比（%）	决算数	预决算比（%）
总计	1 410.91	0.99	1 613.06	1.04	1 430.17	1.02	1 244.27	1.00	1 326.38	0.96
一、利润收入	1 378.57	0.97	1 475.35	1.02	1 252.65	0.97	1 107.63	0.95	1 209.86	0.96
烟草企业	412.35	1.03	477.25	1.08	372.93	1.01	386.42	1.10	405.38	1.16
石油石化企业	388.88	0.98	334.15	0.93	172.77	0.96	57.60	0.54	55.43	0.97
电力企业	128.24	0.86	167.22	1.19	186.21	1.00	147.60	0.85	167.77	0.89
电信企业	119.02	0.93	138.51	0.94	134.16	0.95	136.71	0.87	155.13	0.89
煤炭企业	68.22	0.97	48.53	0.95	17.43	0.67	22.93	1.01	31.12	0.51
钢铁企业	7.78	1.53	8.38	0.977	3.38	2.41	2.80	0.42	0.2	0.03
运输企业	6.49	1.21	13.46	0.98	26.19	0.71	30.17	0.843	31.32	0.79
电子企业	2.03	0.74	2.58	0.86	1.33	0.48	2.94	0.56	1.52	0.63
机械企业	51.69	0.99	63.05	0.98	56.09	1.00	50.55	0.96	53.89	0.93
投资服务企业	10.38	0.89	12.44	1.25	14.39	1.47	13.63	1.01	17.84	0.65
贸易企业	28.63	0.94	21.02	0.90	25.65	1.23	25.01	0.95	33.50	0.80
建筑施工企业	54.07	1.01	61.92	1.02	66.69	1.03	68.85	0.97	74.31	0.95
建材企业	3.61	0.94	3.97	0.97	0.50	0.33	0.67	0.70	0.14	0.14
境外企业	41.45	0.89	48.15	1.00	88.96	1.03	60.85	1.00	69.67	0.93
对外合作企业	0.59	1.04	0.61	0.92	0.34	0.43	0.66	0.88	0.77	0.89
医药企业	2.85	0.95	3.65	1.06	3.85	0.99	4.52	1.13	6.30	1.28
农林牧渔企业	0.07	1.17	0.85	2.66	0.78	0.78	1.48	2.03	0.82	0.95
其他中央企业	51.34	1.25	55.86	1.30	69.52	1.21	66.18	1.08	73.63	1.28
二、股利、股息收入	9.81	8.92	110.12	1.10	8.01		100.59	1.01	111.91	1.01
三、产权转让收入	22.53	2.25	27.32	2.73	66.47	6.65	36.04	1.80	3.13	156.50
四、上年结转收入	152.19	1.00	143.98	1.00	394.47	0.99	128.03	1.00	113.59	1.00
五、其他			0.27		103.04				0.41	

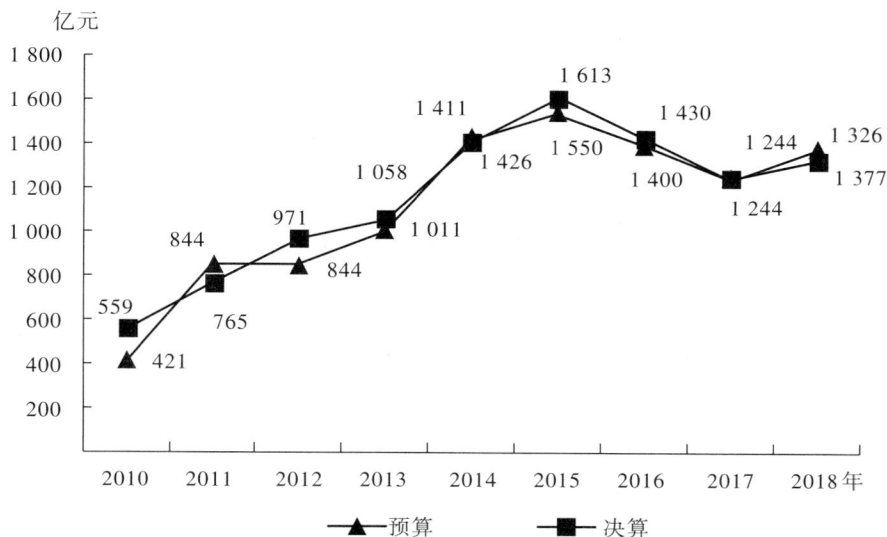

图6-2　2010—2018年中央国资预算（决算）收入趋势图

税后利润的上缴比例在原有的基础上提高了5个百分点，在石油、电力、电信等资源垄断性行业，上缴比例达到20%，并且利润收入始终占国资预算收入的比例较大。2016—2017年中央国资预算数额有所下降，主要原因是卷烟消费税调整以及石油石化、钢铁、煤炭等行业企业经济效益下滑，导致该类中央企业净利润变动下降。

经过对中央国资预决算差额的分析，除了2011年和2017年外，决算数普遍略高于预算数额。总体上可以看出，每年的国资预算收缴计划得到了较好的落实。2011年、2012年和2017年的预算、决算数额间的差异稍微偏大，而2013—2015年预决算的执行效果较好。随着逐年推进国资预算，国家在编制预算与执行预算方面的工作也逐渐成熟，这也使得国资预算能在国有经济存量调整与结构优化等方面发挥更为重要的作用。

（2）中央国资预算（决算）收入构成及变化趋势

中央国资预算（决算）收入包括利润收入、股利利息收入、产权转让收入、上年结转收入和其他国资预算收入5个方面，由于清算收入几乎没有，本书对此并不做探讨。各个收入来源的增长变化情况是驱动整体收入变化的根本原因。因此，通过剖析近年来各组成部分收入的变化趋势，可以在细节上了解中央国资预算收入整体变化情况。由于每年的国资预算收入和决算数额基本持平，本书仅以实际的决算数额为例进行分析，预算收入的构成及变动趋势与此类似，所以不再赘述。2010—2018年中央国资决算收入构成如图6-3所示，2010—2018年中央国资决算中利润收入占比趋势分析图如图6-4所示。

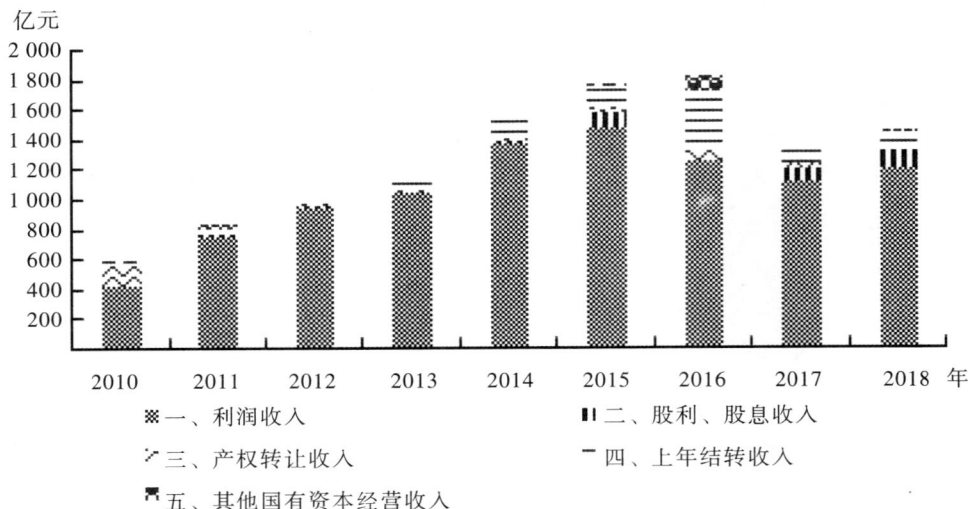

图6-3　2010—2018年中央国资决算收入构成图

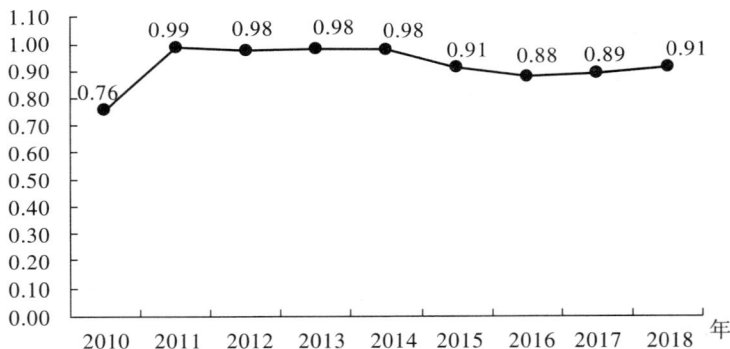

图6-4　2010—2018年中央国资决算中利润收入占比趋势分析图

从图6-3和图6-4来看，从2010至2018年国资决算收入呈明显上升趋势。占比最大的为利润收入，且同样呈总体上升趋势，且占比平均值在90%以上，2011—2014年之间甚至达到98%以上。与之相比，股利股息收入、产权转让收入、其他国有资本经营收入所占比例非常小。

2015年之前利润收入占比较大且年度增幅明显，尤其在2014年增幅最大，其原因主要为逐渐扩大的国资预算实施范围使得纳入预算实施范围的中央企业数量逐年上升，如2011年和2012年分别新纳入652户和301户；另一方面，利润上缴比例不断提升，2011年与2014年的上缴比例分别在原来的基础上提高5个百分点，其中，对烟草总公司规定的上缴比例于2014年达到了25%，同时，具有资源垄断性质的行业，如电力、石油、石化等，这些行业的上缴比例达到了20%。2016年之后，利润收入呈现出逐年递减的趋势，这与中央国有企业的年实

64

现净利润有所下降有关，例如2016年纳入中央国资预算编制范围的中央企业实现净利润10 520亿元，同比下降7.6%，实现归属于母公司所有者的净利润6 907亿元，同比下降10.9%。

排除利润收入，其他的国资决算收入项目所占比重均较小。具体的，股利、股息收入在2014年、2015年、2017年和2018年的数额相对较大，尤其国有控股企业上缴的数额增幅明显；2016年产权转让收入数额为66.47亿元，为历史最高，主要来源于国有股减持，2016年作为混合所有制改革的突破年，其中国有企业通过股权转让引入非国有资本的方式创造了较多的国有股减持收入。

（3）中央国资预算（决算）利润收入年度变化趋势

2010—2018年中央国资预算（决算）利润收入变化趋势如图6-5所示。

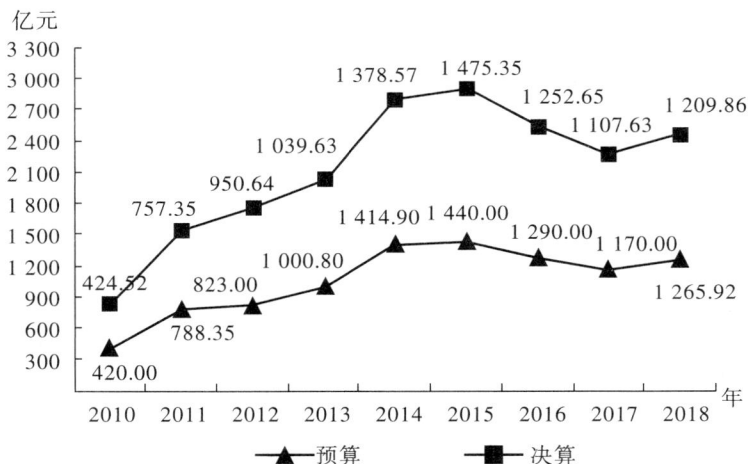

图6-5 2010—2018年中央国资预算（决算）利润收入趋势图

由图6-5可得，总体上来看国资预算（决算）收入中的利润收入呈上升趋势。从2010年至2018年，预算中的利润收入由420.00亿元提高到1 265.92亿元，同比上升201.41%；决算中的利润收入从424.52亿元提高到1 209.86亿元，同比上升184.99%。其中，2010—2015年间，利润收入呈现逐年上升趋势，特别是2011年和2012年的上升幅度最为明显。与之相关的原因有：自2011年起，国家将教育部、中国国际贸易促进委员会所属企业，国家广播电视总局直属中国电影集团公司，文化部直属中国东方演艺集团公司、中国文化传媒集团公司、中国动漫集团公司，农业部直属黑龙江北大荒农垦集团公司、广东省农垦集团公司，以及中国出版集团公司和中国对外文化集团公司纳入国资预算范围，新纳入的中央企业数量达652家，且收益上缴比例在原来基础上提高了5个百分点；实施范围于2012年再次扩张，将工信部、体育总局所属企业，中央文化企业国有资产监督管理领导小组办公室履行出资人职责的中央文化企业，卫生部、国资委所属部分企业，民航局直属首都机场集团公司等301户中央企业都纳入到实施范围中；利润上缴比例于2014年在原来基础上再次提高了5个百分点。综合以上因素，国资预算（决算）的利润收入增幅明显。2016—2017年间，预算和决算中的利润收入稍有所下降，这与前文所述的卷烟消费税调整以及石油石化、钢铁、煤炭等行业企业经济效益下滑相关。

（4）中央国资预算（决算）利润收入构成比较

作为中央国资预算（决算）收入的主要组成部分，利润收入的增长变化主要源于纳入预算范围的中央企业每年的净利润的变化，以及不断上升的中央国有资本收益上缴比例。通过对利润收入的构成情况进行分析，可以了解各个行业类别的中央企业的净利润的变化以及提高收益上缴比例的执行情况。本书以决算数额为例进行分析，中央企业国资决算中利润收入构成表见表6-3。

表6-3　　　　　　　　　中央企业国资决算中利润收入构成表　　　　　　　单位：亿元

	2014年		2015年		2016年		2017年		2018年	
	决算数	比例	决算数	比例	决算数	比例	决算数	比例	决算数	比例
烟草企业	412.35	0.30	477.25	0.32	372.93	0.30	386.42	0.35	405.38	0.34
石油石化企业	388.88	0.28	334.15	0.23	172.77	0.14	57.60	0.05	55.43	0.05
电力企业	128.24	0.09	167.22	0.11	186.21	0.15	147.60	0.13	167.77	0.14
电信企业	119.02	0.09	138.51	0.09	134.16	0.11	136.71	0.12	155.13	0.13
煤炭企业	68.22	0.05	48.53	0.03	17.43	0.01	22.93	0.02	31.12	0.03
钢铁企业	7.78	0.01	8.38	0.01	3.38	0.00	2.80	0.00	0.20	0.00
运输企业	6.49	0.00	13.46	0.01	26.19	0.02	30.17	0.03	31.32	0.03
电子企业	2.03	0.00	2.58	0.00	1.33	0.00	2.94	0.00	1.52	0.00
机械企业	51.69	0.04	63.05	0.04	56.09	0.04	50.55	0.05	53.89	0.04
投资服务企业	10.38	0.01	12.44	0.01	14.39	0.01	13.63	0.01	17.84	0.01
贸易企业	28.63	0.02	21.02	0.01	25.65	0.02	25.01	0.02	33.50	0.03
建筑施工企业	54.07	0.04	61.92	0.04	66.69	0.05	68.85	0.06	74.31	0.06
建材企业	3.61	0.00	3.97	0.00	0.50	0.00	0.67	0.00	0.14	0.00
境外企业	41.45	0.03	48.15	0.03	88.96	0.07	60.85	0.05	69.67	0.06
对外合作企业	0.59	0.00	0.61	0.00	0.34	0.00	0.66	0.00	0.77	0.00
医药企业	2.85	0.00	3.65	0.00	3.85	0.00	4.52	0.00	6.30	0.01
农林牧渔企业	0.07	0.00	0.85	0.00	0.78	0.00	1.48	0.00	0.82	0.00
其他	51.34	0.04	55.86	0.04	69.52	0.06	66.18	0.06	73.63	0.06

数据来源：中华人民共和国国资委网站。

由表6-3可知，不同行业利润收入上缴数额差异较大。其中，烟草行业、石油石化行业、电力电信行业的利润上缴额占到利润总收入的65%左右，此类行业大多属于资源垄断性行业，利润丰厚。机械行业、建筑施工、贸易等一般竞争性行业的利润上缴额占10%左右。

6.1.3　中央国资预算支出

随着国资预算制度的不断完善，国资预算的支出方向与支出结构根据国家宏观经济政策需要以及不同时期国有企业改革发展任务进行适时调整，逐步朝着合理化的方向迈进。本部分重点对中央国资预算支出的实施情况进行描述说明。

1）中央国资预算支出概述

国务院自2007年通过颁布《国务院关于试行国有资本经营预算的意见》（国发〔2007〕26号）对国资预算做出原则性规定以来，国资预算的支出范围不断扩大，国资预算用于社会保障支出以及调入一般公共预算的力度也在不断加强。《中央国资预算编报试行办法》（财企〔2007〕304号）指出，中央企业国资预算的支出范围主要包括资本性支出、费用性支出及其他支出。资本性支出是指根据产业发展规划、国有经济布局和结构调整、国有企业发展要求，以及国家战略、安全等需要，而安排的资本性支出。费用性支出是指用于弥补国有企业改革成本等方面的费用性支出。其他支出主要用于社会保障支出。财政部于2009年颁布的《关于编报2009年中央国资预算建议草案的通知》（财企〔2008〕233号）鲜明地强调了应当逐步加强调入一般公共预算和补充社会保险基金预算的支出力度。2017年财政部印发《中央国有资本经营预算支出管理暂行办法》（财预〔2017〕32号），明确中央国资预算支出对象主要为国有资本投资、运营公司和中央企业，支出范围除调入一般公共预算和补充全国社会保障基金外，主要用于解决国有企业历史遗留问题及相关改革成本、国有企业资本金注入和其他支出，支出内容的类型划分标准发生了较大的变化。其中，解决国有企业历史遗留问题及相关改革成本支出，是指用于支持投资运营公司和中央企业剥离国有企业社会职能、解决国有企业存在的体制性机制性问题、弥补国有企业改革成本等方面的支出。解决国有企业历史遗留问题及相关改革成本支出实行专项资金管理，相关专项资金管理办法由财政部相关部门制定。国有企业资本金注入，是指用于引导投资运营公司和中央企业更好地服务于国家战略，将国有资本更多投向关系国家安全和国民经济命脉的重要行业与关键领域的资本性支出。

自2007年国资预算制度实施以来，国有资本预算支出范围变化情况总结请见表6-4。

表 6-4 国资预算支出范围统计表

年份	预算支出范围
2007—2008年	资本性支出、费用性支出和其他支出；必要时可部分用于社会保障支出
2009年	扩大支出范围：灾后恢复重建、重大科技创新项目、重大节能减排项目、境外矿产资源权益投资支出
2010—2011年	支出范围继续扩大：中央企业核心竞争力、中央企业兼并重组、社会保障补助支出
2012—2014年	支出范围继续扩大：促进教育、农业、文化等相关产业发展、安全生产保障能力建设、其他支出主要包括调入公共预算用于补充社会保障等民生支出
2015—2016年	支出范围继续扩大：公益性设施投资补助、用于支持提供公共服务的公益性企业、生态环境保护支出
2007—2018年	支出范围种类划分标准进行了变更，规定支出范围除调入一般公共预算和补充全国社会保障基金外，主要用于解决国有企业历史遗留问题及相关改革成本、国有企业资本金注入和其他支出

2）中央国资预算支出数据分析

自 2007 年国资预算制度对中央国资预算支出范围做出原则性规定以来，中央国资预算支出范围不断扩张。本部分按年度对比了中央国资预算（决算）支出的总体情况，分析不同年度预算（决算）支出方向的整体变化趋势以及决算支出相对比预算支出的完成情况。表 6-5 对 2011—2015 年预算（决算）支出情况进行了描述性统计。由于 2017 年财政部印发《中央国有资本经营预算支出管理暂行办法》（财预〔2017〕32 号），明确支出范围除调入一般公共预算和补充全国社会保障基金外，主要用于解决国有企业历史遗留问题及相关改革成本、国有企业资本金注入和其他支出，披露时的支出大类划分标准也据此进行了变更，为具体地了解国资预算（决算）的支出方向，本书以 2011—2015 年的支出数据为例进行分析。

表 6-5 按照预算支出方向对国资预算支出的预算数和决算数进行分类列示。本表通过比较国资预算支出的预算数和决算数来分析年度预算支出的变化情况。其中，决算数是本年度中央企业实际发生的支出；预决算比为收入决算数占收入预算数的比例，即决算/预算数，中央企业依据国资委下发的下一个年度预算支出计划编制要求，申报本企业下一个年度的预算支出计划为预算数[①]。从表 6-5 中数据可知，国资预算（决算）支出的主要方向为资源勘探电力信息等事务，其次分别是商业服务业等事务、交通运输。

---

① 《中央企业国有资本经营预算建议草案编报办法（试行）》（国发〔2008〕46 号）。

表6-5　国资预算决算支出一览表

单位：亿元

项目	2011年			2012年			2013年			2014年			2015年		
	预算数	决算数	决算比(%)	预算数	决算数	决算比(%)	预算数	决算数	决算比(%)	预算数	决算数	决算比(%)	预算数	决算数	决算比(%)
一、教育	5.00	0.21	4.20	0.21	2.18	1 038.10	4.00	1.98	49.50	4.08	2.00	49.02			
二、文化体育与传媒	25.00	6.03	24.10	0.04	6.20	15 500.00	14.00	10.00	71.43	14.78	10.01	67.73	12.00	7.33	61.1
三、社会保障和就业	50.00	0.51	1.00	20.10	17.21	85.62	11.34	19.29	170.11	10.42	21.58	207.10	11.36	26.21	230.7
四、农林水事务	13.53	19.33	142.90	2.87	14.79	515.33	22.51	17.02	75.61	25.66	18.29	71.28		0.33	
五、交通运输	21.90	23.20	105.90	63.07	35.34	56.03	93.50	56.16	60.06	160.69	257.88	160.48	163.00	157.62	96.7
六、资源勘探电力信息等事务	611.53	591.28	96.70	574.54	685.46	119.31	724.67	701.19	96.76	864.57	723.18	83.65	939.21	671.18	71.5
七、商业服务业等事务	90.10	87.23	96.80	94.27	108.64	115.24	109.98	97.55	88.70	185.15	192.18	103.80	149.28	159.9	107.1
八、地震灾后恢复重建支出	1.50	1.74	116.00		9.94										
九、其他支出				69.97	0.03	0.04	38.11	10.00	26.24	128.68	10.00	7.77	189.13	110	58.2
十、转移性支出	40.00	40.00	100.00	50.00	50.00	100.00	65.00	65.00	100.00	184.00	184.00	100.00	230.00	230	100
中央国有资本经营支出	858.56	769.53	89.60	875.07	929.79	106.25	1 083.11	978.19	90.31	1 578.03	1 419.12	89.93	1 693.98	1 362.57	80.4
结转下年支出	31.07			72.11			152.19			143.98			394.47		

对表6-5中的具体数据，通过折线图及柱状图进行更直观的分析。

近些年来，中央国资预算支出范围不断扩大，预算（决算）支出数额也随之逐年上升。通过对比不同年度预算（决算）总额，可以清晰地看出这一变化趋势。图6-6列示了2010—2018年中央国资预算（决算）支出总额及年度的变化趋势。

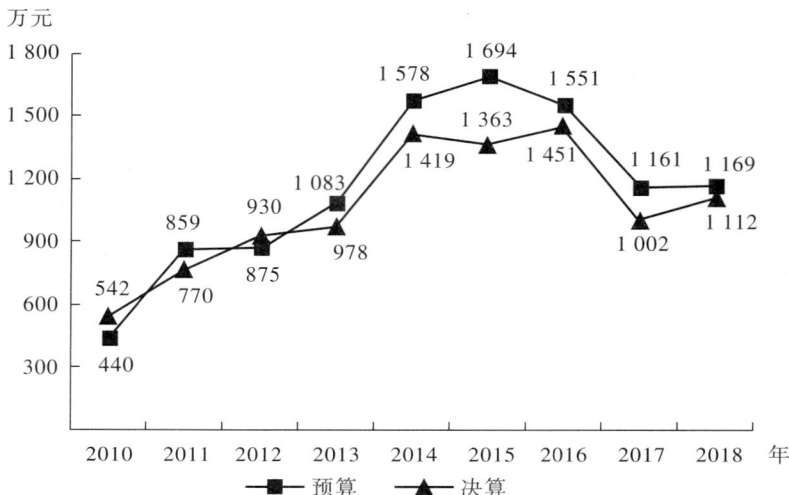

图6-6　2010—2018年中央国资预算（决算）支出总额及年度的变化趋势图

通过观察国资预算支出和决算支出的趋势图可以得出，预算支出和决算支出在2016年之前呈逐年上升趋势。决算数基本低于预算数，符合不列赤字的原则，说明在实践过程中国资预算的执行情况较为严格，基本上能够做到根据预算适当的安排支出额度。2016年之后，支出数额逐年下降，这与预算收入的整体下降有关，国有资本经营预算计划按照以收定支的原则，2016年之后由于卷烟消费税调整以及石油石化、钢铁、煤炭等行业企业经济效益下滑相关，预算收入减少，相应的预算支出也随着下降。

根据国资预算（决算）的收支数据，预算部门基本上遵循了以收定支，收支平衡，不列赤字的基本原则，每年的预算计划能够根据国家宏观经济政策需要以及不同时期国有企业改革发展任务进行适时调整，逐步朝着合理化的方向迈进。但是，其中也暴露了一些较为明显的问题，比如预算数据披露的及时性和透明性有待提高，预算的收支数据仍然按照大类进行划分，尤其是2017年以后国资预算（决算）的支出数据仅披露五大类[①]，且没有途径获取国有企业获取国资预算资金后的使用情况或者预算绩效评价等数据，不利于社会公众等外部监督者及时和深入地获取相关预算编制和执行的具体情况。预算收入和支出的编制程序仍然

---

① 一、国有资本经营预算补充社保基金支出；二、解决历史遗留问题及改革成本支出；三、国有企业资本金注入；四、国有企业政策性补贴；五、其他国有资本经营预算支出。

缺乏一定的灵活性，基本上根据上年数据为基础进行调整，未能够体现对突发情况的及时有效反映。另外，虽然从目前的决算情况来看，预算计划得到较好的执行，决算数基本上等于预算数，但是总体来看，国资预算收入占总的国有企业税后净利润的比例较低，例如2016年国资决算收入为1 430.17亿元，纳入国资预算实施范围的央企实际净利润为10 520亿元，由此得出的收益上缴比例仅为13.60%，与"提高国有资本收益上缴公共财政比例，2020年提高到30%"的目标还有较大差距。

6.2 地方国资预算制度的实施状况描述

地方国资预算以地方国有企业为管控对象。到目前为止，全国除港澳台地区外，其余各省、自治区和直辖市已经基本建立了比较完善的国资预算制度，但是地方国资预算制度的实施现状还有较大差别。早在2005年前后，北京市、上海市、江苏省等地区就已经进行了省属企业国资预算的试点工作，累积了相对丰富的经验，并形成了各自独具特色的制度模式。但新疆维吾尔自治区、西藏自治区等的地方国资预算工作仍处在试点或起步阶段。各省、自治区和直辖市的国资预算制度的实施范围和编制模式等也不完全相同。

本部分通过各省、自治区和直辖市国资预算制度的实施年份、实施模式和预算收支数据方面对地方（省域）国资预算制度的实施情况进行描述性统计。

6.2.1 地方国资预算制度实施年份

随着国资预算制度试点工作的逐步推进与中央层次国资预算制度的经验积累，为推动地方国资预算制度的全面建立，财政部印发了《关于推动地方开展试编国有资本经营预算工作的意见》（财企〔2010〕83号）和《关于推动地方开展国有资本经营预算工作的通知》（财企〔2011〕83号）等文件。到目前为止，虽然各省、市、自治区和直辖市国资预算制度开始实施的年份存在较大差别，但是已经基本确立了31个省、自治区和直辖市（除港澳台）的国资预算制度框架。

在2007年之前上海市和江苏省等少数省份和直辖市就已经开始试行国资预算了，并累积近十年的实施经验，但新疆维吾尔自治区、西藏自治区和青海省等地区的国资预算制度仍处于试点与起步阶段。从地理位置看，地方国资预算主要开始实行于中东部沿海经济较发达地区（如江苏省、上海市）。财政部于2010年和2011年要求地方尽快开展国资预算的编制工作，同时相继出台了《关于推动地方开展试编国有资本经营预算工作意见》（财企〔2010〕83号）和《关于推动地方开展国有资本经营预算工作的通知》（财企〔2011〕83号）。各省、自治区和直辖市已经开始将建设完善的国资预算制度作为国有企业改革与经济发展进程中的一项重要任务。截至 2012 年年底,全国总共有 37 个省、自治区、直辖市、计划单列市和新疆生产建设兵团已经基本建立了完整、规范的国资预算制度。新疆维吾尔自治区、西藏自治区和青海省等地区于 2015 年发布文件,并正式开始实行国资预算制度,标志着中国的省级行政区域均已基本实现国资预算制度全覆盖,地方国资预算制度蓬勃发展起来。

6.2.2 地方国资预算编制主体与上缴比例的比较

随着国资预算制度在全国范围内的推行,我国的 31 个省、自治区和直辖市已经建立了比较健全的国资预算制度。但是,因为各省、自治区和直辖市经济环境等因素的差异,制度的实施状况也各不相同,主要体现在国资预算的编制主体和国有收益上缴的比例等方面的不同。

1)地方国资预算编制主体

现行中央国资预算为三级主体编制,而各省、市、自治区和直辖市的国资预算编制主体存在较大差别,主要分为两级编制主体、三级编制主体和四级编制主体(详见表 6-6)。黑龙江省和深圳市实行"国资委—国有企业"两级主体编制,河北省、西藏自治区实行"财政部门—国有企业"两级主体编制;吉林省、北京市等 17 个省(市、自治区)实行"财政部门—预算单位—国有企业"三级主体编制;天津市、福建省等 5 个省(市)采用了"国资委—预算单位—国有企业"三级主体编制;而上海市则采用了独具特色的"财政部门—预算单位—国有资产经营公司—国有企业"四级主体编制。

2)地方国有收益上缴比例

地方国有收益上缴比例的确定与该地方国资预算制度实施的时间长短和资本经营状况具有较大联系。各省、自治区和直辖市根据自身的实际状况对国有收益上缴比例做了相关规定,总体上分为两类(详见表 6-6)[①]:一类是制定了统一的上缴比例,如北京市、吉林省等;另一类是参照中央国资预算的做法,根据各地的实际情况对国有企业进行分类,并针对分类制定不同的上缴比例。不少省、市、自治区和直辖市(如天津市、福建省等)还对国有收益上缴比例的逐步提升出台相关规定,这契合了"十三五规划"中逐步提高现有国有资本收益上缴比例的改革思路。但是,就目前情况来看,各地区设计的上缴比例较低,基本在 20% 以下,且大部分上缴比例在 10%~15% 的水平。

---

① 统计时间截止到 2016 年年末。

表 6-6　　　　　　　　　　　　　　地方国资预算制度对比表

编号	省份	编制主体	上缴比例
1	黑龙江省	两级主体 国资委—国有 企业	第一类：一般竞争性企业，10%； 第二类：文化类企业，5%
2	深圳市①		第一类：免税集团 80%； 第二类：能源集团等企业不低于 30%； 第三类：投资控股公司等企业不低于 20%； 第四类：地铁集团等企业不分配利润
3	河北省	两级主体 财政部门—国有 企业	第一类：河北钢铁集团有限公司等 6 家企业，10%； 第二类：河北建工集团有限公司等 9 家企业，8%； 第三类：河北建设投资集团有限公司等 4 家企业，暂缓上缴
4	西藏自治区		2015 年金融投资类企业收缴比例按 15% 执行，此后每年递增 3% 执行，"十三五"末国有资本经营收益收缴比例达到 30%； 2015 年其他类企业收缴比例统一按 10% 执行，此后每年递增 4% 执行
5	吉林省	三级主体 财政部门—预算 单位—国有企业	统一比例为 20%
6	北京市		统一比例为 20%
7	新疆维吾尔自治区		2015 年统一上缴比例为 10%，按每年不低于两个百分点的比例逐年提高，至 2020 年提至 25%
8	四川省		统一比例为 15%； 部分特殊行业企业实行减缴、免缴、缓缴
9	湖北省		统一比例：10%~20%； 拥有全资子企业、子公司或控股子公司的，按集团公司（母公司、总公司）年度合并财务报表反映的归属于母公司所有者的净利润的 10%~20% 上缴
10	贵州省		统一比例： 2014—2015 年 8%； 2016—2017 年 12%； 2018—2019 年 15%； 2020 年及以后 18%

---

①　深圳市是较早进行国资预算试点的城市之一，也是地方国资预算计划单列市之一，形成了较为独特的国资预算制度模式，被称为"深圳模式"，因此将其单独列示。

编号	省份	编制主体	上缴比例
11	辽宁省		第一类：能源类及垄断行业，15%； 第二类：钢铁、运输、电子、贸易、施工等竞争类行业，10%； 第三类：企业化管理事业单位（含科研院所），5%； 第四类：储备粮棉公司不上缴
12	内蒙古自治区		第一类：资源性或垄断性的企业，15%； 第二类：一般竞争性企业，10%； 第三类：转制科研院所企业，5%
13	海南省		5%~30%的比例上缴； 具体比例由各级财政部门会同有关部门根据不同行业的利润水平及国有经济结构调整的政策提出意见，报同级人民政府审批
14	山东省	三级主体 财政部门—预算单位—国有企业	第一类：黄金、煤炭等资源型企业，15%； 第二类：一般竞争性企业，10%； 第三类：监狱企业，按规定定额上缴； 第四类：政策性企业，暂免上缴
15	江苏省		2015年按20%比例上缴，2018年提高到25%，2020年提高到30%； 每个企业的具体征缴比例由省财政厅会商省级国资预算单位，根据企业所属类型在编制年度国资预算时分类确定
16	安徽省		第一类：烟草行业，20%； 第二类：资源类企业，15%； 第三类：竞争类企业，10%； 第四类：军工科研类企业，5%； 省属金融企业和文化企业在试行期间暂不上缴
17	青海省		第一类：资源型企业，10%； 第二类：一般竞争性企业，5%； 第三类：改制商贸、科技、文教、监狱企业以及农牧业产业化龙头等企业，3%

续表

编号	省份	编制主体	上缴比例
18	重庆市	三级主体 财政部门—预算 单位—国有企业	第一类：一般竞争性企业不低于10%； 第二类：转制科研院所以及其他国有企业，暂缓3年上缴； 第三类：经市政府批准设立承担并实施政府公益性、基础设施建设的投资类企业，由市政府根据当期收益核定上缴
19	湖南省		第一类：资源型和投资型企业，15%； 第二类：农业、军工和文化企业，5%； 第三类：粮食、棉花储备企业，免缴； 第四类：其他企业按10%
20	江西省		第一类：垄断性企业，15%； 第二类：资源型企业，10%； 第三类：其他企业，5%
21	云南省		根据不同行业的利润水平和省政府国有资本结构调整的政策，省属企业国资预算利润收入分别为15%、10%和5%三个比例①
22	天津市	三级主体 国资委—国资预 算处—国有企业	2011年起，按净利润10%收缴，"十二五"期间，上缴比例原则上每年递增一个百分点，2015年到14%
23	福建省		2016年上缴比例统一为8%
24	广西壮族自治区		统一比例：2015年上缴比例为10%，以后每年提高2个百分点，到2019年提高到20%
25	广东省		2015年收缴比例为20%，其中：文化企业为15%
26	浙江省		2015年，分为五类： 第一类：100%； 第二类：10%； 第三类：5%； 第四类：暂缓上缴； 第五类：免缴②

---

　　① 云南省上缴比例由同级财政部门以年度可供出资人分配利润为基数，根据不同行业的利润水平和省政府国有资本结构调整的政策，省属企业国资预算利润收入调整为15%、10%和5%三个比例。
　　② 浙江省国有独资企业上交年度净利润的比例，区别不同行业，分五类执行。其中，国有控股、参股企业应付国有投资者的股利、股息，上交比例为100%，国有产权转让收入、企业清算收入和其他国有资本收益，上交比例为100%。

编号	省份	编制主体	上缴比例
27	河南省	三级主体 国资委—预算单位—国有企业	第一类：产能过剩、房地产开发、垄断行业以及政府限制性行业的企业，15%； 第二类：资源类、投资类、交通运输和商贸服务等领域的企业，10%； 第三类：先进装备制造、社会公益等领域的企业，5%； 第四类：监狱劳教、民政福利等特殊行业的企业，免缴部分作转增国家资本处理，免缴
28	山西省		第一类：资源类企业，10%； 第三类：一般性企业，5%； 第三类：特殊行业企业暂缓上缴或免缴
29	陕西省		第一类：资源类企业，20%； 第二类：省国资委监管竞争类企业，15%； 第三类：省文资局、行业或部门监管的企业等，10%（事业单位出资企业国有资本收益上缴比例比照第三类企业执行）； 第四类：监狱系统、粮食储备企业免收收益
30	甘肃省		第一类：资源性行业，20%； 第二类：一般竞争性行业，15%； 第三类：其他企业，10%； 第四类：当年应缴利润不足10万元的企业和国家另有减免政策规定的企业免缴收益
31	宁夏回族自治区		第一类：地方金融、产能过剩、房地产开发、垄断行业以及政府限制性行业的企业，20%； 第二类：资源类、投资类、交通运输和商贸服务等领域的企业，15%； 第三类：先进装备制造、社会公益等领域的企业，10%； 第四类：监狱劳教、民政福利、宁夏储备粮管理有限公司等特殊行业的企业，暂缓缴纳
32	上海市	四级主体 财政部门—预算单位—国有资产经营公司—国有企业	具体上缴比例，由市财政局同市国资委，在综合考虑全市重大项目投入、企业承受能力和自身发展等因素的基础上，报市政府确定

6.2.3 地方国资预算实施范围

2007 年发布中央企业试行国资预算制度的通知后，各省、自治区和直辖市以此为基础和标杆，也陆续发布了本地区的国资预算制度试行的通知，并且根据自身实际情况对国资预算的实施范围、实施时间和收益上缴比例等项目做出了比较详尽的规定，并且在随后的年份中不断对地方国资预算制度相关政策规定进行修订和完善。表 6-7 列示了各地方截止到 2016 年年末纳入国资预算实施范围的国有企业类型。

表 6-7　　　　　　　　　　　　地方国资预算实施范围统计表[①]

省份	预算实施范围
上海市	市属国有独资企业、国有独资公司[②]、国有资本控股公司、国有资本参股公司；其他经认定实行国资预算管理的企业、单位
北京市	65 家市属国有企业
天津市	市属国有独资企业，国有控股，参股企业，文化教育、医疗卫生、新闻出版、监狱劳教等享受减免税政策的企业
陕西省	除金融企业之外的所有省属国有企业
河南省、重庆市	省各部门、单位、机构、省直事业单位履行出资人职责的企业及社会团体利用国有资产投资兴办的企业
黑龙江省、辽宁省、山东省、四川省、云南省	省属国有独资企业、国有控股、国有参股公司的各类企业（含省属金融企业）以及企业化管理事业单位（含科研院所）
吉林省、河北省、内蒙古自治区、江苏省、浙江省、湖北省、湖南省、江西省、甘肃省、宁夏回族自治区、贵州省、新疆维吾尔自治区、青海省、海南省、广东省、广西壮族自治区、福建省、安徽省、山西省、西藏自治区	省属国有独资企业、国有独资公司和国有控股公司、国有参股公司

总体而言，各省、自治区和直辖市都严格地遵守了《国务院关于试行国有资本经营预算的意见》（国发〔2007〕26 号）中的相关规定，同时又结合本地区国

[①]　由于港澳台地区经济和政治情况较为特殊，在此不做比较分析。
[②]　国有独资企业和国有独资公司在经济性质上没有区别，都属于国有企业，但在法律依据和管理体系等方面存在区别。

有企业分布特点，对省级国有企业、省本级国有企业和直辖市国有企业的预算实施范围进行不同程度的改动。上海市、北京市和天津市披露较为详尽，其中北京市的全部国有企业均纳入预算实施范围，上海市将国有独资企业与国有独资公司分开列示，天津市则突出了文化教育、医疗卫生、新闻出版、监狱劳教等享受减免税政策的企业。但是，其他省市仅仅说明了其国资预算实施范围的企业性质，相关规定较为笼统，有的地区甚至没有披露纳入国资预算制度实施范围的具体国有企业名录。另外，根据相关各地区财政部网站披露的信息可知，随着国资预算改革的不断深入和相关制度的不断完善，各地方国资预算制度的实施范围也在不断地扩大。

6.2.4 地方国资预算收入支出数据分析

随着中央国资预算制度的蓬勃发展，财政部为进一步推动地方国资预算工作开展，于2010年5月下发《关于推动地方开展试编国有资本经营预算工作的意见》（财企〔2010〕83号）。此后，各地政府高度重视，因地制宜，纷纷出台了实施国资预算的意见或办法，积极探索各具特色的预算管理模式。迄今为止，地方试行国资预算制度已有9年之久，各省份国资预算制度也不断地完善，国有资本收入与支出总额总体呈现逐年上升的趋势。但各省份预算数额各有差别，例如在2015年全国各省、市、自治区和直辖市省本级国资预算中，仅上海市和北京市两个直辖市预算额占各地区全部预算总额的30%以上，排名中游以上的各地区预算额占预算总额的90%以上，各地区预算数额差别较大。

1）地方国资预算收支总体分析

财政部于2011年4月25日下发《关于推动地方开展国有资本经营预算工作的通知》（财企〔2011〕83号），提出"2011年试编、2012年汇总编制全国国资预算"的目标，要求各地需严格地按照财政部制定的国资预算收支科目，独自编报预算。2012年各省份国资预算制度得到迅速发展和完善离不开各地相关部门的不懈努力，除却新疆维吾尔自治区、西藏自治区和福建省等几个情况比较特殊的地区，其余地区已基本建立了包括国资预算和社会保险基金预算在内的"四位一体"的预算编制体系，规范了预算数据的对外公布，实现了"2012年汇总编制全国国资预算"的目标。除了北京市、上海市等国资预算制度试点较早的地区，其他各地区基本从2012年开始披露本地区的国资预算制度的实施情况，包括预算和决算相关收支数据。

根据万德数据库中地方国资预算数据可知，地方国资预算收支内容、结构与中央国资预算基本一致，利润收入为主要收入来源，资源勘探电力信息等事务、商业服务业等事务是最主要的支出方向。差别主要体现在：利润收入中占比较大的分别是投资服务业企业、机械企业、建筑施工企业以及电力企业与中央相比，2016年之前地方国资预算支出的重点更为具体的披露了关于科学技术、节能环保和城乡社区事务三个方面的支出明细。

图6-7和图6-8分别为地方国资预算、决算的收入与支出数据的趋势分析图。综合来看，地方国有资本收入与支出均呈现逐年上升的趋势，特别是在2015年，上升幅度较大。财政部于2014年10月23日下发的《关于做好2015年地方国有资本经营预算编报工作的通知》要求各地要高度重视地方国资预算编报工作，要及时、保质地做好本级及下一级政府国资预算的编报工作，地方国有企业的国有资本收益上缴比例也普遍进行了上调。这可能是地方国资预算收入在2015年快速上升的重要原因之一。从预算角度来看，国资预算的收入和支出基本遵循收支平衡的原则，但是从决算数据来看，在实际的制度执行过程中支出数额普遍低于收入数额。更进一步的，通过比较预算收入和决算收入，2012—2018年之间决算收入一直大于预算收入，说明地方国资预算的收入计划基本上都是超目标实现。

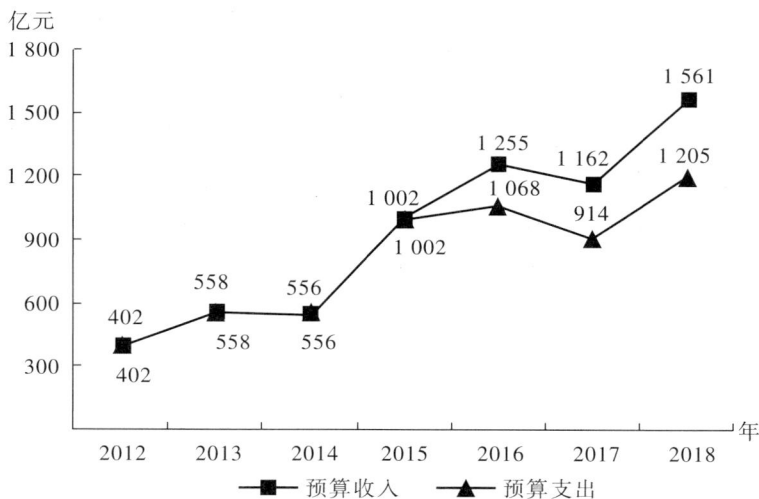

图6-7 2012—2018年地方国资预算收入与支出的趋势分析图

2）地方国资预算收支差异分析

通过分析各地省本级国资预算的披露数据，各地国资预算收入与支出的预算安排基本遵循"收支平衡的原则"。各地国资预算收入与支出数额差异较大，排名前十的省份的国资预算收入占各地总预算收入的78.7%，排名前15的省份的预算收入占各地总预算收入的91.14%。其原因一方面归因于各地国有企业经营规模与盈利水平的差距，另一方面与各地国资预算制度的建立时间早晚以及完善程度有关。

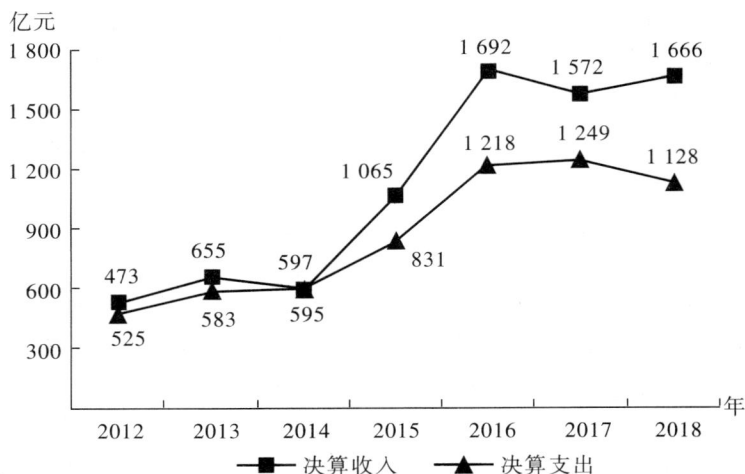

图6-8　2012—2018年地方国资决算收入与支出的趋势分析图

吉林省、青海省、河北省、黑龙江省、内蒙古自治区、宁夏回族自治区、西藏自治区、福建省、辽宁省和山西省是国资预算收入排名位于后十位的地区，绝大部分集中在东北三省和西北地区。与之相比，上海市、北京市、重庆市、浙江省、广东省、天津市、江苏省、湖北省、贵州省和安徽省是国资预算收入排名位于前十位的省市，多集中于中东部地区。上海市和北京市的国资预算数远远高于其他地区，两者分别于2005年和2006年开始正式实施国资预算制度。这两个地区的国资预算制度比较完善，国有资本收益上缴执行力度较大，已经形成了具有典型特色的"上海模式"和"北京模式"。图6-9展示了2016年地区国资预算的排名情况。

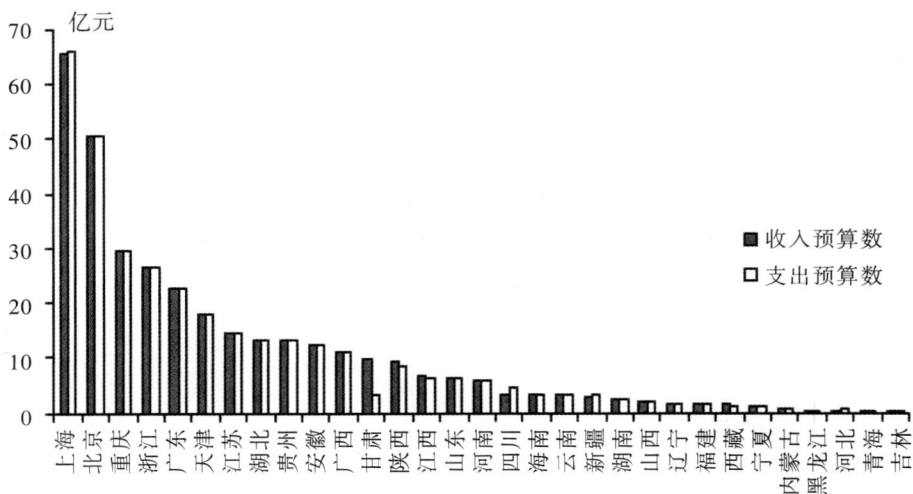

图6-9　地方国资预算收入与支出预算柱形分析图

6.2.5 京沪国资预算制度比较

北京市和上海市分别是我国的政治和金融中心，是我国地方国资预算改革的先行者，很早便开始积极探索有关市属国有企业实施国资预算管理的相关工作，目前已各自形成富有特色的制度模式，对其他地区国资预算制度的建立和完善起到一定的示范作用。北京市作为我国的行政中心，其政治优势得天独厚，在2005年便开始探索国资预算制度相关工作，在2008年正式实施，2015年时市属国有企业已全部纳入预算实施范围，形成了具有典型代表性的国资预算"北京模式"，其每年国资预算收入数额仅次于上海市，并成为辽宁省、山东省等北方省市国资预算制度建立的典范。上海市从1996年便开始尝试探索地方国资预算相关工作，2003年成立国资委并颁布了《上海市国有资产营运机构国有资产经营预算管理试行办法》（沪国资委秘〔2003〕54号），随后在2006年全面开展国资预算收益上缴工作，此后每年国资预算收入数额均排在全国首位，国资预算制度不断完善，形成了富有地方特色的"上海模式"。基于此，本书以北京市、上海市两市纳入国资预算范围的市本级国有企业为研究对象，对两个地区的国资预算制度进行对比分析。

1）京沪国资预算制度实施状况

（1）北京市国资预算制度特点

北京市主要实行"行政部门（财政局）—预算单位（主要为国资委）—国有企业"三级预算管理模式。财政局负责收取本市国有企业的国有资本收益。国资委具体负责组织所监管（或所属）企业收益上缴，与中央国资预算制度相似度较高。北京市不仅强调主管单位在预算编制、相关政策制定和预算执行监督等方面的职能作用的发挥，同时强调国家出资企业的主动配合，明确规定国有企业在国资预算制度实施过程中的职责和义务，例如按时申报企业税后利润、完善企业内部资金使用制度等。

①预算收入方面

北京市国有资本收益上缴比例统一为企业税后利润的20%，将国资预算收入纳入财政账户，比照基金账户管理，列收列支，不参与平衡一般预算。目前北京市国资预算编制范围涵盖全部65家市属国有企业，国资预算数据已实行全市口径统计和发布。从近几年披露的数据来看，2012—2018年北京市国有资本经营预算基本上遵循收支平衡的原则，收入数额较为稳定，2016年后略有下降，主要原因为自2016年起公共预算资金不再注入国资预算，市文资办监管的市属国有文化企业从2016—2020年实施免缴政策。支出数额的波动性较大。具体数据如图6-10所示。

万元

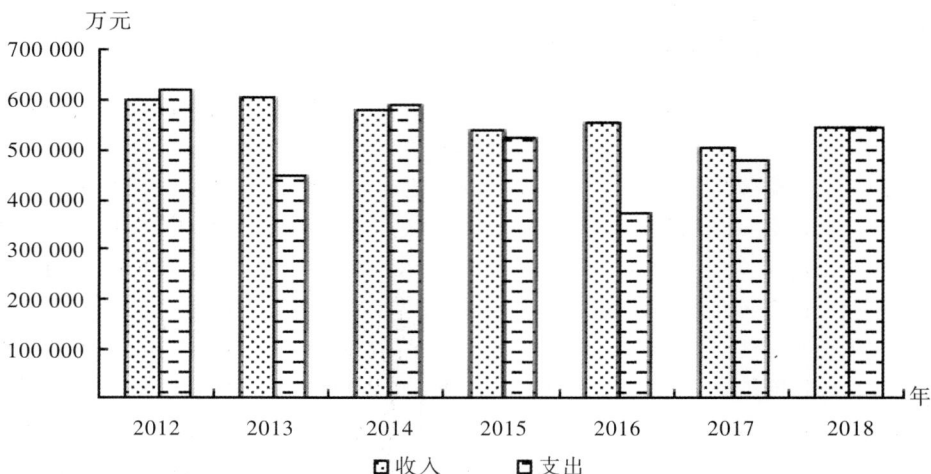

图6-10　2012—2018年北京市国资预算收入与支出柱状分析图

图6-11是2012—2018年北京市国资预算利润收入的构成分析图，纵坐标各行业企业利润收入占总利润收入的比值，横坐标为按照行业类型划分的国有企业类别。北京市国资预算收入的主要来源为国有企业利润收入，占总收入的97.78%。根据国有企业利润收入的划分明细，投资服务企业利润收入占比最高，平均占总利润收入的29.00%，其次为机械企业、房地产企业、电力企业的利润收入占比较高，分别为11.00%、11.00%和9.00%，四类企业利润收入占总利润的60.00%。

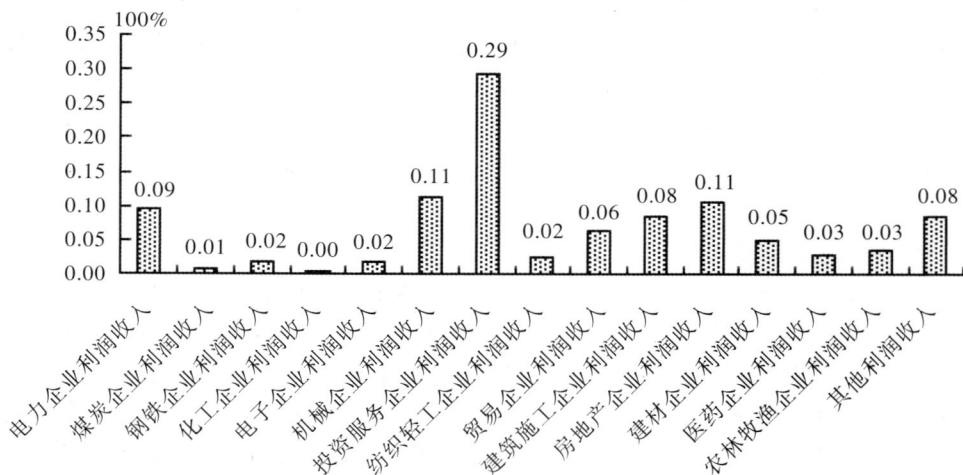

图6-11　2012—2018年北京市国资预算利润收入构成分析图

②预算支出方面

北京市国资预算支出安排根据支出性质主要分为资本性支出、费用性支出、其他支出三类。同时根据支出内容，进一步具体划分为解决历史遗留问题及改革成本支出、国有企业资本金注入支出、国有企业政策性补贴和其他支出五大类，其中国有企业资本金注入支出又可进一步细分为国有经济结构调整支出、公益性设施投资支出、支持科技进步支出和其他国有资本金注入。特别的，调出资金单独制定了预算支出绩效评价办法，收益收缴落实情况与企业经营者年薪挂钩，并明确规定国家出资企业、企业负责人、财政局和预算单位人员违规行为及责任追究。

图 6-12 为北京市 2016—2018 年市级国资预算支出安排。其中，资本性支出占主要部分，比重较高的为国有企业资本金注入，占总支出的 54.32%。国有企业资本金注入支出可细分为国有经济结构调整支出、公益性设施投资支出、支持科技进步支出等，其中国有经济结构调整支出占比最大，占总支出的 45.81%，其次是支持科技进步支出，占总支出的 8.40%。另外，每年预算调出资金支出的数额变化不大。

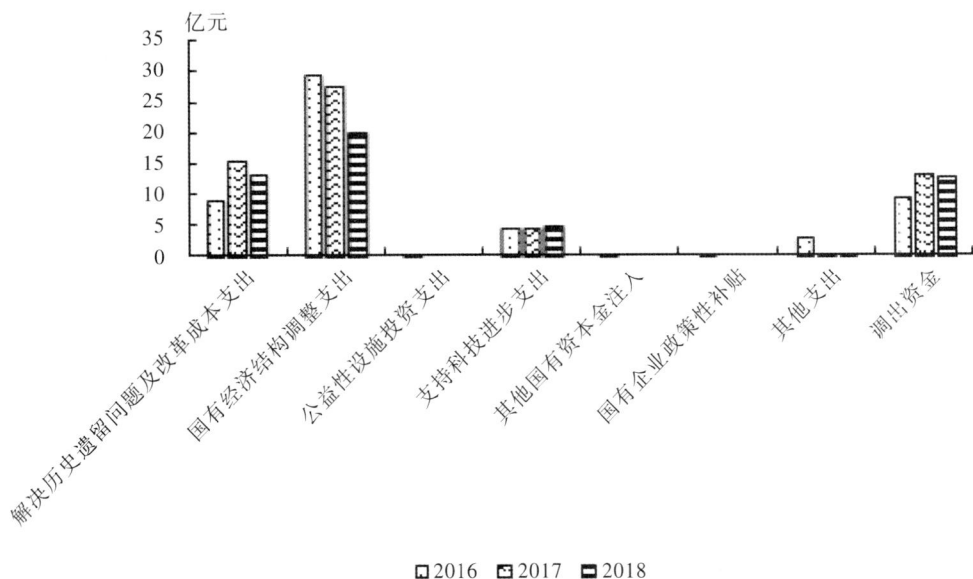

□2016　▨2017　▬2018

图 6-12　2016—2018 年北京市国资预算支出柱状分析图

（2）上海市国有资本经营预算制度特点

上海市国有资本经营预算制度主要为行政部门（财政部）—预算单位（国资委）—国有资产经营公司—国有企业四级管理模式。

①预算收入方面

对于国资预算收入管理，目前上海市建立与财政账户相平行账户，纳入预算编制范围的主要有市国资委出资监管企业和委托监管企业，区县级国有企业尚未纳入。上海市将国有企业区分为国有独资企业和独资公司，具体上缴比例由市财政局同国资委协商确定，重点考虑企业承办项目对于本市来说是否重大、确定的比例是否会影响企业正常经营发展两项因素，比例确定之后还需要上报市政府进行最终确定，针对性较强。

从近几年披露的数据来看，上海市国有资本经营预算基本上遵循收支平衡的原则，上海市在2011年就已经开始对外公布本市国资预算的执行情况，预算收入数额总体呈现上升趋势。具体情况如图6-13所示。

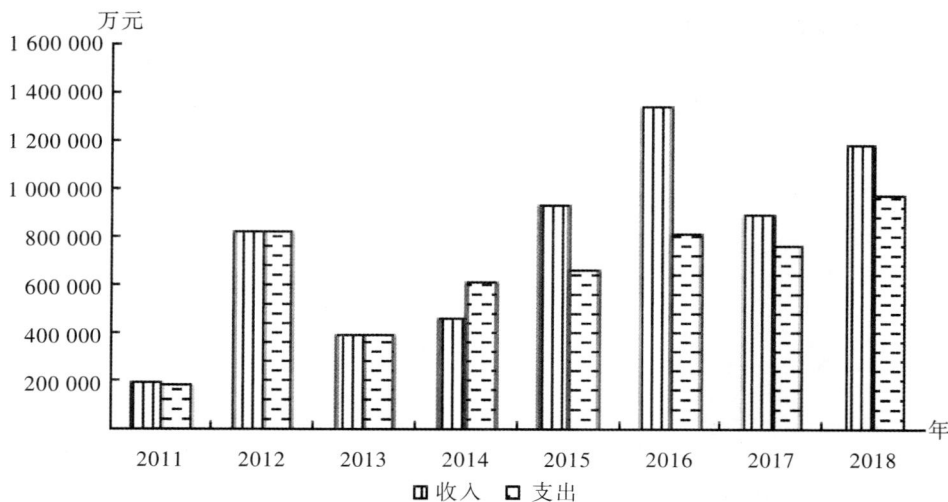

图6-13　2011—2018年上海市国资预算收入与支出柱状分析图

图6-14为2011—2018上海市国资预算利润收入构成分析图，横坐标为按照行业性质进行划分的国有企业类型，纵坐标为2011—2018年各行业企业利润收入占总利润收入的比值。上海市国资预算收入主要来源为国有企业利润收入，破产清算收入几乎没有。其中，利润收入占总收入的66.40%，近一半以上的利润收入来源于机械企业利润收入，其次是投资服务企业和电力企业利润收入，三者合计占总利润收入的89.00%。

②预算支出方面

上海市国资预算支出结构与北京市基本一致，根据支出性质分为资本性、费用性和其他支出三类，同时根据支出内容可进一步划分为解决历史遗留问题及改革成本支出、国有企业资本金注入支出、其他国有资本金注入、国有企业政策性补贴和其他支出五大类。预算监督主要为财政局专项检查、各预算单位定期或根据需要进行检查，以及国有企业内部资金管理制度和内部专项审计等，缺少单独的绩效评价制度和责任追究规定。

图6-15为上海市2016—2018年市级国资预算支出安排。其中，资本性支出

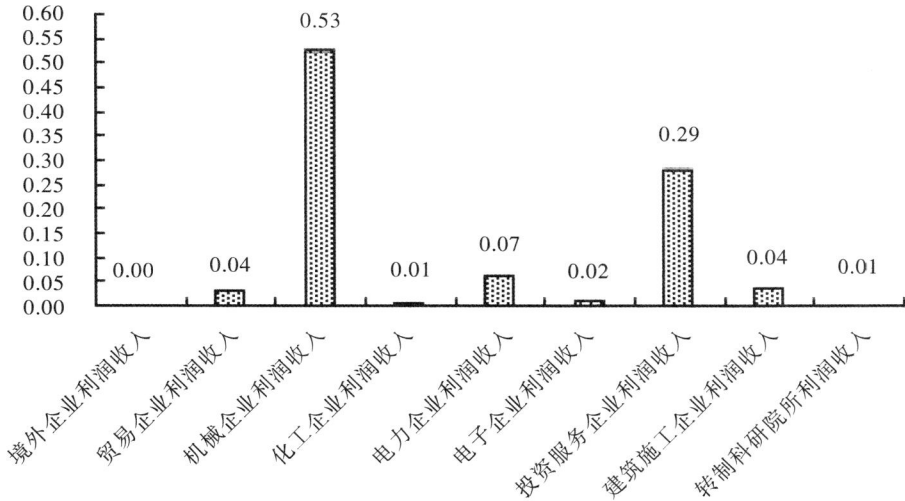

图 6-14　2011—2018 年上海市国资预算利润收入构成分析图

占主要部分，比重较高的为国有企业资本金注入，占总支出的 71.30%。国有企业资本金注入支出可细分为国有经济结构调整支出、公益性设施投资支出、支持科技进步支出等，其中支持科技进步支出 3 年合计为 80.80 亿元，占总支出的 28.42%，一定程度上体现了上海市对科技创新的重视。另外，预算调出资金主要用于上海市社会保险基金，可以看出该类支出呈现逐渐上升的趋势，且相比北京市数额较大。

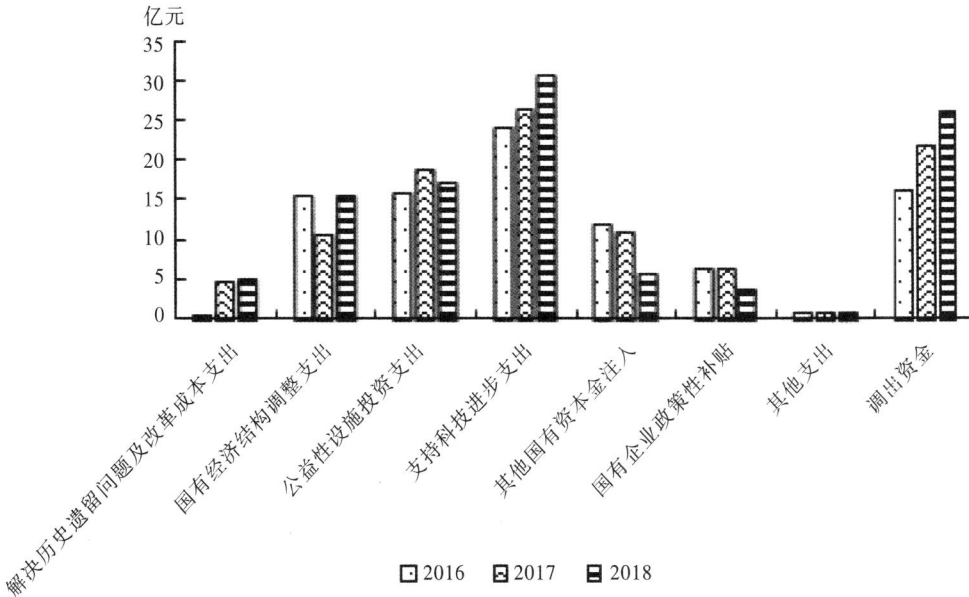

图 6-15　2016—2018 年上海市国资预算支出柱状分析图

2）京沪国有资本经营预算制度相关政策比较分析

从时间上来看，上海市国资预算制度建立比北京市稍晚一年，北京市在2004年（上海市在2005年）开始进行国有企业收益上缴的试点工作，2009年（上海市在2010年）初步建立国资预算管理体系。但是，上海市早在1996年便进行国资预算制度的专门研究，前期准备更为充分一些。

从国资预算制度发展来看，北京市在2009年出台《北京市国有资本经营预算管理暂行办法》（京财国资〔2009〕2266号）后，于2011年首度进行了修订，但是截止到2016年12月，尚未颁布正式的《国有资本经营预算管理办法》。上海市在2010年颁布《上海市市本级国有资本经营预算管理暂行办法》（沪财企〔2010〕65号）后一直沿用至今。2016年进行修订并颁布了正式的《上海市市本级国有资本经营预算管理办法》，其内容变动不是很大。

从国资预算制度实施重点来看，北京市国资预算制度实施已覆盖全部市属国有企业，而上海市主要针对市本级国有企业，强调市本级制度的优先建立和完善，然后以此带动区县工作的有序开展。此外，北京市单独出台了国资预算支出的绩效评价办法，同时注意到制度完善与政府会计改革的协同进步与相互配合。

为方便对比北京市、上海市国资预算制度建设发展历程，本书尝试按照时间顺序总结出政策对比时间轴，具体内容如图6-16所示。

3）京沪国资预算制度框架比较分析

（1）国资预算组织体系比较

①预算征收主体

从国资预算组织体系的比较中可以看出，北京市与上海市的预算征收主体划分大体相同，市财政局负责收取国有资本收益，国资委等预算单位负责组织和监督收益上缴工作。国有企业是预算征收主体的工作对象，负有积极配合完成国资预算制度目标的义务。

②组织职能划分

关于组织职能划分，北京市与上海市较为一致，市财政部门是国资预算的主管单位，市国资委是主要的预算单位，两者共同承担着国资预算编制、执行和监督职责。区别主要体现在具体职能划分的侧重：北京市财政局在制定国有资本收益管理办法时，需要充分听取预算单位的意见；上海市财政局对预算执行情况负有监督和指导职责。此外，北京市更看重国有企业在国资预算职能方面作用的发挥，单独规定了市属国有企业的预算职能。

③预算缴拨专户

北京市将国资预算收入比照基金账户管理，详细记录收入与支出情况，是财政账户的一部分。上海市在财政账户之外单独设立了国资预算收益账户，防止不

年份

2016 — 修订发布《上海市市本级国有
资本经营预算管理办法》（制度
完善发展）

《北京市人民政府关于深化预算
管理制度改革的实施意见》 2015

《北京市国资委国有资本经营预算
支出绩效评价管理暂行办法》 2013

《北京市国有资本经营预算管理
暂行办法》修订（制度完善发展） 2011 | 2011 — 《关于进一步推进区县开展国有
资本经营预算工作的指导意见》

2010 — 《上海市市本级国有资本经营预
算管理试行办法》《上海企业国有
资本经营收益收缴管理试行办法》
国有资本经营预算制度基本建立

《北京市国有资本收益收缴管理
暂行办法》 2009

《北京市国有资本经营预算管理
暂行办法》（国有资本经营预算
制度基本形成）

2006 — 《上海市国有资产收益收缴管理试
行办法》，（收益上缴试点工作
2005 — 正式拉开序幕）

《国有资本收支预算管理办法》 2004
（开始收益上缴试点工作）

2003 — 《上海市国有资产营运机构国有
资产经营预算管理试行办法》

北京市 上海市

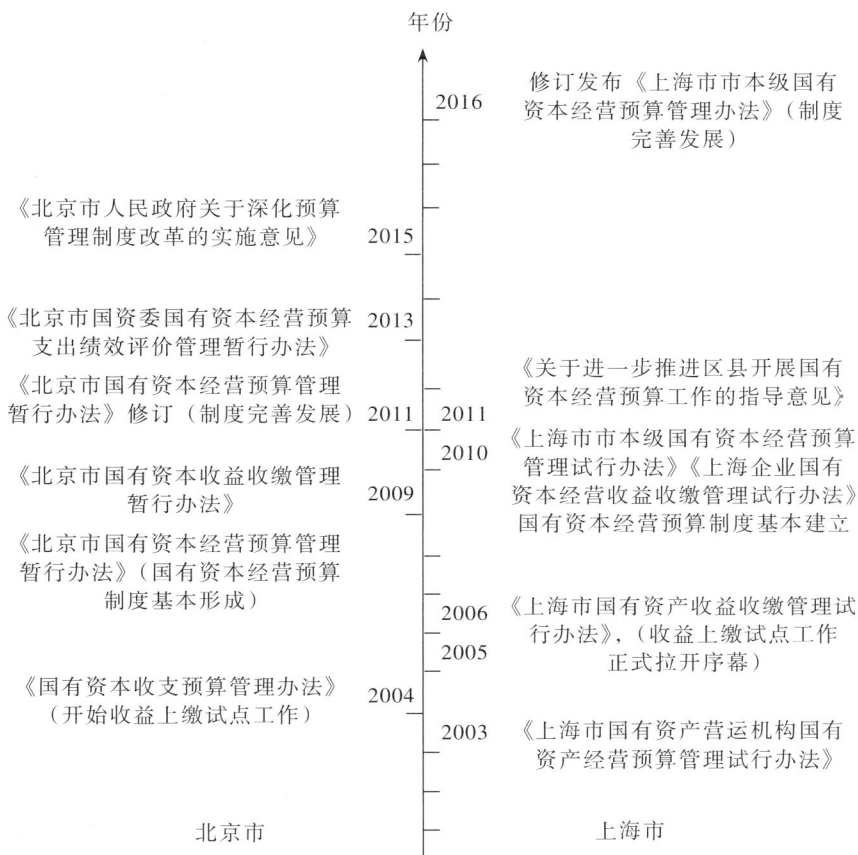

图6-16 京沪国资预算政策对比时间轴

同账户预算资金的相互占用和管理混乱问题，强调国资预算收益账户的独立管理和专款专用。虽然北京市与上海市都设立了专门的国资预算专户用来管理相关收入资金，专门的专户管理政策、资金划转机制等尚不成熟，依然处于探索阶段。

（2）国资预算编制体系比较

①预算编制范围

北京市65家市属国有企业在2014年已全部实行国有资本收益上缴，形成了国资预算编制的市属国有企业的全覆盖。上海市现在还只是将市国资委出资监管和委托监管的国有企业纳入预算编制范围。上海市县区国资预算工作还处在试编阶段，距离国资预算编制的全覆盖还有很长的路要走。此外，国资预算编制的规范性问题任重而道远，其科目混乱、上报数据口径不一致等问题[1]时有发生。

---

① 相关报道在上海市国资委网站可查。

②收益上缴比例

北京市国有资本收益上缴比例统一为税后利润的20%，而上海市国资预算收益上缴比例较为灵活且更具针对性，规定国有独资企业（公司）具体上缴比例，由市财政局同国资委在综合考虑全市重大项目投入、企业承受能力和企业发展等因素后报市政府确定，区分了国有独资企业与国有独资公司的不同。此外，北京市自国资预算制度实施以来，近7年的时间没有对收益上缴规定进行调整，上海市虽然进行了微调整，但是效果并不是很明显。

③预算支出结构

北京市与上海市国资预算支出安排在大类划分上基本相同，预算支出根据当年预算收入规模安排，不列赤字，安排资金调入一般公共预算。

两个地区的预算支出安排差异主要在于明细科目上，其中上海市预算支出相关类型划分更加明确，资本性支出主要服务于产业发展规划等相关职能要求，同时兼顾本市经济发展的需要；费用性支出采取补贴、补助、贴息等形式。此外，两个地区的预算信息披露略显含混，用于社会保障和支出的数据尚未披露，容易造成社会监督的不到位。

（3）国资预算执行体系比较

①预算执行主体

相较于北京市，上海市预算执行管理更强调国有企业的主动配合，期望国有企业承担应有的国资预算基本义务时，发挥应有的主动性和积极性。北京市、上海市关于国资预算执行主体的规定多体现在指导性政府文件中，没有出台更为细致的解释性文件，针对性较弱，可能造成在实际工作当中不同国资预算执行主体对自身工作理解不到位的问题。另外，与国有资本收益征收相配套的征收处罚规定尚未正式出台，仅在财政部公告的审计工作报告中稍有提及，如"要加强相关监督处罚力度"，预算执行保障不足。

进一步，通过国资委网站已公布的国资预算报告数据可知，北京市与上海市的预算执行情况不断得到完善，但北京市的国资预算执行的力度仍然有很大的进步空间。上海市预算收入的情况相对来说较为理想，支出决算比例（决算与预算数的比值）在100%左右，收入决算比平均值为109.07，预算计划执行较好。北京市在预算收入与支出两个方面的决算比例一直呈现上升的趋势，但是存在较大的波动性，与100%还有一定差距。北京市与上海市的国资决算比例具体数据见表6-8和图6-17。

②预算执行层级

北京市国资预算执行层级与上海市国资预算执行层级基本相同。收入由市财政局负责收取，各预算单位组织所监管企业上交国有资本经营收益。支出方面由使用单位在批准范围内提出申请，市财政局参照财政国库管理制度的有关规定，

表6-8 　　　　　　　　　京沪国资决算比例对比分析表 　　　　　　　　单位：%

项目	2012年	2013年	2014年	2015年	2016年	2017年	2018年
北京市收入决算比例	70.45	76.80	84.46	92.11	129.85	87.82	130.10
上海市收入决算比例	100.00	99.90	98.91	99.31	133.10	120.00	112.30
北京市支出决算比例	70.45	79.04	84.07	92.11	103.64	85.62	125.45
上海市支出决算比例	100.10	100.21	100.00	100.70	101.70	98.40	100.20

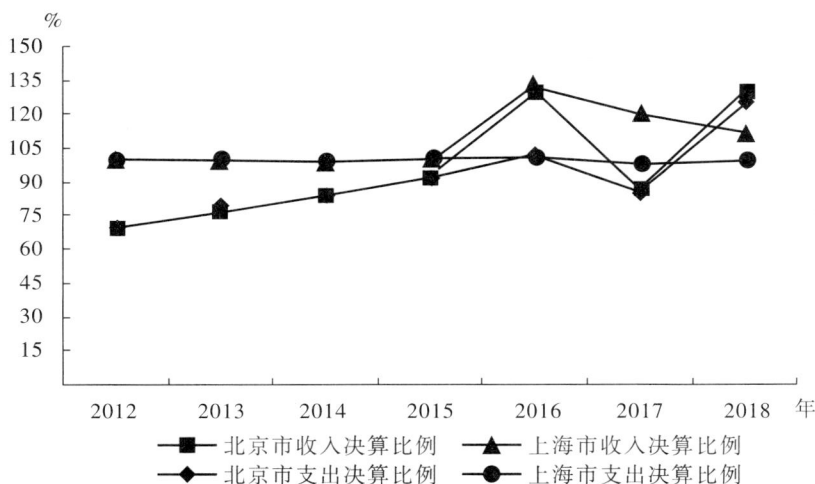

图6-17　京沪国资决算比例折线分析图

办理相关资金拨付手续。各预算执行层级之间的信息沟通交流机制目前还不成熟，国资预算执行的调整主要依赖编制预算调整方案实现，信息传递、反馈的效率比较低。

③绩效考评制度

从考核评价制度来看，北京市单独制定预算支出绩效评价办法，对资金使用情况逐步实施绩效评价，国资预算收益收缴落实情况与企业经营者年薪挂钩，但是国资预算相关部门人员和国有企业内部高管人员管理决策受预算绩效影响的效果不是很明显。上海市仅强调预算单位对所负责监管国有企业定期和不定期的检查作用，没有出台专门针对国资预算绩效评价的政策规定，国资预算绩效对国有企业高层管理人员的薪酬水平的影响作用尚处在一种不到位状态。

（4）国资预算监督体系比较

①预算监督主体

北京市预算监督主体主要为市财政局、预算单位（国资委）、市审计局，市财政局会同预算单位对国家出资企业预算执行情况进行监督，对资金使用情况逐步实施绩效评价，审计局负责监督预算编制、执行和决算。[①]上海市监督主体除了市财政局、预算单位、市审计局，还强调国有企业内部监督主体和内部控制机制作用的发挥，市财政局负责对预算执行过程中发生的重大事项或特定问题进行专项检查，各预算单位全面负责国有企业监督工作，审计部门负责决算审计，国有企业负责建立健全预算资金使用机制和内部控制。

②预算监督手段

北京市的预算监督手段主要采用外部监督，上海市则比较重视外部监督与国有企业内部监督协同作用。相同的是，在国资预算的支出环节缺少严格的后续追踪制度，财政部门批复的国资预算资金到了国有企业后，企业有较大自主性。此外，上海市曾规定实行国资预算信息公开，一定程度上体现了对社会监督的重视，但是在2016年最新出台的《上海市国资预算管理办法》中取消了该规定。

③预算责任追究

北京市对违规责任的规定较为明确、严厉，预算监督主体主要为市财政局、预算单位、市审计局，市审计局对国资预算的专项审计监督比较突出，明确规定国家出资企业、企业负责人、财政局和预算单位人员违规行为及责任追究。而上海市缺少单独的预算责任追究规定，更为强调外部专项审计与国有企业内部审计、内部控制、预算资金管理制度多方面监督机制的配合。

通过上述的比较分析，北京市与上海市国资预算制度框架体系的具体内容差异较大，突出的表现在各部门的职能划分、收益上缴比例、预算编制范围，预算执行层级划分以及相应的绩效考评制度这五个方面。为了详细、直观地体现前文对比结果，本书尝试总结出京沪国资预算制度框架比较分析，见表6-9。

4）京沪国资预算制度差异原因分析

基于前文分析，可以看出北京市与上海市的国资预算制度在大的制度框架方面没有太大差异，基本上遵循了中央国资预算的顶层设计，国资预算的差异主要体现在制度实施细节方面。北京市将国资预算收益纳入财政账户管理，并制定了单独的国资预算绩效评价政策，对资金使用情况逐步实施绩效评价。上海市国资预算制度主要针对市本级国有企业，强调市本级制度的优先建立和完善，然后以此带动区县工作的稳步有序开展；没有出台专门针对国资预算绩效评价的政策规定，只是对所负责监管的国有企业进行定期和不定期的检查，比较重视外部监督与国有企业内部监督协同作用，强调预算数据披露的透明性，预算支出相关类型划分也更加明确。

一个地区国资预算制度的特点，是由该地区的文化、经济发展水平、政府职能定位、国有企业特点等因素共同决定的。一方面，北京市是我国的首都，地区

---

① 出自《北京市国资预算管理暂行办法》（京财国资〔2011〕166号）。

表6-9 京沪国资预算制度框架比较分析表

预算体系	具体规定	北京市	上海市
组织体系	预算征收主体	市财政局负责收取企业国有资本收益，预算单位负责组织所监管（或所属）企业收益上缴	市本级国资预算收入由市财政局负责收取，各预算单位组织监管企业上交收益
	组织职能划分	主要规定市财政局—履行出资人职责的机构或部门—国家出资企业三级职能划分	主要规定了市财政局—市国资委等负有国有企业监管职能的部门两级职能划分
	预算缴拨专户	将国资收益账户纳入财政账户，比照基金账户管理，列收列支	建立与财政账户相平行的国资收益账户
编制体系	预算编制范围	65家市属国有企业全部纳入	纳入市本级国资预算管理的市国资委出资监管企业和市国资委出资委托监管企业
	收益上缴比例	统一比例为企业税后利润的20%	国有独资企业（公司）具体上缴比例，由市财政局同国资委在综合考虑全市重大项目投入、企业承受能力和发展等因素报市政府确定
	预算支出结构	资本性支出、费用性支出、其他支出	资本性支出、费用性支出、其他支出
执行体系	预算执行主体	代表市政府履行出资人职责的机构或部门为国资预算单位，国家出资企业	市国资委等负有国资监管职能的部门、单位
	预算执行层级	三级主体：财政部门—预算单位—国有企业	四级主体：财政部门—预算单位—国有资产经营公司—国有企业
	考核评价制度	单独制定预算支出绩效评价办法，对资金使用情况逐步实施绩效评价，收益收缴与企业经营者年薪挂钩	各预算单位对本预算单位市本级国资预算的执行情况定期或根据需要进行检查分析
监督体系	预算监督主体	市财政局、预算单位、市审计局，强调审计局专项审计	市财政局、各预算单位、审计部门监督，国有企业内部监督相关主体
	预算监督手段	市财政局会同预算单位对资金使用情况逐步实施绩效评价，市审计局负责监督国资预算编制、执行和决算	财政局专项检查、国有企业内部国资预算的资金管理制度和内部审计制度、专项审计
	预算责任追究	明确规定国家出资企业、企业负责人、财政局和预算单位人员违规行为及责任追究	缺少单独明确的预算责任追究规定

政策的制定和实施受中央政策的影响相对其他省市更大，国资预算制度与中央相似度较高，而且比较强调政府职能的实现和相关政策的全覆盖。北京市尽量将全市所有市属国有企业纳入国资预算制度体系进行统一管理，国资预算的收益上缴比例统一为税后利润的20%，并强调以政府监管为主，实施严格的预算绩效考评制度。上海市是我国的金融、贸易、航运中心，受西方开放观念影响较大，更加侧重从国有企业角度建立和完善国资预算制度，国资预算收益上缴比例较为灵活且更具针对性，期望在遵循国家基本政策的基础上，最大限度地给予国有企业经营自主权，重视国有企业在国资预算制度执行过程中的主动配合。另一方面，从历史发展的角度来看，上海市虽然正式建立国资预算制度比北京市稍晚一年，但是其对于国资预算建立的专门探索工作较早，上海市借助其丰厚的经济基础和人才储备，自20世纪90年代便开始国资预算制度的研究和探索，并建立了专门针对本市国资研究的期刊，力求国资预算的制度与本市国有经济发展相容并进。北京市国资预算制度的建立，倾向于体现对中央政策的执行，全市市属国有企业已全部纳入预算实施范围，制定统一的收益上缴比例可能更适合北京市的国资预算全覆盖的现行特点。

7 资本配置视角下国资预算制度研究：经验研究

本章从资本配置效率与公平两个维度，系统检验国资预算的制度实施效果。在资本配置效率维度，选取国资预算实施前后的中央企业控股的上市公司为研究样本，以非效率投资、价值创造和经营绩效为被影响指标，实证考察国资预算的制度实施效果。实证研究结果表明，总体来看，国资预算制度的实施能够提升国有资本配置效率，具体表现为抑制国有企业的非效率投资，促进国有企业进行价值创造和提升企业经营绩效。在资本配置公平维度，重点分析国资预算支出在民生领域的分配与投入，以及在各行业间的结构与趋势。经验数据证明，国资预算支出在保障民生领域和行业分配的公平等方面起到一定的积极作用，但是支持力度有待加大。最后，以北京市和上海市国资预算制度为案例，比较研究两者在国资预算实践过程中存在的问题并提出相应的对策建议。

7.1 国资预算与投资效率

以自由现金流理论和委托代理理论为理论研究基础，以工业类中央企业控股上市公司的数据作为初始样本，通过数理统计与经济计量的方法实证检验国资预算制度对中央企业的投资效率的影响效果。

1）理论分析与研究假设

在现代公司治理结构中，企业的所有权与控制权相互分离，信息不对称和逆向选择等问题增加了企业管理者与所有者之间的代理成本，进而影响公司投资行为与经营效果。对企业而言，股东与高管之间的委托代理问题可能会导致非效率投资现象。管理者常会采取过度投资的方式来达到控制更多的资源的目的，进一步加强管理者对公司的控制力度，以此来获得更多的薪酬和晋升机会，满足自身的利益需求（Jensen，1986；1993）。由于所有者缺位、内部人控制等先天性的问题，委托代理问题在中国的国有企业中普遍存在。已有研究成果表明，非效率投资行为广泛存在于中国上市公司，特别是国有上市公司之中（唐雪松等，2007；张纯等，2009；刘凤委等，2013），中央企业"投资热"表象下深埋的粗放式增长理念已成为国资委从绩效评价角度纠偏的重点（张先治等，2012）。实施有效监督是遏制代理人机会主义行为的重要机制之一，陈艳利（2008）指出，国资预算是对国有资本管理和运营进行评价与监督的重要手段，有利于出资人以国有资本所有者代表的身份，以国资预算为标准，客观、公正地对国有资本营运绩效进行考核，评价国有资本授权或委托经营者的业绩，约束与控制国有资本授权或委托经营者的行为，评价国有资本投资方向的正确性，并为未来资本预算的准确性奠定基础。

另一方面，由 Jensen（1986）的自由现金流理论可知：自有资金在企业内部的重新配置并没有像从外部融资一样需要较为严格的审核流程，在企业内部治理机制和外部治理环境均不佳的情况下，国有企业内部管理者也许会为了规模私利而非规模经济，产生将企业内部的留存利润进行大量投资的冲动与行为，从而出现投资过热或投资效率低下等非效率投资的现象。而由委托代理理论可知，实施国资预算后，中央企业利润按照收益比例上缴，政府作为出资人参与企业的利润分配，减少企业现金流，而过度投资程度与自由现金流水平正相关，且反映了企业股东与管理者之间代理问题的严重程度，管理者所能控制的现金流量越少就越不容易采取损害股东利益的行为（Richardson，2006）。因此股东可通过实施国资预算，降低管理者控制的现金流量来抑制管理者的过度投资行为，从而降低管理者的"道德风险"，缓解所有者和管理者之间的委托代理问题，且国有资本收益收取比例越高，企业内部可支配的自由现金流就越少，其对管理者的投资决策起到的约束作用越大，即收益收取比例与企业的过度投资负相关。国资预算通过国有企业收益的收缴来实现政府作为国有资本所有者的监管，有利于监督国有企业的运营情况（如图7-1所示）。

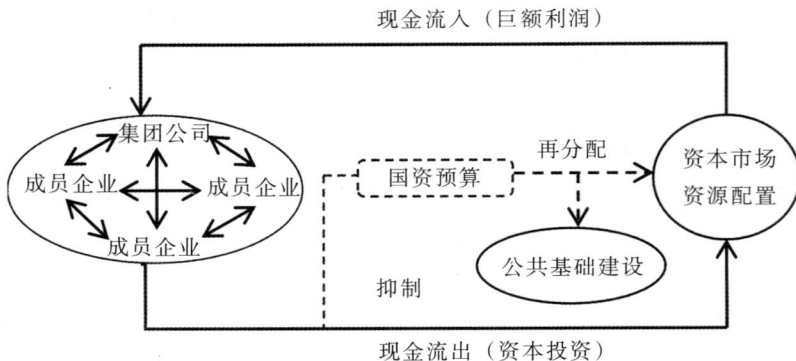

图7-1　国资预算与投资效率的研究思路

国资预算通过约束和监管中央企业管理者的投资决策，使得企业的内部管理层与外部投资者之间利益冲突得到有效缓解，降低企业的委托代理成本，使得企业的过度投资行为得到有效抑制。基于上述分析，提出研究假设：

假设 1：在其他条件一定的情况下，国资预算的实施能够抑制中央企业的过度投资。

假设 2：在其他条件一定的情况下，国有资本收益收取比例与中央企业的过度投资负相关。

2）实证研究设计

（1）样本选取

选取航天军工、石油石化、电力煤炭、汽车机械、钢铁及有色金属和航运等六大类中央企业控股的所有在沪深股票市场上市的 A 股上市公司 2003—2014 年的数据作为研究样本，并根据研究目标对上述样本进行了筛选：①剔除了数据缺失的样本；②剔除 ST、*ST 公司；③剔除了不连续样本。最终确定的样本数为 1 247 个。鉴于样本数量的局限性，对于中央企业在 2003—2014 年之间不连续控股的上市公司，保留了中央企业对此类上市公司控股年份的数据，因此，每一年度上市公司的样本量具有微小差别。

数据主要来源于上市公司年度报告以及国泰安 CSMAR 数据库"中国上市公司数据库"中的上市公司财务报表数据库、财务指标数据库以及股东研究数据库。工业类中的中央企业名单主要通过实际控制人数据和国务院国资委、中央企业网站发布的《试行国有资本经营预算中央企业税后利润上交比例表》手工收集确定，中央企业控股子公司名单则主要通过 CSMAR 数据库中的实际控制人数据经 Excel2007 筛选确定。

（2）变量选择

①被解释变量

被解释变量为中央企业控股上市公司的过度投资水平。目前，用来计量企业非效率投资程度使用最为广泛的模型是 Richardson（2006）投资模型。借鉴 Richardson 的模型来衡量中央企业控股上市公司的过度投资水平，用上一年数据估计本年度的正常投资，以估算值与实际值之间的差额作为非效率投资的代理变量，若残差大于零，则表示过度投资。

$$Inv_{i,t}=\beta_0+\beta_1 Growth_{i,t-1}+\beta_2 Lev_{i,t-1}+\beta_3 Cash_{i,t-1}+\beta_4 Age_{i,t-1}+\beta_5 Size_{i,t-1}+$$
$$\beta_6 RET_{i,t-1}+\beta_7 Inv_{i,t-1}+\delta\sum YrDummy + \theta\sum IndDummy + \varepsilon_{i,t-1} \tag{1}$$

上述公式中各个变量的定义及含义见表 7-1。由上述公式 1 可以计算出 i 公司在第 t 年的预期新增投资，该公司第 t 年的剩余资本投资量则是实际投资与预期新增投资的残差。若剩余资本投资量大于零，则说明了过度投资现象的存在，用符号 OverInv$_{i,t}$ 表示，企业在第 t 年的过度投资量（OverInv$_{i,t}$）为被解释变量。

表7-1　　　　　　　　投资效率模型变量名称、符号及计算方法

变量	名称	符号	计算方法
被解释变量	t年预期新增投资	$Inv_{i,t}$	t年购建和处置固定资产、无形资产和其他长期资产支付的现金之差/年初总资产
解释变量	增长机会	$Growth_{i,t-1}$	t-1年度的资产增长率
	资产负债率	$Lev_{i,t-1}$	t-1年度的资产负债率
	自由现金流	$Cash_{i,t-1}$	经营活动现金流量净额/期末总资产
	上市年限	$Age_{i,t-1}$	企业上市年限的自然对数
	企业规模	$Size_{i,t-1}$	总资产的自然对数
	股票收益率	$RET_{i,t-1}$	t-1年考虑红利再投资的股票回收率
	t-1年新增投资	$Inv_{i,t-1}$	t-1年购建和处置固定资产、无形资产和其他长期资产支付的现金之差/年初总资产
控制变量	年度变量	$\sum YrDummy$	年度虚拟变量
	行业变量	$\sum IndDummy$	行业虚拟变量

②解释变量

以国资预算在中央企业试点的实施为时间节点，在假设1的模型中，选择是否实施此项预算制度这一虚拟变量为解释变量，记为ScmbDum（国资预算State-owned Capital Management Budget 的缩写）。设置假设2的主要目的是为了验证国资预算收益收取比例的提高与企业非效率投资之间的关联性，进而对国资预算中收益收取比例范围的制定提供相应的经验证据，因此，在假设2的模型中解释变量为国资预算的收益收取比例（简记为$ScmbR_{i,t}$）。

通过对 La Porta（1999）、Richardson（2006）以及唐雪松（2007）、魏明海（2007）、俞红海（2010）等学者的研究成果的总结归纳，发现企业的资本结构、现金流量水平、独立董事比例、大股东占款、是否发放现金股利、第一大股东持股比例、管理费用率等均会对企业的投资行为产生影响，设置为控制变量。各变量的类型、名称、符号与计算方法见表7-2。

表7-2　　　　　　　　国资预算与投资效率主要变量定义表

变量	名称	符号	计算方法
被解释变量	过度投资	$OverInv_{i,t}$	Richardson模型残差中的正值
解释变量	是否实施国资预算制度	$ScmbDum$	若实施该制度，则为1；未实施，则为0
	收益收取比例	$ScmbR_{i,t}$	i公司在t年度按规定上缴收益的比例
控制变量	自由现金流水平	$Cashflow_{i,t}$	t年度企业自由现金流水平
	独立董事比例	$Rid_{i,t}$	t年度的独立董事人数/董事总人数
	股权集中度	$OC_{i,t}$	第一大股东持股比例
	大股东占款	$Tunnel_{i,t}$	t年末其他应收款占总资产的比例
	管理费用率	$AdR_{i,t}$	管理费用率=管理费用/主营业务收入
	年度变量	$\sum YrDummy$	以2007年为基准年度
	行业变量	$\sum IndDummy$	行业虚拟变量

③模型设定

为了进一步检验工业类中央企业控股上市公司在国资预算试点实施前后投资行为的变化，以及国有资本收益收取比例对此类中央企业控股上市公司投资行为的影响，在确定解释变量和控制变量后，设定公式2来考察国资预算制度的实施对工业类中央企业控股上市公司过度投资的影响。

$$OverInv_{i,t}=\alpha_0+\alpha_1 ScmbDum+\alpha_2 Cashflow_{i,t}+\alpha_3 Rid_{i,t}+\alpha_4 OC_{i,t}+\alpha_5 Tunnel_{i,t}+$$
$$\alpha_6 AdR_{i,t}+\sum YrDummy+\sum IndDummy + \mu_{i,t} \tag{2}$$

为了更好地检验国有资本收益收取比例是否能遏制工业类中央企业控股上市公司的不理智投资，设定公式3进一步验证收益收取比例与中央企业控股上市公司过度投资的相关性。

$$OverInv_{i,t}=\alpha_0+\alpha_1 ScmbR+\alpha_2 Cashflow_{i,t}+\alpha_3 Rid_{i,t}+\alpha_4 OC_{i,t}+\alpha_5 Tunnel_{i,t}+$$
$$\alpha_6 AdR_{i,t}+\sum YrDummy+\sum IndDummy + \mu_{i,t} \tag{3}$$

3）实证结果分析

（1）描述性统计分析

使用 Richardson（2006）模型测算企业资本投资效率，结果见表7-3：企业本年度的新增投资额与t-1年度资产增长率（$Growth_{i,t-1}$）之间负相关，但并不显著；在5%显著性水平下，被解释变量（$Inv_{i,t}$）与该企业在t-1年度的资产负债率（$Lev_{i,t-1}$）以及上市年限（$Age_{i,t-1}$）负相关；在1%的显著性水平下，$Inv_{i,t}$ 与t-1年度的现金流水平（$Cash_{i,t-1}$）、企业规模（$Size_{i,t-1}$）和股票回报率（$RET_{i,t-1}$）正相关，除t-1年度资产增长率（$Growth_{i,t-1}$）外，均与 Richardson（2006）模型中的预期符号相符。

企业本年度的新增投资额与该企业上一年度的新增投资额（$Inv_{i,t-1}$）在1%的水平下显著正相关，体现了工业企业投资周期长的特点。中央企业具有庞大而繁杂的资产规模，除个别企业外，多数行业内企业在t年度的资产增长率与t-1年度基本持平，即其资产增长率等财务指标较新兴产业而言增长较为缓慢。因此，企业本年度的新增投资额与t-1年度资产增长率（$Growth_{i,t-1}$）之间相关性并不显著。

根据表7-3的计算结果对中央企业控股上市公司第t年的剩余资本投资量（即实际投资与预期新增投资的残差）进行估算，若残差大于0，说明该企业第t年存在过度投资行为，$OverInv_{i,t}$代表其过度投资水平，作为公式2和公式3的被解释变量。

表 7-3　　　　　　　中央企业控股上市公司投资效率模型测算结果

被解释变量 （$Inv_{i,t}$）	1-1	1-2	1-3
$Growth_{i,t-1}$	−0.0099 （−1.47）	−0.1007 （−1.53）	−0.0061 （−0.88）
$Lev_{i,t-1}$	−0.0483*** （−4.59）	−0.0486*** （−4.55）	−0.0571*** （−5.01）
$Cash_{i,t-1}$	0.1145*** （4.51）	0.1059*** （4.33）	0.0871*** （3.45）
$Age_{i,t-1}$	−0.0107*** （−3.31）	−0.0082** （−2.20）	−0.0091** （−2.46）
$Size_{i,t-1}$	0.0037*** （3.18）	0.0047*** （3.35）	0.0035*** （2.57）
$RET_{i,t-1}$	0.0062*** （2.81）	0.0063** （1.98）	0.0068** （2.03）
$Inv_{i,t-1}$	0.4916*** （9.80）	0.4887*** （9.81）	0.4540*** （8.76）
Con	−0.0077 （−0.32）	−0.0216 （−0.77）	0.0321 （0.95）
$\sum YrDummy$	不控制	控制	控制
$\sum IndDummy$	不控制	不控制	控制
R-squared	0.3456	0.3535	0.3686

注：***、**、*分别代表统计显著性为1%、5%和10%。

由表7-4的描述性统计分析结果可知，全样本中共有485个样本存在过度投资，平均值为0.05084，这说明工业类中央企业控股上市公司普遍存在过度投资现象，实际投资额超出预期投资额最高达86.77%，平均约为5.1%。在存在过度投资的样本数据中，普遍存在第一大股东持股比例（$OC_{i,t}$）较高的现象，最高比例达86.42%，最低比例为11.89%，平均值约为44.51%，这从侧面反映出第一大股东持股比例较高的情况下，中央企业更易出现过度投资的现象。

表 7-4　　　　　　　　　　　　　过度投资的描述性统计

变量	样本量	平均值	方差	最小值	最大值	中位数
$OverInv_{i,t}$	485	0.051	0.080	0.000	0.868	0.026
$Cashflow_{i,t}$	485	0.046	0.190	−0.871	1.905	0.058
$Rid_{i,t}$	485	0.344	0.062	0.111	0.625	0.333
$OC_{i,t}$	485	44.513	16.325	11.890	86.420	44.490
$Tunnel_{i,t}$	485	0.013	0.021	0.001	0.234	0.007
$Adr_{i,t}$	485	0.069	0.057	0.002	0.579	0.059
$Scmbr_{i,t}$	485	0.054	0.050	0.000	0.150	0.050

（2）回归结果分析

由于 u_i 和其他解释变量相关，则采用固定效应模型检验国资预算对企业非效率投资差异的影响。测算结果见表 7-5。

表 7-5　　　　　　　　　国资预算与中央企业过度投资回归结果

被解释变量（OverInv）	公式2			公式3		
	2-1	2-2	2-3	3-1	3-2	3-3
ScmbDum	−0.0463***	−0.0780***	−0.0765***			
	(−4.08)	(−3.18)	(−3.16)			
$ScmbR_{i,t}$				−0.2811***	−0.1360	−0.5357***
				(−3.38)	(−1.24)	(−3.37)
$Cashflow_{i,t}$	−0.0160	−0.0090	−0.0150	0.0075	0.0035	−0.0061
	(−0.75)	(−0.42)	(−0.67)	(0.32)	(0.15)	(−0.26)
$Rid_{i,t}$	0.0080	−0.0146	−0.0315*	−0.0368	−0.0245	−0.0375
	(0.17)	(−0.32)	(−0.68)	(−0.83)	(−0.53)	(−0.79)
$OC_{i,t}$	−0.0008***	−0.0008***	−0.0008***	−0.0007***	−0.0007***	−0.0008***
	(−3.46)	(−3.34)	(−3.27)	(−3.15)	(−2.98)	(−3.24)
$Tunnel_{i,t}$	−0.2451**	−0.2168	−0.2829*	−0.1089	−0.1331	−0.2640*
	(−1.96)	(−1.50)	(−1.89)	(−0.79)	(−0.91)	(−1.79)
$Adr_{i,t}$	−0.0986**	−0.0683	−0.0057	−0.1208**	−0.0860	−0.2640
	(−1.94)	(−1.32)	(−0.10)	(−3.15)	(−1.45)	(0.17)
Con	0.1295**	0.1519***	0.1409***	0.1215***	0.1080***	0.1029***
	(5.89)	(3.92)	(3.73)	(5.68)	(3.53)	(3.66)
$\sum YrDummy$	不控制	控制	控制	不控制	控制	控制
$\sum IndDummy$	不控制	不控制	控制	不控制	不控制	控制
R-squared	0.0726	0.1083	0.1374	0.0486	0.0764	0.1337

注：***、**、*分别代表统计显著性为1%、5%和10%。

由表7-5可知，公式2和公式3对过度投资现象的拟合度达到13%，与近年来国内对中国国有控股上市公司投资效率的研究成果基本相符，说明该模型能够阐释国资预算制度的实施（ScmbDum）对工业类中央企业控股上市公司过度投资行为的影响。由模型2的结果可知，解释变量是否实施国资预算（Scmb-Dum）的系数为负值且在1%水平下显著，接受原假设1，说明国资预算制度的实施能够有效地抑制工业类中央企业控股上市公司的过度投资行为。目前，中国仅规定了112家国有独资企业的收益收取比例，对控股、参股的其他企业却并未有此规定，使得这一部分企业很少出现分派股利的现象，而将资金更多地留在其控股的上市公司，因此，过度投资现象在中央企业控股上市公司中普遍存在。国资预算对中石油、中石化等利润较高、资产规模较大的工业企业要求上缴的利润比例也处于相对较高的水平，2014年收益收取比例更是提高到20%，较为有效地抑制了工业类中央企业及其控股公司的自由现金流，根据Richardson（2006）的研究可知，降低企业管理者的可控现金流量可以有效地抑制管理者的过度投资行为，所以国资预算对中央企业过度投资的抑制作用较为明显。

中央企业控股上市公司的股权集中度与其过度投资水平在1%的显著性水平下负相关。中央企业控股上市公司第一大股东往往为中央企业，第一大股东占比越高意味着中央企业对其控制力度就越强，对控股上市公司投资行为的影响也就越明显。在股权集中度较高的控股上市公司中，国资预算的实施更能抑制其过度投资行为。

大股东占款与该类企业过度投资行为在10%的显著性水平下负相关，大股东占款往往会导致上市公司的自由现金流紧张，由现金流假说可知，大股东占款抑制了中央企业控股公司的过度投资。这说明在工业类中央企业中，实际控制人侵占上市公司资金的现象较为常见，既增加了母公司的自由现金流又不提高母公司的利润，因此，对中央企业自身而言是有利的。但是，过度的大股东占款会使得控股上市公司的资金被抽走，现金流匮乏，影响该公司在市场上的有序经营与协调发展。因此，过度的大股东占款不利于市场的良性发展，应予以治理。

由公式3的计算结果可知，在1%的显著性水平下，中央企业税后利润上交比例与工业类中央企业控股上市公司的过度投资水平负相关，接受原假设2，说明收取国有资本经营收益有助于抑制中央企业的过度投资。企业上缴部分收益有助于减少中央企业内部的自有资金流，减少了其可以动用的投资资金，进而可在一定程度上抑制过度投资现象。

（3）相关性分析

各变量之间的Pearson相关性系数和Spearman相关性系数结果见表7-6。由表中数据可知，工业类中央企业的过度投资额（$OverInv_{i,t}$）与该企业是否实施国资预算制度（ScmbDum）负相关，且在1%水平下显著，说明国资预算能够有效抑制企业的过度投资现象，这与公式2的计算结果一致。此外，模型中自变量与因变量之间的相关系数均小于0.4，不存在变量间自回归的问题。

表7-6　　　　　过度投资模型变量Pearson（Spearman）相关性分析

变　量	$OverInv_{i,t}$	ScmbDum	$Cashflow_{i,t}$	$Rid_{i,t}$	$OC_{i,t}$	$Tunnel_{i,t}$	$Adr_{i,t}$
$OverInv_{i,t}$		−0.1514***	0.0288	0.0124	−0.0994**	−0.0633	−0.0828*
ScmbDum	−0.1924***		−0.2143***	0.3140***	−0.2318***	−0.1428***	0.0157
$Cashflow_{i,t}$	0.0084	0.2087***		−0.0488	0.1610***	−0.1320***	−0.1346*
$Rid_{i,t}$	−0.0622	0.3746***	−0.0677		−0.0895**	−0.1188***	0.0167
$OC_{i,t}$	0.1091	0.2278***	0.0842	0.1245		0.0007	−0.0313
$Tunnel_{i,t}$	0.0081	0.2413***	0.1030	0.0971	−0.0237		0.1329***
$Adr_{i,t}$	0.0571	0.0496	0.0009	0.0126	0.0714	0.1952***	

注：***、**、*分别代表统计显著性为1%、5%和10%。

（4）稳健性检验

国内学者往往采用Tobin Q值来衡量企业的投资机会（宋淑琴等，2014），也从侧面反映了企业的投资效率。若Tobin Q值很高，意味着企业的市场价值高于资产的重置成本，其市场投资效率也相对较高；若Tobin Q值很低，意味着企业的市场价值低于资产的重置成本，其市场投资效率也相对较低。因此，采用公式4和公式5来检验上述实证分析的稳健性。若假设1和假设2成立，则预期ScmbDum和$ScmbR_{i,t}$在1%的显著性水平下与企业的投资机会Tobin Q值正相关。

$$Tobin\ Q_{i,t}=\alpha_0+\alpha_1 ScmbDum+\alpha_2 Cashflow_{i,t}+\alpha3 Rid_{i,t}+\alpha_4 OC_{i,t}+\alpha_5 Tunnel_{i,t}+$$
$$\alpha_6\ AdR_{i,t}+\sum YrDummy+\sum IndDummy+\mu_{i,t} \tag{4}$$

$$Tobin\ Q_{i,t}=\alpha_0+\alpha_1 ScmbR+\alpha_2 Cashflow_{i,t}+\alpha3 Rid_{i,t}+\alpha_4 OC_{i,t}+\alpha_5 Tunnel_{i,t}+$$
$$\alpha_6\ AdR_{i,t}+\sum YrDummy+\sum IndDummy+\mu_{i,t} \tag{5}$$

公式4和公式5的测算结果见表7-7，是否实施国资预算制度（ScmbDum）和国有资本收益收取比例（$ScmbR_{i,t}$）均在1%的显著性水平下与Tobin Q值正相关，意味着国资预算的实施有助于提高企业的投资效率，进而增加企业的投资机会。该结论支持了假设1和假设2的实证检验结果，说明公式2和公式3的结果具有稳健性。

表7-7   **国资预算对投资效率影响的稳健性检验**

变量	假设1		假设2	
	公式2	公式4	公式3	公式5
ScmbDum	−0.0765***	0.4293***		
	(−3.16)	(3.49)		
$ScmbR_{i,t}$			−0.5357***	2.3650***
			(−3.37)	(2.77)
$Cashflow_{i,t}$	−0.0150	0.0991	−0.0061	0.0505
	(−0.67)	(0.69)	(−0.26)	(0.35)
$Rid_{i,t}$	−0.0315*	−0.4542	−0.0375	−0.4076
	(−0.68)	(−0.89)	(−0.79)	(−0.79)
$OC_{i,t}$	−0.0008***	−0.0069***	−0.0008***	−0.0072***
	(−3.27)	(−3.00)	(−3.24)	(−3.19)
$Tunnel_{i,t}$	−0.2829*	2.3260	−0.2640*	2.1433
	(−1.89)	(1.23)	(−1.79)	(1.13)
$Adr_{i,t}$	−0.0057	2.0787**	−0.2640	1.9995**
	(−0.10)	(2.36)	(0.17)	(2.33)
Con	0.1409***	1.6628**	0.1029***	1.8940***
	(3.73)	(6.61)	(3.66)	(8.00)
$\sum YrDummy$	控制	控制	控制	控制
$\sum IndDummy$	控制	控制	控制	控制
R^2	0.1374	0.2593	0.1337	0.2541

注：***、**、*分别代表统计显著性为1%、5%和10%。

4）研究结论与政策建议

以自由现金流理论和委托代理理论为理论研究基础，立足于社会经济转型和全面深化改革的现实背景，以工业类中央企业控股上市公司的数据作为初始样本，观测区间分别为2003—2014年，采用Richardson（2006）的模型对该类企业的非效率投资水平进行估算，通过数理统计与经济计量的方法实证检验国资预算制度在中央企业的实施效果，得到如下结论：一是中国编制国资经营预算的周期较短，造成企业的投资短视行为，中央企业控股上市公司普遍存在过度投资现象；二是国资预算制度的实施有效地抑制了工业类中央企业控股上市公司的过度投资行为；三是中央企业控股上市公司存在较为显著的大股东占款现象，一定程度上抑制了企业的过度投资行为；四是国有资本收益收取比例的增加有助于抑制中央企业的过度投资现象。

根据研究结论，提出以下政策参考建议：

①扩大国有资本收益的收取范围和收取比例

在国有资本收益收取范围层面，由于经营性国有资产分布范围广泛，仍有农业、铁道、金融等行业约4 000户中央部门所属企业（资产约占中央非金融企业的11%）未在其列。国资预算实施范围仍存在很大的拓展空间。同时，中国仅要求全部中央企业实施国资预算制度，地方政府也仅对部分地方国资委直接控股的国有企业实行该项预算制度，而对国有资本参股的其他类型企业仅需上缴股利、股息收入而无需按比例上缴利润。这导致此类国有企业为了减少上缴的利润、控制更多的资本而将收益留存于其控股的企业之中，出现过度投资的问题。若将其控股的企业也按照国有资本投资比例纳入国资预算之中，则可以遏制此类现象的出现，减少企业的过度投资行为。

在国有资本收益收取比例层面，尽管国有资本收益收取比例从2010年起逐年提高，现阶段中国的国有资本收益比例仍处较低水平。根据研究结论，国有资本收益收取比例的提高能够有效地遏制中央企业的过度投资行为。这一措施在工业类中央企业中尤为重要，此类中央企业是国有资本投入最多的行业，但非效率投资现象屡屡在其中出现，这是由于中央政府收取的国有资本收益较少，行业内部发展不均衡，致使过多的资本留存于企业内部，使得该类企业采取粗放式经营的方式，投资行为比较盲目，进而出现过度投资等非效率投资行为。

②进一步明确国资预算的支出投向

据统计结果显示，国资预算安排国有企业的862.58亿元中有22%投入到建筑、商业、旅游等非重要行业或非关键领域；国有资本年初预算有804.97亿元（占92%）没有细化落实到具体企业和项目；2012年安排的1 500多亿元国资预算只有50亿元真正进入公共预算，约等于中央企业利润的1.4%。国有资本支出预算范围的确定是充分发挥国资预算作用的重要条件，在国有资产管理体制深化改革的背景下，应重点推动国有经济布局的战略性调整和国有经济产业结构的进一步优化，促进国有企业提高自主创新能力和开展节能减排工作，进一步提升国有资本投资与配置效率。

③加强对石油石化类行业中大股东占款的监管

由分析可知，中央企业控股的上市公司中大股东占款的现象比较明显，而过多的大股东占款会使得上市公司被"掏空"，经营管理出现困境，不利于上市公司的良性发展，同时也扭曲了资本市场优化资源配置、提高投资效率的市场功能。加大对大股东占款"清偿"监管，有利于政府更好地了解中央企业的经营现状，抑制中央企业管理层中腐败现象的出现，进而确保收回国有资本收益，以减少中央企业内部过多的自由现金流，提高中央企业的投资效率。从另一角度而言，加强对中央企业大股东占款的监管，也促进了市场资源的优化配置，体现了社会公平。

④逐步开始编制国有资本经营的中长期预算

中国现有相关的政策制定和中央企业在实施过程中所关注的多为年度预算，忽略了对国有资本中长期预算的编制。借鉴国际社会经验，中期预算通常以3年为计划期，采用滚动计划的编制形式，较短期预算更具稳定性和前瞻性，较长期预算更具数据准确性和实际执行性，是搭建长期预算和短期预算一致性的桥梁。国资预算可采用"1+3"的滚动编制模式，在此基础上，考虑编制5到10年的长期国资预算，其优点主要体现在中央企业资本运营层面和国家宏观经济调控层面：对中央企业资本运营而言，有利于避免中央企业为应对年度预算而产生的随意性和短视的投资行为，促进更多的国有资本投入到关系国民经济安全和国民经济命脉的重要行业和关键领域；促进中央企业更好地了解与遵循国家经济发展的中长期的政策方向。对国家宏观政策而言，将国资预算制度的编制周期从1年延伸到3年或更长时间的中长期预算，有利于维护国家宏观经济政策和国有资本经营管理的连续性，为国家跨年度政策提供充足的资金保证，促进国家宏观调控政策的实施与资源配置效率的提高。

7.2　国资预算与价值创造

7.2.1　国资预算、管理层激励与价值创造

以国资预算制度的实施为背景，以纳入国资预算的沪深A股中央企业控股上市公司为样本数据，选取2003—2016年为样本区间，实证检验国资预算制度、管理层激励与企业价值创造三者之间的关系。

1）理论分析与研究假设

（1）国资预算制度实施与企业价值创造

作为国资预算的分配主体，政府具有国有资产所有者和政权行使者的双重身份，同时肩负着对国有资产进行经济管理及社会管理的双重职能。中国长期坚持以公有制为主体的经济制度，国有资本作为公有制的主体，实现其保值增值一直被视为深化国有企业改革的主要目标之一。为确保其目标的有效实现，积极划分政府相关部门的职能就显得尤为重要。在国资预算制度还未实施时，一方面，政府侧重于实现确保国有资本有效运行的宏观调控目标，易忽视其对中央企业投入资本保值增值的监督职能。另一方面，依据委托代理理论，中央企业的委托人为国家，信息不对称与多层代理问题并存现象造成各级代理人无法真正代表所有者

利益。多头管理使得作为国有资本代表的"委托人"监管职责划分不清，致使相关部门缺乏监管积极性，降低对于国有资本监管不力的惩处力度，进而导致国有资本"出资者缺位"、中央企业内部资本利用率低下，企业价值创造难以实现等问题。谢志华（1997）指出中国产权制度改革的关键是找到能代表国家对企业行使所有权约束的主体。

国资委代表国家履行国有资本出资者及监管者的双重职责，在确保中央企业实现国有资本保值增值目标的基础上，加强对国有资产的管理工作，及时调整国资预算的支出重点和支出方式，以提升中央企业资本运营效率，增强企业价值创造活力。根据出资者财务理论，国资预算制度是国资委以国有资本保值增值为主要监管目标，将国资预算制度实施效果纳入管理者绩效考核指标内，对中央企业管理人员实行预算约束与管控的财务管理活动，其可以从一定程度上降低委托代理成本，实现企业价值最大化。国资预算制度的实施使得国有资本出资者、经营者的身份及责任边界的划分更加清晰，有利于规范国家与中央企业间的产权关系，提升政府对国资预算的管理水平，促进国有经济布局优化及战略性结构调整。具体到国资预算的收支方面，国有资本收益的收取可以减少因中央企业长期未上缴利润造成大量资金堆积企业内部的问题，缓解非效率投资（张建华、王君彩，2011）。收取的国有资本收益中除转入公共财政部分外，均用于解决中央企业自身问题，支出的资金可使中央企业重新焕发活力。预算收支安排还能将国资预算指标落实到各责任主体，细化保值增值目标并全方位调动实践积极性，提升企业经营管理水平，进而提升企业价值创造的能力。基于上述分析，提出假设1。

假设1：在其他条件不变的情况下，国资预算制度的实施对企业价值创造能力有正向影响。

（2）国有资本收益上缴比例与企业价值创造

国有资本收益上缴制度可视为纳入国资预算范围的中央企业股利政策的具体表现形式。当前，国有资本收益上缴制度尚未摆脱"渐进式改革"的缺陷，具体表现为：一方面中国现行国有资本收益上缴比例分类过于笼统、上缴范围较窄，难以满足不同企业的功能发展与股权结构调整要求；另一方面，依据MM理论和"一鸟在手"理论，国有资本收益的上缴比例越高，越有助于企业价值创造能力的发挥。但现行国有资本收益上缴比例较低（最高上缴比例仅为25%），使得预算收支在预算单位"体内循环"现象严重。从国资预算"以收定支"原则看，较低的国有资本收益上缴比例伴随着可分配的预算支出有限，一定程度上阻碍了国有资本的资源优化再配置，不利于扩大优质产业规模并淘汰"僵尸"企业，最终不利于企业价值创造能力的提升。

在国有资本收益上缴政策实施前，中央企业未上缴利润，企业内部留存了较多的自由现金流，国家无法对层级繁多、体系庞大的中央企业集团实现周全监管，使得管理层存在在职消费的动机，委托代理问题较为严重。由自由现金流理论可知，增加国有资本收益上缴比例可以减少企业内部可控制现金流，缓解高管人员私自利用企业资金的行为，如在职消费（刘银国等，2016）、损害所有者利益问题（Jensen，1986），从而促进企业价值的提升（唐雪松等，2007）。在国有资本收益上缴政策实施后，中央企业开始上缴一定比例的利润，一定程度上减少管理者对国有资本的控制程度。由于管理者可事先预知其可直接支配现金流会减少，因此与按规定上缴利润相比，管理层更会出现"逆向选择"的倾向。国有独资企业多具有企业集团特性，按国资预算要求以母公司为基础上缴利润的规定为国有企业高管转移国有资本收益提供了条件。国有企业高管为了留存更多收益，会以各种方式雪藏利润（陈少晖、朱珍，2011；王佳杰、童锦治，2014），甚至进行提前在职消费、关联交易等逆向选择行为，对企业价值创造产生负面影响，收益上缴比例越高，逆向选择倾向越明显。基于以上分析，本部分提出假设2。

假设2：在其他条件不变的情况下，国有资本收益上缴比例对企业价值创造能力产生负向影响。

（3）国资预算制度、管理层激励与企业价值创造

中央企业（乃至国有企业）的委托代理问题不容忽视。为有效落实国资预算制度，需要管理层勤勉尽职地按照国资预算制度的规定，真实上报现实业绩、按时足额缴纳利润并妥善使用国家再次分配的预算支出，为实现企业价值创造提供前提保障。然而，现阶段中央企业内部由于管理层"机会主义"与"逆向选择"动机所引发的利益侵占问题层出不穷，究其原因是管理层的激励机制不足，使得管理层和股东之间利益协调失衡，从而阻碍中央企业实现企业价值创造。国资预算制度作为国家集中分配国有资本收益的工具，其核心是激励约束机制和业绩评价机制（谢志华，2011）。货币薪酬与管理层持股的激励机制使得管理层个人利益与企业价值最大化目标相一致，促使管理层在国家出资人约束下主动为出资人服务，助推国家这一出资人有效实施预算管控，进而有助于中央企业实现价值创造。

国有资本收益上缴制度的不完善为中央企业管理层向下级企业转移国有资本收益（陈少晖、朱珍，2011；王佳杰、童锦治，2014）、提前消费、关联交易（陈艳利、姜艳峰，2017）提供了机会，从而造成高管为实现个人利益（程仲鸣、夏银桂，2008）而损害企业利益的行为时有发生。因此，在逐步弥补待完善制度的同时，采取积极的公司治理机制引导管理层行为，也是正确处理中央企业管理层与国家这一出资人之间关系的有效方案。作为有效促进管理层行为的公司治理机制之一，管理层激励不仅可以有效缓解管理层渴望控制权私有收益（李鑫、李香梅，2014；徐倩，2014）的动机，以保证企业价值提升为目的，自主将应上缴

收益上缴国家，用于国家统筹安排配置中，而且足额合理的管理层激励可以保证管理者以合法方式达到自身价值追求，使得管理者在违背企业目标风险行为与遵循企业目标无风险行为之间进行权衡，自主放弃转移利润动机，保证国有资本收益足额上缴。

国有资本收益足额上缴既保证了国家有更多资金用于企业之间再分配，增强了国有资本运转流动性，将资金富足企业中的盈余之"血"输送到缺"血"企业中，又实现了中央企业的产能结构重组，使企业重新焕发生机。管理层激励机制也促使管理层将国资预算分配资金按照国家要求投入资本运营效率高的项目中，改善中央企业决策效率低下问题，有助于中央企业内部资本效率的提高，促进企业价值实现增值。中央企业获利能力与发展能力的增强又反向提高了国有资本收益金额，从而形成"中央企业—国家—中央企业"的良性互动，在实现国有资本保值增值的同时，实现企业价值创造。基于以上分析，本部分提出以下假设。

假设3：在其他条件不变的情况下，管理层激励能增强实施国资预算制度对企业价值创造能力的正向影响作用。

假设4：在其他条件不变的情况下，管理层激励能改善国有资本收益上缴比例对价值创造能力的负向影响。

2）实证研究设计

（1）样本选取与数据来源

选取国泰安（CSMAR）数据库中沪深股票市场上市的A股中央企业控股上市公司作为研究对象，依据研究目标选取2003—2016年的数据为研究样本。剔除属于金融行业与资本市场服务业的上市公司4家；剔除已终止上市的公司2家；剔除当年处于ST和*ST的公司139家；剔除当年净利润为负的公司样本363个，以及数据缺失的样本216个，最终得到样本2 696个。由于中央企业控股上市公司在2003—2016年存在不连续控股的上市公司，保留对此类上市公司控股年份的数据，因此造成样本量具有细微的差别。对除虚拟变量及衡量国有资本收益收取比例的变量以外的变量均在1%和99%分位上进行Winsorize处理。其数据处理和统计分析使用了Stata12统计软件。

（2）变量选取与模型设定

模型被解释变量为企业价值创造能力，企业价值创造要求公司的净资产回报高于投入资本的费用，以提升企业的价值。在衡量企业价值创造的指标中，由于会计收益率等财务指标仅能反映企业过去的价值，难以对企业未来的价值进行反映。因此，基于对企业价值创造前瞻性及全面反映企业价值的考虑，以托宾Q衡量企业价值创造能力。

解释变量为国资预算制度的实施（ScmbDum）及国有资本收益上缴比例

（ScmbR$_{i,t}$）。这里为验证假设1和假设3，以国资预算在中央企业试点的时间为节点引入国资预算制度的实施（ScmbDum）作为解释变量。为验证假设2和假设4，引入国有资本收益上缴比例（ScmbR$_{i,t}$）作为解释变量。

通过梳理相关领域的研究文献，将公司规模（lnTA$_{i,t}$）、公司成长性（Growth$_{i,t}$）、资本结构（Lev$_{i,t}$）、董事会结构（Rid$_{i,t}$、Ceo$_{i,t}$）、管理费用率（Admins$_{i,t}$）作为控制变量，另设年度虚拟变量和行业虚拟变量。

表7-8 **国资预算、管理层激励与价值创造变量定义表**

变量	名称	符号	计算方法
被解释变量	企业价值创造能力	Tobin Q$_{i,t}$	i公司在t年的Tobin Q值
解释变量	是否实施国资预算制度	ScmbDum	若i公司在t年实施国资预算，则为1；否则，为0
	国有资本收益上缴比例	ScmbR$_{i,t}$	i公司在t年度按规定上缴收益的比例
调节变量	管理层薪酬	PAY$_{i,t}$	i公司t年度薪酬总额前三的高管薪酬之和的对数
	管理层持股	Option$_{i,t}$	i公司t年度高管持股数量与总股本数量之间的比例
控制变量	公司规模	lnTA$_{i,t}$	i公司t年度总资产的自然对数
	公司成长性	Growth$_{i,t}$	i公司t年度净利润增长率
	资产负债率	Lev$_{i,t}$	i公司t年度资产负债率
	独立董事比例	Rid$_{i,t}$	i公司t年末独立董事人数占董事总人数的比例
	领导权结构	Ceo$_{i,t}$	若董事长兼任总经理时，该变量为1；否则，为0
	管理费用率	Admins$_{i,t}$	i公司t年度管理费用占营业收入的比例
	年度变量	$\sum$ YrDummy	以2008年为基准年度
	行业变量	$\sum$ IndDummy	行业虚拟变量

（3）模型设定

依据选取的变量，为了检验假设1和假设2，构建如下模型，其中，模型（1）用于检验国资经营预算制度实施对企业价值创造的影响，模型（2）用于检验国有资本收益收取比例对企业价值创造能力的影响：

$$\text{Tobin Q}_{i,t}=\alpha_0+\alpha_1\text{ScmbDum}+\alpha_2\text{lnTA}_{i,t}+\alpha_3\text{Growth}_{i,t}+\alpha_4\text{Lev}_{i,t}+\alpha_5\text{Rid}_{i,t}$$
$$+\alpha_6\text{Ceo}_{i,t}+\alpha_7\text{Admins}_{i,t}+\sum \text{YrDummy}+$$
$$\sum \text{IndDummy} + \mu_{i,t} \qquad\qquad (1)$$

$$\text{Tobin Q}_{i,t}=\alpha_0+\alpha_1\text{ScmbR}_{i,t}+\alpha_2\text{lnTA}_{i,t}+\alpha_3\text{Growth}_{i,t}+\alpha_4\text{Lev}_{i,t}$$
$$+\alpha_5\text{Rid}_{i,t}+\alpha_6\text{Ceo}_{i,t}+\alpha_7\text{Admins}_{i,t}+\sum \text{YrDummy}+$$
$$\sum \text{IndDummy} + \mu_{i,t} \qquad\qquad (2)$$

为了检验假设 3、4，参考李鑫、李香梅（2014）建立的模型，将货币激励与股权激励两个调节变量纳入模型（1）和模型（2），得出模型（3）和模型（4）：

$$\text{Tobin } Q_{i,t}=\alpha_0+\alpha_1 ScmbDum+\alpha_2 PAY_{i,t}+\alpha_3 Option_{i,t}+\alpha_4 ScmbDum*PAY_{i,t}+$$
$$\alpha_5 ScmbDum*Option_{i,t}+\alpha_6 lnTA_{i,t}+\alpha_7 Growth_{i,t}+\alpha_8 Lev_{i,t}+\alpha_9 Rid_{i,t}+$$
$$\alpha_{10} Ceo_{i,t}+\alpha_{11} Admins_{i,t}+\sum YrDummy+$$
$$\sum IndDummy + \mu_{i,t} \tag{3}$$

$$\text{Tobin } Q_{i,t}=\alpha_0+\alpha_1 ScmbR_{i,t}+\alpha_2 PAY_{i,t}+\alpha_3 Option_{i,t}+\alpha_4 ScmbR_{i,t}*PAY_{i,t}+$$
$$\alpha_5 ScmbR_{i,t}*Option_{i,t}+\alpha_6 lnTA_{i,t}+\alpha_7 Growth_{i,t}+\alpha_8 Lev_{i,t}+$$
$$\alpha_9 Rid_{i,t}+\alpha_{10} Ceo_{i,t}+\alpha_{11} Admins_{i,t}+\sum YrDummy+$$
$$\sum IndDummy + \mu_{i,t} \tag{4}$$

3）实证结果分析

（1）描述性统计分析

表 7-9 分左、右两部分分别对全样本组及实施国资预算后的样本组各变量进行描述性统计分析。结果显示，中央企业价值创造能力（Tobin Q）在 2003—2016 年的数据平均值为 1.750，标准差为 1.420，最小值为 0.170，最大值为 7.270；相比而言，2008—2016 年数据标准差为 1.520，说明样本范围内的中央企业控股上市公司价值创造能力较高且差异较大，相比于国资预算实施之前，国资预算实施之后的差异进一步增大。国资预算制度的实施（ScmbDum）全样本均值为 0.630，说明有 63% 的公司样本在相应年度实施了国资预算制度。根据国有资本收益上缴比例（$ScmbR_{i,t}$），从 2008 年实施国资预算起，平均国有资本收益上缴比例为 9%，远低于其他成熟市场经济国家国有企业的分红比例 30%~50%。在管理层激励方面，货币激励变量（$PAY_{i,t}$）在全样本下的均值为 13.910，标准差为 0.800；在 2008 年后的均值为 14.220，标准差为 0.630，可见，中央企业高管货币薪酬水平有一定提高，且薪酬差距呈现缩小趋势。股权激励（$Option_{i,t}$）全样本下的均值为 0.01，最小值为 0，最大值为 0.18，高管持股比例持续较低且高管持股比例差距较大。在公司规模（$lnTA_{i,t}$）和公司成长性（$Growth_{i,t}$）方面，公司的规模普遍较大且多数中央企业处在规模扩张阶段。相比而言，中央企业的资产负债率（$Lev_{i,t}$）的全样本均值为 0.490，最小值为 0.070，最大值为 0.870，表明有些中央企业控股上市公司的资产负债率（$Lev_{i,t}$）处在一个较高的水平，且在 2008 年后也未有明显差异。在治理结构方面，董事长与总经理两职合一（$Ceo_{i,t}$）的全样本均值为 0.060，说明平均有 6% 的观测值存在两职合一的状况。而独立董事比例（$Indep_{i,t}$）的全样本均值为 0.360，占董事会人数的 1/3 以上；2008 年以后样本的均值为 0.370，比例略有升高，可见在深化国有企业改革、建立健全公司治理

机制背景下，中央企业对独立董事的重视程度有所提高。

表7-9 国资预算、管理层激励与价值创造的描述性统计

变量名称	模型（1）和（3）			N=2 696	模型（2）和（4）			N=1 811
	平均值	标准差	最小值	最大值	平均值	标准差	最小值	最大值
Tobin Q$_{i,t}$	1.750	1.420	0.170	7.270	1.840	1.520	0.160	7.860
ScmbDum	0.630	0.480	0	1	—	—	—	—
ScmbR$_{i,t}$	—	—	—	—	0.090	0.060	0	0.250
PAY$_{i,t}$	13.910	0.800	11.770	15.770	14.220	0.630	12.310	15.940
Option$_{i,t}$	0.010	0.020	0	0.180	0.010	0.030	0	0.240
lnTA$_{i,t}$	22.080	1.350	19.840	26.310	22.390	1.380	19.970	26.710
Growth$_{i,t}$	0.260	1.320	−2.910	7.800	0.200	1.330	−3.030	7.790
Lev$_{i,t}$	0.480	0.190	0.070	0.870	0.490	0.200	0.060	0.870
Ceo$_{i,t}$	0.060	0.240	0	1	0.070	0.250	0	1
Rid$_{i,t}$	0.360	0.070	0	0.800	0.370	0.060	0.140	0.800
Admins$_{i,t}$	0.080	0.050	0.010	0.310	0.080	0.050	0.010	0.310

（2）相关性检验分析

各变量之间相关系数基本上不超过0.6，说明各模型变量之间不存在严重的多重共线性。样本期间为2003—2016年的数据显示，企业价值创造变量（Tobin Q$_{i,t}$）与国资预算制度是否实施的虚拟变量（ScmbDum）在1%的显著性水平上正相关，说明国资预算制度的实施对企业价值创造有显著的正向影响作用。同时管理层激励的货币激励变量（PAY$_{i,t}$）和股权激励变量（Option$_{i,t}$）与企业价值创造变量（Tobin Q$_{i,t}$）也呈现显著正相关关系。样本期间为2003—2016年的数据显示，企业价值创造变量（Tobin Q$_{i,t}$）与国有资本收益上缴比例（ScmbR$_{i,t}$）在1%的显著性水平上负相关，说明现阶段的国有资本收益上缴比例无法对企业价值创造产生积极的正向影响作用。同时，管理层激励的（PAY$_{i,t}$）与企业价值创造变量（Tobin Q$_{i,t}$）的相关关系与2003—2016年期间数据结果显示有所不同，呈现负相关关系，该结果还需进一步进行回归分析予以判断。

（3）回归结果分析

模型采用OLS回归，并且在回归时对实证模型做了Robust处理。各实证模型的回归结果见表7-10。

表 7-10　　　　　　　　国资预算、管理层激励与价值创造的回归结果

变量名称	模型（1）	模型（2）	模型（3）	模型（4）
ScmbDum	0.249***	—	3.469***	—
	(2.89)		(4.42)	
ScmbR$_{i,t}$	—	−3.206***	—	39.358***
		(−4.08)		(3.69)
PAY$_{i,t}$	—	—	0.320***	0.406***
			(7.14)	(5.21)
Option$_{i,t}$	—	—	4.669**	5.214***
			(2.32)	(2.84)
PAY$_{i,t}$*ScmbDum			0.036*	
			(1.69)	
Option$_{i,t}$*ScmbDum			2.662	
			(1.23)	
PAY$_{i,t}$*ScmbR$_{i,t}$			—	2.945***
				(3.94)
Option$_{i,t}$*ScmbR$_{i,t}$			—	2.557
				(0.13)
lnTA$_{i,t}$	−0.373***	−0.427***	−0.402***	−0.455***
	(−17.81)	(−16.50)	(−18.87)	(−17.33)
Growth$_{i,t}$	0.047***	0.019	0.046***	0.022
	(3.03)	(1.33)	(2.95)	(1.44)
Lev$_{i,t}$	−2.537***	−2.770***	−2.387***	−2.582***
	(−18.10)	(−14.90)	(−17.98)	(−14.99)
Ceo$_{i,t}$	−0.157**	−0.283***	−0.167***	−0.324***
	(−2.28)	(−3.69)	(−2.58)	(−4.51)
Rid$_{i,t}$	0.284	0.642	0.404	0.892**
	(0.89)	(1.63)	(1.27)	(2.24)
Admins$_{i,t}$	1.744***	1.459**	1.513***	1.317**
	(3.70)	(2.28)	(3.29)	(2.08)
Con	9.465***	10.998***	5.869***	5.760***
	(21.28)	(20.64)	(8.79)	(5.08)
Year	YES	YES	YES	YES
Industry	YES	YES	YES	YES
R^2	0.54	0.56	0.56	0.58
修正的 R^2	0.532	0.553	0.553	0.570
F	64.68	56.21	60.62	51.36

注：***、**、*分别表示的显著性水平为1%、5%和10%，括号内为T值。

表 7-10 第二列为国资预算制度的实施与纳入预算的企业价值创造之间关系的回归结果。从结果可知，国资预算制度是否实施的虚拟变量（ScmbDum）系数为 0.249，并在 1% 水平上显著为正，这部分验证了假设 1。说明国资委通过国资预算制度这一预算管控制度对国有资本的运营效率进行财务管理，有效地约束管理者行为，从而降低委托代理成本，促进国有企业进行价值创造。

表 7-10 的第三列列示了国有资本收益上缴比例（$ScmbR_{i,t}$）与企业价值创造能力（$Tobin\ Q_{i,t}$）的实证回归结果。其中，解释变量的系数为 −3.206，在 1% 的水平上显著负相关。这表明自 2008 年实行国有资本收益上缴政策以来，国有资本收益上缴比例尚不能适应纳入预算的中央企业的动态变化，现行的比例未能对企业价值创造产生预期的正向影响，甚至由于企业内部管理层出于机会主义动机而产生的"道德风险"与"逆向选择"问题，对企业价值产生负向影响，这与假设 2 基本一致。

从表 7-10 的第四、五列可见，在考虑了管理层激励这一要素后，国资预算制度的实施仍对企业价值创造有 1% 水平上的显著正相关关系，并且货币激励（$PAY_{i,t}$）与股权激励（$Option_{i,t}$）分别在 1% 与 5% 水平上对企业价值创造有正向作用。对于管理层激励与国资预算实施的交乘项，货币激励对国资预算制度的正向调节作用显著，而股权激励对国资预算制度的正向调节作用并不显著，与预期假设不同，原因可能是由于中国现阶段企业实施股权激励比例低导致正向调节作用不甚显著。

对于国有资本收益上缴比例、管理层激励与企业价值创造之间的关系，在将管理层激励纳入模型（2）之后，国有资本收益上缴比例系数由原来的 −3.206 变为 +39.358，这说明在实施国有资本收益上缴政策的过程中，管理层激励作为对中央企业管理层的治理制度发挥着重要的作用。另外，国有资本收益上缴制度与管理层激励对于企业价值创造的联合作用基本与模型（4）结果一致，即货币激励效果明显，在 1% 水平上显著；股权激励未有明显效果。

为了进一步探究国资预算制度和国有资本收益上缴比例的实施效果，将全样本按照国有企业功能界定分组的方式对模型（1）和模型（2）的结果进行进一步分析。根据 2012 年证监会行业分类标准和《关于完善中央企业功能分类考核的实施方案》（国资发综合〔2016〕252 号），归纳出各类国有企业具体涉及行业，对所采用的样本按照国有企业功能类别进行分类。同时，由于公益类国有企业上市公司较少，加之其承担着保障民生、服务社会的公共责任，具有一定的特殊性，在分组中不作考虑。最终，在模型（1）选取的 2 696 个样本中，主业处于充分竞争行业的样本有 2 191 个，主业处于重要行业领域和自然垄断行业的样本有 470 个；模型（2）的 1 811 个样本中，主业处于充分竞争行业的样本有 1 471 个，主业处于重要行业领域和自然垄断行业的样本有 310 个。根据上述分组进行模型

（1）与模型（2）的回归，得到见表7-11的结果。

表7-11　　　国资预算、管理层激励与价值创造的行业竞争分组回归结果

模型	模型（1）		模型（2）	
变量名称	处于充分竞争行业样本组	处于重要及自然垄断行业样本组	处于充分竞争行业样本组	处于重要及自然垄断行业样本组
ScmbDum	0.291*** (3.21)	0.004** (1.97)	—	—
$ScmbR_{i,t}$	—	—	−3.693*** (−4.43)	5.854** (2.01)
$lnTA_{i,t}$	−0.391*** (−16.32)	−0.321*** (−7.19)	−0.447*** (−14.83)	−0.342*** (−7.67)
$Growth_{i,t}$	0.046** (2.58)	0.059** (2.09)	0.012 (0.73)	0.047 (1.47)
$Lev_{i,t}$	−2.430*** (−15.42)	−2.582*** (−7.01)	−2.683*** (−12.85)	−2.693*** (−7.08)
$Ceo_{i,t}$	−0.125 (−1.63)	−0.266* (−1.72)	−0.254*** (−2.95)	−0.370** (−2.03)
$Rid_{i,t}$	0.482 (1.41)	−0.143 (−0.13)	0.800* (1.89)	0.364 (0.23)
$Admins_{i,t}$	2.198*** (4.35)	−0.399 (−0.37)	1.977*** (2.89)	−0.667 (−0.41)
Con	9.662*** (19.46)	9.902*** (9.48)	11.266*** (18.67)	9.539*** (9.29)
Year	YES	YES	YES	YES
Industry	YES	YES	YES	YES
R^2	0.53	0.59	0.55	0.68
修正的 R^2	0.527	0.571	0.541	0.658
F	62.56	e（F）	54.30	e（F）

注：***、**、*分别表的显著性水平为1%、5%和10%，括号内为T值。

在对全样本进行分组后，无论是主业处于充分竞争行业样本组还是主业处于国家重要及自然垄断行业样本组，国资预算制度实施与企业价值创造均在10%以上显著性水平呈正相关关系。国有资本收益上缴比例在主业处于充分竞争的样本组中呈1%负相关关系，与模型（2）结果一致；主业处于国家重要及自然垄断行业样本组呈5%正相关关系，这与结果相悖。这可能是由于该样本组的行业基本属于资源垄断特征的行业，这类行业的上缴比例较充分竞争行业高。较高的收缴比例使得国有资本收益上缴制度的积极作用显现，这也从侧面印证了现阶段中国上缴比例低导致无法对企业价值创造产生正向作用的现状。

（4）稳健性检验

国资委在2010年就将净资产收益率替换为经济增加值作为考核中央企业负责人年度经营业绩的基本指标，《关于以经济增加值为核心加强中央企业价值管理的指导意见》（国资发综合〔2014〕8号）进一步深化了经济增加值在考评中央企业价值管理方面的地位。可见，经济增加值虽然具有计算过程复杂、误差较大的缺陷，但对于现阶段中央企业价值管理方面的研究仍具有一定的有用性。各样本经济增加值数据来源于国泰安（CSMAR）数据库。同时，由于经济增加值量级与模型中其他变量量级差距较大，因此选用国泰安（CSMAR）数据库中的EVA专题的总资产EVA率（EVA_asset）代替原衡量企业价值创造的市场价值指标托宾Q（Tobin $Q_{i,t}$），以便更稳健地得出研究结论。

考虑到样本期间跨度较长，样本数量较多，样本中可能存在不可观测的个体差异效应，根据豪斯曼检验的结果，采用固定效应模型对各模型进行稳健性检验。表7-12和表7-13为模型（1）~（4）稳健性检验回归结果。

表7-12　　　　国资预算、管理层激励与价值创造的稳健性检验（1）

变量名称	模型（1）		模型（2）	
ScmbDum	0.004*	0.430***	—	—
	(1.74)	(7.21)		
$ScmbR_{i,t}$	—	—	−0.061***	−3.354**
			(−3.24)	(−2.22)
$lnTA_{i,t}$	0.002***	−0.258***	0.001*	−0.853***
	(3.17)	(−5.81)	(1.78)	(−13.90)
$Growth_{i,t}$	0.004***	0.071***	0.003***	0.018
	(7.08)	(4.46)	(4.78)	(1.21)
$Lev_{i,t}$	−0.016***	−1.755***	−0.021***	−1.164***
	(−4.24)	(−7.92)	(−4.34)	(−4.75)
$Ceo_{i,t}$	0.001	−0.086	−0.000	−0.191*
	(0.47)	(−0.69)	(−0.21)	(−1.70)
$Rid_{i,t}$	0.002	0.244	0.004	0.043
	(0.20)	(0.43)	(0.40)	(0.07)
$Admins_{i,t}$	0.002	1.721** (2.25)	−0.031	1.208
	(0.20)		(−1.62)	(1.33)
Con	−0.042***	7.796***	−0.024*	20.439***
	(−3.86)	(8.44)	(−1.89)	(15.26)
Year	YES		YES	
Industry	YES		YES	

注：***、**、*分别表示的显著性水平为1%、5%和10%，括号内为T值。

表7–13 国资预算、管理层激励与价值创造的稳健性检验（2）

变量名称	模型（3）		模型（4）	
ScmbDum	0.044* (1.94)	4.529*** (5.59)	—	—
ScmbR$_{i,t}$	—	—	0.160 (0.59)	59.738*** (5.83)
PAY$_{i,t}$	0.009*** (8.20)	0.486*** (9.19)	0.009*** (4.37)	0.560*** (6.53)
Option$_{i,t}$	0.121*** (3.09)	0.412 (0.19)	0.116*** (3.15)	0.221 (0.09)
PAY$_{i,t}$*ScmbDum	0.001* (1.79)	0.324*** (5.65)	—	—
Option$_{i,t}$*ScmbDum	0.077* (1.87)	0.689 (0.52)	—	—
PAY$_{i,t}$*ScmbR$_{i,t}$	—	—	0.014* (1.87)	4.411*** (6.19)
Option$_{i,t}$*ScmbR$_{i,t}$	—	—	0.468 (0.88)	−11.143 (−0.94)
lnTA$_{i,t}$	0.000 (0.75)	−0.730*** (−16.63)	−0.000 (−0.54)	−0.881*** (−14.19)
Growth$_{i,t}$	0.004*** (6.85)	0.033*** (2.67)	0.003*** (4.59)	0.019 (1.29)
Lev$_{i,t}$	−0.011*** (−3.11)	−1.331*** (−7.43)	−0.015*** (−3.13)	−1.134*** (−4.58)
Ceo$_{i,t}$	0.000 (0.04)	−0.778* (−1.77)	−0.002 (−1.02)	−0.197* (−1.77)
Rid$_{i,t}$	0.004 (0.47)	−0.778* (−1.77)	0.012 (1.12)	0.049 (0.08)
Admins$_{i,t}$	−0.024* (−1.89)	0.955 (1.56)	−0.032* (−1.69)	0.644 (0.72)
Con	−0.138*** (−8.21)	11.503*** (10.51)	−0.122*** (−4.13)	13.299*** (8.00)
Year	YES		YES	
Industry	YES		YES	

注：***、**、*分别表示的显著性水平为1%、5%和10%，括号内为T值。

每个模型所在的列次中，左侧数据为采用被解释变量为 EVA_asset 各模型的结果，右侧数据为采用固定效应模型显示的回归结果。结果表明，被解释变量被替换后，国资预算制度的实施仍然在 10% 水平上与企业价值创造呈现正相关关系；国有资本收益上缴比例与企业价值创造的关系与回归分析中的模型（2）结果一致。管理层激励指标均在 1% 显著性水平上呈正相关关系。关于模型（3）和模型（4）的稳健性检验结果也基本一致，都显示研究结果稳健。采用固定效应模型进行稳健性检验，各模型结果稳健。

4）研究结论与研究启示

（1）研究结论

以国资预算制度的实施为背景，以纳入国资预算的沪深 A 股中央企业控股上市公司为样本数据，选取 2003—2016 年为样本区间，实证检验国资预算制度、管理层激励与企业价值创造三者之间的关系。经过研究，得出如下结论：国资预算制度的实施有助于中央企业提升企业价值创造能力；国有资本收益上缴比例对企业价值创造未呈现出应有的积极作用，根据回归结果两者呈现负相关关系；在对国有企业按功能进行分类后，国有资本收益上缴比例与企业价值创造之间呈现出不同的关系。另外，货币薪酬激励与管理层持股激励均可以对企业价值创造产生正向关系，但股权激励未显示出显著的正向调节作用。

（2）理论启示与政策建议

其一，依据国有企业功能界定，分类提高国有资本收益上缴比例。国有企业上缴比例虽然有所提升，但平均比例仍然较低，无法有效实现资源的合理再配置。由于中央企业行业的差异化程度较大，上缴比例的制定需依据国有企业功能界定，分类制定国有资本收益上缴比例。依据研究成果，就主业处于充分竞争行业和领域的商业类企业而言，现行的国有资本收益上缴比例无法显现其应有的正向作用，可进一步提高该类企业的国有资本收益上缴比例；就主业处于关系国家安全及国民经济命脉的重要行业和关键领域的商业类企业而言，由于需保持其国有资本的控股地位、加大国有资本投入、着力突出主业，可暂不提高上缴比例；就主业处于自然垄断行业的商业类企业而言，坚持"政企分开、政资分开"的原则，提高收益上缴比例既有助于政府强化出资者地位，又可以合理配置垄断企业内部的多余资本。此外，由于公益类企业侧重于保障和改善民生，社会责任较重，创造利润的能力较商业类企业弱，依靠自身资源难以维持企业运营，因此国资监管机构应对公益类企业给予一定的资本支持，国有资本收益上缴比例可暂不提高。

其二，完善中央企业管理层激励机制，实现其与国资预算制度的协调效应。一方面，应结合国有企业改革要点"强化激励约束，实现业绩考核与薪酬分配的协同联动"，进一步发挥中央企业管理层激励机制对企业价值创造的正向作用。依据实证结果，管理层股权激励机制对国资预算制度的正向调节作用不显著，可能是由于现阶段中央企业实施的股权激励比例较低、股权激励机制存在"一刀切"现象。因此，需依据不同类型中央企业的治理机制，加快构建分类分层的股权激励计划，实现"多轨制"中央企业管理层激励机制。另一方面，应着力完善国资预算的管控功能，增强管理层激励机制与国资预算管控机制的协调效应。重视国资预算制度与公司治理机制的深入融合，推动国资预算绩效考评与企业激励和约束制度建设直接挂钩，促使中央企业管理层将国有资本经营管理目标的达成作为其自身利益实现的重要途径，通过国有资本的有效运营和优化配置实现国有资本的保值增值，进而促进中央企业提升价值创造能力。

7.2.2 国资预算、过度负债与价值创造

以 2003—2015 年中央企业控股上市公司年度面板数据为研究样本，研究国资预算制度实施对企业价值创造的影响，并探索性研究过度负债情况下国有资本经营预算之于企业价值创造的作用。

1）理论分析与假设提出

（1）国资预算制度与企业价值创造

国家具有两种身份：一是社会的管理者，二是国有资产的所有者，同时肩负着社会福利最大化与国有资本保值增值两种职责（郭复初，1991）。国有资本是国有资产（经营性国有资产）的价值表现，具有资本的一般属性，即以资本保值增值为根本目标。在国资预算制度实施之前，国有产权主体由政府财政部门充当，侧重从保证税收的角度管理国有企业，易忽视国有企业所占用国有资本的保值增值，造成国有企业缺乏价值创造的积极性，国有企业资本运营低效问题较为严重。樊纲（2000）认为，国有企业管理问题实质上是一种产权关系问题，问题解决的关键在于找到能代表国家行使国有产权权利而非社会管理职能的产权主体（谢志华，1997）。国资预算与一般公共预算相互独立、地位相等。国资委作为国资预算的主要预算单位，依法履行国有资本出资人职责，以国有资本保值增值为主要监管目标，坚持企业管理与政府职能分离，保证国有企业经营自主权，能够有效激发国有企业价值创造的活力，提升国有资本运营效率。国资预算制度的实施不仅能够实现国有资本出资者到位，促进政企分开，更是国家财务监管的有效方法和手段。依据出资者财务理论，出资者财务是由提供资本者对其出资及资本运营状况进行的管理，资本保值由直接财务约束实现，而资本增值需通过建立一种有效的激励、约束机制对经营者进行间接约束，以降低委托代理成本，实现企业价值最大化（谢志华等，2011）。国资预算制度是对出资者财务理论的实践，

有助于国资委履行国有资本出资者的收益权、重大决策权和监督管理权，将国资预算结果作为绩效考核的重要内容，能够充分发挥预算的监督、激励作用，强化内部控制，有效约束经营者行为。同时，国资预算制度以价值预算管理为核心，通过预算收支安排，将国资预算指标落实到各责任主体，能够发挥预算的分配和统筹作用，优化国有企业内外部资源配置，提升企业经营管理水平，进而促进国有企业进行价值创造。基于以上分析，提出以下假设：

假设1：国资预算制度的实施能够促进国有企业进行价值创造。

中国现行国有资本收益上缴比例规定尚不规范，一方面，国有企业收益上缴比例按行业特征进行大类划分，难以满足不同类型国有企业的差异化需要及动态发展要求；另一方面，国有资本收益上缴比例偏低，且存在预算收支在预算单位体内循环问题，一定程度上阻碍了国有资本收益上缴对国有企业自由现金流的抑制作用（张舒，2013；朱珍、陈少晖，2013）。在国资预算制度实施之前，国有企业实施"缴税留利"政策，国有企业内部留存较多的自由现金流。根据自由现金流理论（Harford，1999；Richardson，2006），在国有企业内部存在大量自由现金流时，管理层基于个人利益最大化追求存在进行委托代理行为的动机和优势，倾向通过在职消费、帝国建造等行为损害所有者权益。国有资本收益上缴政策实施后，管理者预期可直接支配的现金流将会减少，现金流减少意味着管理者攫取个人利益的机会减少，工作积极性可能受到一定影响。同时，在现行国资预算执行监督、绩效考核等配套制度尚不健全的情况下，国有企业管理者为了维持原有个人利益水平，可能会通过提前在职消费、关联交易、负向盈余管理等逆向选择行为提前消耗或隐藏国有企业利润，会对国有企业价值创造产生负面影响。陈少晖、朱珍（2011）认为，国有资本收益上缴主要针对国有独资企业，未对国有控股或参股企业的利润分配行为做出实质性规定，国有独资企业为了留存更多收益，会将利润转移至不受预算约束的控股上市公司。所以，收益上缴比例越高，国有企业管理者进行逆向选择的动机可能越大，由此带来的委托代理问题可能越严重，对国有企业价值创造能力产生的负面影响也就越明显。基于以上分析，提出以下假设：

假设2：国资预算收益上缴比例与国有企业价值创造能力负相关。

（2）过度负债情况下，国资预算与国有企业价值创造

据统计，2015年年末，25%以上中央国有企业负债率超过70%，更有甚者超过90%①，过度负债国有企业净利润势必会遭到高杠杆的绑架，财务状况不容乐观。Fazzari等（1998）提出融资约束理论，假设存在信息不对称，银行在面对高负债企业资金需求时，由于无法充分获知企业真实情况，故不愿意提供更多资

---

① 数据来源于国泰安数据库并经手工计算得出。

金支持，往往采取更为苛刻的贷款条件来增加借款的难度，债务融资成本也随之加大。如前文分析，国资预算制度实施后，能够促进政企分开，降低银行对"政府隐性担保"的预期，迫使国有企业在使用债务资本时权、责、利的统一，从而硬化企业融资约束。在国有企业过度负债的情况下，融资约束硬化无疑会加大企业融资难度及融资成本，增加现金短缺风险，严重时可能导致企业无法顺利经营。从出资者财务角度考虑，过度负债会造成国有企业巨大的财务压力，企业财务监管难度加大，一般的预算管控可能失效。一般情况下，负债水平高的企业利息负担较重，净获利能力也相对较低，产生财务危机的可能性更高（Aghion & Bolton，1992）。国有企业过度负债时，企业管理者为了维护自身地位容易做出极端行为，可能决策过于谨慎导致投资不足，或者因急于摆脱困境而挑战高风险投资项目，国资预算制度对国有企业管理者的监督、激励等正面作用可能难以实现，要实现预期的预算制度效果将会受到阻碍。此外，国有企业管理者在过度负债时可能采取的两种极端行为，都可能会为国有企业带来巨大的经济损失，加大企业财务风险，甚至造成财务危机，严重损害国有企业价值创造能力。最后，在国有资本经营收益上缴方面，过度负债国有企业利息负担原本就重，国有企业上缴一部分现金红利后，企业可直接利用的现金流进一步减少，外部融资需求被迫加大，融资约束作用会更明显。国有企业过度负债越严重，融资约束加重企业财务风险的作用越强，导致国有企业错过更多净现值为正的投资机会的几率越高，即国有资本收益上缴对国有企业价值创造能力的抑制作用更明显。

基于以上分析，提出以下假设：

假设3：在过度负债情况下，国资预算制度对国有企业价值创造的促进作用难以实现。

假设4：过度负债水平越高，国资预算收益上缴比例对国有企业价值创造能力的抑制作用越明显。

综上所述，国资预算制度之于企业价值创造的作用框架如图7-2所示。

2）研究设计

（1）样本选取与数据来源

数据来源于国泰安（CSMAR）数据库和万德（WIND）数据库，选取中国沪深两市中央企业[①]控股的所有 A 股上市公司在2003—2015年的数据作为研究样本，[②]同时剔除金融类、保险类上市公司，剔除上市不足一年的公司，剔除ST和相关数据缺失的样本，最终取得2 869个样本。运用实际资产负债率扣减目标资

[①] 国资委等中央预算单位所负责监管的中央企业。
[②] 2003年国务院成立国资委，同年党的十六届三中全会明确提出建立国资预算制度，结合2003年之前数据值缺失较多对实证结果可能产生影响，故选取2003—2016年为样本选取期间。

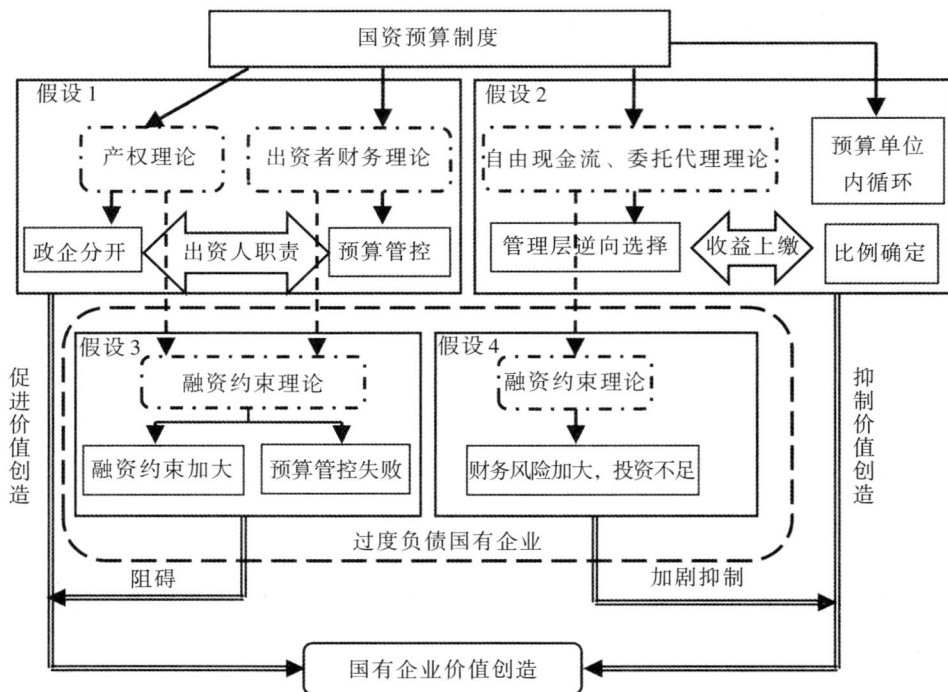

图 7-2　国资预算、过度负债与价值创造的分析框架

产负债率来测算过度负债，由于样本滞后一期，共得到 1 266 个过度负债样本。为排除极端值的影响，运用 Stata12.0 对变量极端值进行了剔除。

（2）变量说明

①企业价值创造能力的衡量

价值创造是指企业生产商品、满足客户需要的一系列业务活动及其成本结构，要求公司的净资产回报高于投入资本的费用，最终不断提升企业的市场价值。利润总额作为衡量企业价值创造的绝对数指标简单易得，但是评价过于片面且易受到盈余操控的影响；经济增加值指标虽然能够更好地反映企业价值创造能力，但是调整项目存在诸多问题，非财务指标的界定和量化存在主观性。市场价值指标托宾 Q 可以克服盈利能力指标易受到多种因素影响的风险，在企业中应用较为广泛。一般托宾 Q 值越高，企业越会加强合理投资，企业的价值创造能力越强。

②过度负债的衡量

Caskey 等（2012）、陆正飞等（2015）认为企业是否过度负债应该考虑企业实际负债率与目标负债率的偏离情况，从长期及动态角度考虑了是否过度负债，综合考虑了企业当前财务状况与未来发展需要。因此，根据 Denis & Mckeon

（2012）、陆正飞等（2015）等的方法，设计模型（1）测算企业的目标负债率，然后采用实际负债率减去回归得到的目标负债率，计算值为正时表示过度负债，差额为过度负债水平（OverDr）。

$$Iev_{i,t+1} = \alpha_0 + \alpha_1 Size_{i,t} + \alpha_2 Growth_{i,t} + \alpha_3 Fata_{i,t} + \alpha_4 Top_{i,t} + \alpha_5 Croa_{i,t} + \alpha_6 Indlev_{i,t} + Industry + Year + \varepsilon$$

（1）

其中，Lev表示目标资产负债率；Size表示企业规模，用期末公司总资产的自然对数衡量；Growth表示总资产增长率，等于（期末总资产—期初总资产）/期末总资产；Fata表示固定资产占比，等于期末固定资产/期末总资产；Top表示第一大股东持股比例；Croa表示企业盈利能力，等于核心资产收益率；Indlev表示行业资产负债率，等于行业资产负债率的平均值；Industry表示行业虚拟变量；Year表示年度虚拟变量。

③国资预算

$ScmbDum_{i,t}$为哑变量，表示是否实施国资预算制度，已实施的年份赋值为1，否则为0；国资预算制度自2007年首先在中央一级企业试行，故除了某些新纳入实施范围的企业外，一般2007年以前赋值为0，2007年及以后将其赋值为1，新纳入企业按实际实施年份赋值1或0。

④收益上缴比例

$ScmbR_{i,t}$为国有资本收益上缴比例，根据各上市公司最终母公司集团的性质及各行业规定的收益上缴比例经Excel手工确定。

⑤控制变量

基于以往研究，选择控制以下变量对回归结果的影响：

企业规模（Size），用公司总资产的自然对数衡量；治理层独立性（Occupy），等于独立董事比例；企业发展能力（Growth），等于营业收入增长率；资本结构（Lev），等于资产负债率；领导权结构（Ceo），董事长兼任总经理为1，不兼任为0；股权集中度（Top），等于第一大股东持股比例；企业盈利能力（Croa），等于营业利润/总资产。

（3）模型设定

基于以上分析，设计主回归模型（2）和（3）研究国资预算实施对国有企业价值创造能力的影响，并采用回归分析对假设1、2进行验证。

假设1的模型：

$$Q_{i,t} = \alpha_0 + \alpha_1 ScmbDum_{i,t} + \alpha_2 Size_{i,t} + \alpha_3 Occupy_{i,t} + \alpha_4 Growth_{i,t} + \alpha_5 Lev_{i,t} + \alpha_6 Ceo_{i,t} + \alpha_7 Top_{i,t} + \alpha_8 Croa_{i,t} + \alpha_9 Year + \alpha_{10} Industry + \varepsilon$$

（2）

假设2的模型：

$$Q_{i,t} = \alpha_0 + \alpha_1 ScmbRit + \alpha_2 Size_{i,t} + \alpha_3 Occupy_{i,t} + \alpha_4 Growth_{i,t} + \alpha_5 Lev_{i,t} + \alpha_6 Ceo_{i,t} + \alpha_7 Top_{i,t} + \alpha_8 Croa_{i,t} + \alpha_9 Year + \alpha_{10} Industry + \varepsilon$$

（3）

通过模型（1）筛选出过度负债国有企业后，设计模型（4）和（5）研究过度负债情况下国资预算制度实施对国有企业价值创造能力的影响，并采用回归分析对假设3、4进行验证。

假设3的模型：

$$Q_{i,t}=\alpha_0+\alpha_1ScmbDum_{i,t}+\alpha_2OverDr_{i,t}+\alpha_3Size_{i,t}+\alpha_4Occupy_{i,t}+\alpha_5Growth_{i,t}+\alpha_6Ceo_{i,t}+\alpha_7Top_{i,t}+$$
$$\alpha_8Croa_{i,t}+\alpha_9Year+\alpha_{10}Industry+\varepsilon \qquad (4)$$

假设4的模型：

$$Q_{i,t}=\alpha_0+\alpha_1Scmbrit\times OverDr_{i,t}+\alpha_2Size_{i,t}+\alpha_3Occupy_{i,t}+\alpha_4Growth_{i,t}+\alpha_5Ceo_{i,t}+\alpha_6Top_{i,t}+\alpha_7Croa_{i,t}+$$
$$\alpha_8Year+\alpha_9Industry+\varepsilon \qquad (5)$$

3）实证结果及分析

（1）描述性统计

表7-14报告了模型（2）和（3）各个变量的描述性统计结果。在模型（2）中，统计数据为2003—2015年间的数据，企业价值创造能力（Q）平均值为1.733，最大值、平均值以及标准差均大于1.00，表明纳入国资预算的中央企业普遍价值创造能力较高，但是差距较大。企业规模（Size）的平均值为22.382，说明纳入国资预算的企业规模普遍大。从企业发展能力（Growth）和企业盈利能力（Croa）来看，平均值分别为0.195和0.040，方差较小，说明企业营业收入不断增长，盈利能力呈现缓幅度增长趋势。在公司治理角度，独立董事比例（Occupy）平均值为0.362，领导权结构（Ceo）平均值为0.071，意味着大部分中央企业遵循《中华人民共和国公司法》的规定，独立董事比例不低于董事会人数的1/3，而且董事长兼职总经理的现象并不严重。第一大股东持股比例（Top）平均值为40.893%，股权较为集中，普遍存在"一股独大"现象。资本结构（Lev）平均值为0.506，最大值为0.924，普遍偏高。在模型（3）中，由于实施国资预算之前，不存在收益上缴问题，故只考虑2007年实施了国资预算之后的样本。可以看出，模型（2）描述性统计结果与模型（3）基本相符，且各指标平均值普遍稍高于模型（2）中平均值，符合国资预算制度实施对国有企业的价值创造能力有促进作用的假设。

表7-14　　　　　　国资预算、过度负债与价值创造的描述性统计

变量	模型（2）				模型（3）			
	最大值	最小值	平均值	标准差	最大值	最小值	平均值	标准差
Q	7.989	0.149	1.733	1.515	8.813	0.147	1.919	1.697
Scmbdum	1.000	0.000	0.819	0.385				
Scmbrit					0.200	0.000	0.086	0.050
Size	27.040	19.816	22.382	1.566	27.166	19.898	22.613	1.619
Occupy	0.571	0.273	0.362	0.053	0.625	0.300	0.367	0.058

续表

变量	模型（2）				模型（3）			
	最大值	最小值	平均值	标准差	最大值	最小值	平均值	标准差
Growth	2.482	0.445	0.195	0.385	2.859	0.431	0.191	0.427
Lev	0.924	0.074	0.506	0.202	0.894	0.081	0.512	0.203
Ceo	1.000	0.000	0.071	0.257	1.000	0.000	0.070	0.255
Top	73.970	20.000	40.893	15.323	73.860	20.000	42.472	13.779
Croa	0.203	0.144	0.040	0.056	0.202	0.128	0.040	0.056

相较于模型（2）和（3），模型（4）和（5）统计数据中企业价值（Q）、独立董事比例（Occupy）、盈利能力（Croa）普遍偏低一些，侧面说明过度负债的国有企业与全样本国有企业相比价值创造能力较差，企业盈利能力偏低，公司治理作用的发挥也受到一定的限制。在模型（4）中，过度负债水平（Overdr）的平均值为0.149，与已有研究成果相符，国有企业过度负债情况不容乐观。

（2）回归分析

通过相关性分析，各模型变量之间的相关系数均不超过0.500，不存在显著的共线性问题，解释变量满足古典假定，故采用OLS回归，并在实证回归时作Robust稳健性标准误的处理，具体见表7-15。

表7-15　　　　　　　　　国资预算、过度负债与价值创造的回归结果

变量（Q）	模型（2）	模型（3）	模型（4）			模型（5）
				高过度负债	低过度负债	
Scmbdum	0.544*** (0.000)		0.270 (0.365)	−0.401*** (0.002)	0.552** (0.042)	
Scmbrit		−2.854** (0.015)				
Scmbrit×OverDr						−9.426*** (0.001)
Overdr			−0.669** (0.015)	−0.614 (0.217)	−1.818* (0.055)	
Lev	−0.972*** (0.000)	−1.934*** (0.000)				
Size	−0.399*** (0.000)	−0.415*** (0.000)	−0.407*** (0.000)	−0.411*** (0.000)	−0.381*** (0.000)	−0.403*** (0.000)
Occupy	0.076 (0.861)	−0.012 (0.981)	0.905* (0.091)	0.777 (0.302)	0.753 (0.286)	0.546 (0.330)

变量（Q）	模型（2）	模型（3）	模型（4）			模型（5）
				高过度负债	低过度负债	
Growth	0.083 （0.277）	0.019 （0.811）	−0.019 （0.799）	−0.131 （0.272）	0.054 （0.590）	−0.091 （0.195）
Ceo	0.064 （0.493）	−0.094 （0.363）	0.153 （0.159）	−0.14 （0.148）	0.289* （0.066）	0.108 （0.346）
Top	−0.003* （0.081）	−0.002 （0.351）	0.001 （0.515）	0.002 （0.596）	0.003 （0.302）	0.003 （0.246）
Croa	4.500*** （0.000）	5.256*** （0.000）	3.230*** （0.000）	2.997*** （0.001）	3.173*** （0.001）	2.973*** （0.000）
Constant	10.748*** （0.000）	12.968*** （0.000）	10.269*** （0.000）	9.347*** （0.000）	7.819*** （0.000）	12.633*** （0.000）
Observations	2 869	2 141	1 261	634	627	1 017
R-squared	0.434	0.478	0.469	0.483	0.514	0.472
r2_a	0.424	0.466	0.447	0.441	0.473	0.447
F	30.300	34.900	15.970	e（F）	10.330	14.760

注：***、**、*分别表示在1%、5%和10%的水平显著（双尾），括号内是P值。

从回归结果来看，是否实施国资预算（Scmbdum）在1%的水平下显著正相关，与假设1相符，说明国资预算制度的实施能够通过实现初始委托人到位和预算管控机制，促进国有企业进行价值创造。收益上缴比例（Scmbrit）在5%的水平下显著负相关，与假设2相符，表明现行国有资本收益上缴比例尚不能适应国有企业经营的动态变化，国有资本收益上缴引起的国有企业管理者"逆向选择"行为不容忽视。资本结构（Lev）在1%的水平下显著负相关，由于政府隐性担保，中央企业资产负债率普遍高于50%，资本利用的有效性不高，过多的债务会加剧财务风险并损害企业价值创造能力。企业发展能力（Growth）与企业价值创造能力（Q）正相关，说明成长较快的中央企业在公司治理、产品生产等方面存在一定优势，企业价值创造能力也较强，但可能由于样本数据较少导致相关性并不显著。此外，公司治理因素中的独立董事比例（Occupy）、管理层结构（Ceo）、第一大股东持股比例（Top）与中央企业价值创造的关系不稳定且不显著，说明目前中央企业公司治理水平尚待提高，公司治理要素未能对企业价值创造能力发挥应有的积极作用。

在过度负债的情况下，是否实施国资预算（Scmbdum）与企业价值创造能力（Q）正相关但是不显著，为进一步检验假设3，对模型（4）的实证结果进行分组检验，本部分以过度负债水平的中位数0.130为分割点，将样本分为高过度负债组和低过度负债组，以检验过度负债是否会阻碍国资预算制度对国有企业价值创造的促进作用。在高过度负债组中，是否实施国资预算（Scmbdum）在1%的水平下显著负相关，而在低过度负债组中，是否实施国资预算（Scmbdum）在5%的水平下显著正相关，说明过度负债能够抑制国资预算制度对国有企业价值创造的促进作用，而且过度负债水平越高，抑制作用越明显，与假设3相符。此外，相比低过度负债组，高过度负债组的企业规模（Size）对国有企业价值创造有负面影响的变量系数的绝对值更大一些，有的变量系数甚至从正数变为负数，侧面表明过度负债很可能对其他变量作用的发挥产生消极影响。在模型（5）中，过度负债与国有企业收益上缴比例的交乘项（Scmbrit×OverDr）在1%的水平下负相关，表明过度负债水平越高，国有资本收益上缴比例对国有企业价值创造能力的抑制作用越明显，结果与假设4相符。

（3）稳健性检验

为了验证模型（2）和（3）回归结果的稳健性，分别采用了两种方法。

方法一，2014年1月国资委发布《关于以经济增加值为核心加强中央企业价值管理的指导意见》（国资发综合〔2014〕8号），要求国有企业以经济增加值绩效考核为切入点，不断完善企业价值管理体系。因此，采用经济增加值（EVA）[①]作为托宾Q的替代变量，对模型（2）和（3）回归结果的稳健性进行检验。稳健性检验结果见表7-16，是否实施国资预算（Scmbdum）在1%的水平下显著正相关，收益上缴比例（Scmbrit）在10%的水平下显著负相关，与前文回归结果基本一致。

方法二，在模型（2）和（3）中，国资预算与国有企业价值创造之间的关系未考虑行业间竞争的影响，所以采用分组的方法对模型（2）和（3）回归结果的稳健性进行检验，根据行业的竞争水平分为高竞争组（一般竞争性行业企业）与低竞争组（垄断行业以及竞争性较低的行业企业），分别进行回归分析，以排除行业竞争的影响。稳健性检验结果见表7-16，是否实施国资预算（Scmbdum）与企业价值（Q）在不同行业竞争水平下均显著正相关，收益上缴比例（Scmbrit）在低竞争组中为5%的水平下负相关，在高竞争组中负相关。可见，分组检验的结果与前文回归结果基本一致。

---

① 经济增加值=税后净营业利润−资本成本=税后净营业利润−调整后资本×平均资本成本率。

表7-16　　　　　　　国资预算、过度负债与价值创造的稳健性检验（1）

变量	方法一 （EVA）	方法二		方法一 （EVA）	方法二	
		高竞争组	低竞争组		高竞争组	低竞争组
Scmbdum	0.012***	0.443**	0.774***			
	(0.002)	(0.049)	(0.000)			
Scmbrit				−0.062*	−1.289	−3.083**
				(0.070)	(0.701)	(0.019)
Size	0.001	−0.360***	−0.435***	0.001	−0.362***	−0.455***
	(0.109)	(0.000)	(0.000)	(0.122)	(0.000)	(0.000)
Occupy	−0.024	−0.115	−0.371	−0.031	−0.297	−0.129
	(0.165)	(0.818)	(0.630)	(0.131)	(0.632)	(0.886)
Growth	0.004**	0.194**	−0.106	0.002	0.139	−0.169
	(0.045)	(0.048)	(0.303)	(0.431)	(0.163)	(0.121)
Lev	0.054***	−1.720***	−1.612***	0.050***	−1.822***	−1.573***
	(0.000)	(0.000)	(0.000)	(0.000)	(0.000)	(0.000)
Ceo	0.003	0.043	−0.016	0.001	−0.124	−0.093
	(0.161)	(0.686)	(0.905)	(0.772)	(0.287)	(0.565)
Top	0.0001**	−0.003	−0.000	0.000	−0.005	0.000
	(0.013)	(0.186)	(0.889)	(0.243)	(0.157)	(0.950)
Croa	1.232***	3.688***	6.026***	1.195***	3.619***	6.127***
	(0.000)	(0.000)	(0.000)	(0.000)	(0.000)	(0.000)
Constant	−0.103***	9.816***	11.510***	−0.087***	12.470***	13.917***
	(0.000)	(0.000)	(0.000)	(0.000)	(0.000)	(0.000)
Observations	2 868	1 593	1 276	2 151	1 232	
R-squared	0.773	0.486	0.525	0.753	0.470	920
R^2_a	0.769	0.485	0.508	0.748	0.451	0.525
F	109.500	22.680	e（F）	83.980	21.750	0.502

注：***、**、*分别表示在1%、5%和10%的水平显著（双尾），括号内是P值。

模型（4）和（5）选用了市场价值指标托宾Q作为企业价值创造能力的衡量指标，由于样本时间跨度长，托宾Q可能受股价影响较大，在2007年和2014年股价较高的情况下，难以排除股价对托宾Q的影响。因此，本部分采用资本保值增值率（ROVMA）[①]作为托宾Q的替代变量，对模型（4）和（5）回归结果的稳健性进行检验。稳健性检验结果见表7-17，在高过度负债组中，是否实施国资预算（Scmbdum）负相关但是不显著，原因可能是样本数据较少，而在低过度负

———————————
① 资本保值增值率=（期末资本÷上期期末资本）×100%。

债组中，是否实施国资预算（Scmbdum）在 5% 的水平下显著正相关，过度负债与国有企业收益上缴比例的交乘项（Scmbrit×OverDr）在 5% 的水平下负相关，与前文回归结果基本一致。

表 7-17　　　　　　　　国资预算、过度负债与价值创造的稳健性检验（2）

变量	模型（4）			模型（5）
		高过度负债组	低过度负债组	
Scmbdum	0.039	−0.104	0.083**	
	(0.280)	(0.128)	(0.042)	
Scmbrit×OverDr				−1.159*
				(0.063)
OverDr	−0.062	−0.058*	−0.124**	
	(0.388)	(0.096)	(0.042)	
Size	0.008	0.008	0.010	0.004
	(0.191)	(0.384)	(0.246)	(0.589)
Occupy	−0.177	−0.164	−0.245	−0.136
	(0.251)	(0.495)	(0.210)	(0.425)
Growth	0.456***	0.523***	0.419***	0.568***
	(0.000)	(0.000)	(0.000)	(0.000)
Ceo	0.047*	0.048	0.054*	0.031
	(0.052)	(0.172)	(0.093)	(0.319)
Top	0.000	0.001	−0.000	0.000
	(0.787)	(0.340)	(0.886)	(0.924)
Croa	0.745***	0.568**	0.856***	0.386**
	(0.000)	(0.011)	(0.000)	(0.040)
Constant	1.146***	0.628**	0.942***	0.641**
	(0.000)	(0.011)	(0.000)	(0.016)
Observations	1 261	532	729	1 017
R-squared	0.377	0.407	0.383	0.416
R^2_a	0.351	0.348	0.338	0.389
F	6.740	e（F）	4.228	7.069

注：***、**、*分别表示在 1%、5% 和 10% 的水平显著（双尾），括号内是 P 值。

4）研究结论与政策建议

通过构建企业价值创造视角下的国有资本经营预算制度的作用分析框架，基于 2003—2015 年中央企业控股上市公司年度面板数据，研究发现：国资预算制度的实施能够促进国有企业进行价值创造，但在过度负债情况下，国资预算制度对企业价值创造的促进作用难以实现。国资预算收益上缴比例与企业价值创造能力负相关，过度负债水平越高，国资预算收益上缴比例对国有企业价值创造能力的抑制作用越明显。目前国资预算收益上缴比例未能对企业的价值创造产生正面影响，有其现实依据，国有资本收益上缴比例偏低且规定过于宽泛，难以适应各个企业在经营上的动态变化，在现行国资预算执行监督、绩效考核等配套制度尚不十分健全的情况下，国有企业管理者的"逆向选择行为"会损害国有企业的价值创造能力。此外，通过借鉴陆正飞等（2015）的计量方法，发现近45%的中央企业实际负债率高于目标负债率而存在过度负债现象。过度负债不但会直接降低国有企业的价值创造能力，还会通过融资约束影响有关企业价值创造的其他因素，抑制正面作用，助长负面作用，阻碍国资预算制度的作用效果的发挥。

基于研究结论，结合全面深化改革的制度背景与现实要求：

①国资预算制度应充分考虑国有企业类型与行业竞争因素，合理安排收益上缴比例与预算支出方向，着力解决国有企业过度负债与低效资本运营问题。具体而言，对于主业处于充分竞争行业和领域的商业类国有企业，竞争压力较大，可暂时保持现有的国有资本收益上缴比例。针对该类国有企业的过度负债问题，债务重组是最有效的解决方法之一，可推进兼并重组，淘汰过剩产能。对于主业处于自然垄断行业的商业类国有企业，收益上缴比例可提高，国有企业应关注到政府隐性担保弱化之后负债风险的突出，选择多元化融资渠道，并强化资本经营责任，提高资本运营效率。对于主业处于关系国家安全、国民经济命脉的重要行业和关键领域的商业类国有企业，国资预算应侧重优化国有资本进退机制，实现重要行业和关键领域的国有资本到位，该类国有企业过度负债问题的解决也应该得到预算资金的重点支持；公益类国有企业侧重于保障和改善民生，社会责任较重，国资监管机构应将企业价值创造与产品质量相结合作为预算考核重点。由于该类国企依靠自身经营难以消化巨额的不良资产，国有资本收益上缴比例可暂不提高。国资预算支出应为该类国有企业债务重组提供有效的资金支持，必要时可由政府分担部分债务压力，以保证该类国有企业社会职能的充分发挥。

②实证结果表明国有资本收益上缴所引起的管理者"逆向选择"行为会对国有企业价值创造产生抑制作用，且在国有企业过度负债情况下这种抑制作用更明显，国有企业的公司治理机制也并未起到应有的治理作用。针对此类问题，一方面，可通过强化预算管控机制进一步优化国有企业公司治理，有针对性地健全国有企业预算执行监督、绩效考核等相关规定，硬性压缩国有企业管理者逆向选择的可操作性，同时赋予管理者充分激励与保障，避免过度负债时极端行为的发生。另一方面，可加快推进组建国有资本投资运营公司，将国有企业集团的国资预算目标分解细化到各子公司，形成预算目标的动态网络，各子公司在实现自身

预算目标时协同配合又相互牵制，有效降低预算目标实现的偏离度，提高预算执行的效率、效果。对于集团内部过度负债的国有企业，应重视发挥企业间的协同效应，通过预算合理安排集团内企业融资，推进资本有效流动，必要时可进行集团内部债务重组，以提升集团内部资本配置效率，促进国有企业集团整体价值创造能力的提升。

7.3 国资预算与企业绩效

在全面深化改革的背景下，国有企业的经营绩效一直是理论和实务界的研究焦点。以沪深 A 股中央企业控股上市公司数据为样本，采用固定效应模型，研究国资预算实施对国有企业经营绩效的影响。

1）理论分析与研究假设

（1）国资预算实施与国有企业经营绩效

根据产权理论、委托代理理论，在国有企业改革后，政企分开成为必然趋势。此时，政府的政治职能和经济职能逐渐分离，国有企业的所有权和经营权分离，委托代理关系由此产生，而随之产生的代理成本影响着国有企业的经营效果。在 2007 年中国实行国资预算制度以前，国有企业不上缴利润，国家作为国有资产出资人的权利难以保障（廖添土，2015），难以有效行使国有资本的监督职能。

2007 年国资预算实施至今，理论界对国资预算的实施效果已作了一些探索性研究，认为国资预算有助于国家加强对国有资本的监督（杜宁、王桂媛，2009），实施国资预算能够降低企业代理成本，增加收益分配的公平性（龚小凤，2015）。由此可知，国资预算制度作为国家对其法定所有权行使的一种手段，同时也是对国有资本监督管理的重要手段，有利于国家以国有企业所有者身份约束与激励国有企业经营者的行为并以国资预算为标准评价国有企业经营者的业绩，使得国有企业的内部经营者与外部所有者之间的利益冲突得到有效缓解，从而有助于公司经营绩效的提高。基于上述分析，提出假设 1。

假设 1：国资预算的实施有助于国有企业经营绩效的提高。

（2）国资预算的收益收取比例与国有企业经营绩效

现阶段，中国很多上市公司都存在投资过度行为（唐雪松等，2007；张纯、吕伟，2009；刘凤委、李琦，2013）。陈艳利、迟怡君（2015）指出中国工业类中央企业控股上市公司普遍存在过度投资行为。焦健等（2014）利用 2009—2012 年的 306 家国有控股上市公司的数据，实证研究了国企的过度投资水平与企业经营绩效呈负相关关系。由此可大体判断，中国国有企业的过度投资问题抑制了经营绩效的提高。

Jensen（1986）提出的自由现金流理论证明了减少公司自由支配现金是抑制企业过度投资的有效手段。Richardson（2006）认为管理者所能控制的现金流量越少就越不容易采取不利于股东利益的行为。降低管理者内部的现金流量能够控制管理者对资源的利用和控制程度，通过增加股利分配可以减少内部可控制现金流（Easterbrook，1984；Jensen，1986）。在国内，魏明海、柳建华（2007）、张建华、王君彩（2011）研究了国有上市公司的过度投资水平，论证了现金股利政策是企业过度投资的有效约束机制。国有资本收益上缴制度视同企业股利分配政策，中国从2010年起多次提高国有资本收益收取比例，使得国有企业内部资金减少，有助于抑制国企过度投资行为（王佳杰等，2014），从而有助于国有企业经营绩效的提高。同时，国有企业内部现金流减少，也可以促使企业通过融资引入外部资本，从而加强对国有企业的外部监督，进而减轻委托代理问题（陈艳利，2008），提高国有企业经营绩效。

国有资本收益收取政策实施以来，国有资本收益收取比例不断提高，国资预算收入呈现上涨趋势。国资预算收入增加的同时，可以安排的国资预算支出也随之增加。2014年出台的《关于完善政府预算体系有关问题的通知》中规定"国资预算支出范围除调入一般公共预算和补充社保基金外，限定用于解决国有企业历史遗留问题及相关改革成本支出、对国有企业的资本金注入及国有企业政策性补贴等方面"，并且中国也对一些重点预算支出项目的资金管理做了明确规定，如重点产业转型升级与发展资金①等。在实践中，国有资本收益也主要用于国企的再投资。国有企业的再投资是国家对于国有资本再配置的一种手段，有助于国有企业解决历史遗留问题，有助于国有企业内部产业结构调整、产业创新及产业重组，减轻国有企业产能过剩问题，实现国有企业的高效运转，进而提高国有企业经营绩效。基于上述分析，提出假设2。

假设2：现行制度下国有资本收益收取比例的提高对国有企业经营绩效有促进作用。

2）研究设计

（1）变量定义与实证模型

为了验证假设1和假设2，分别构建如下模型：

$$\text{Tobin}'Q_{i,t}=\alpha_0+\alpha_1\text{ScmDum}+\alpha_2\text{Size}_{i,t}+\alpha_3\text{Growth}_{i,t}+\alpha_4\text{Share}_{i,t}+\alpha_5\text{Rid}_{i,t}+$$
$$\alpha_6\text{Ceo}_{i,t}+\alpha_7\text{ME}_{i,t}+\alpha_8\text{CS}_{i,t}+\alpha_9\text{Admins}_{i,t}+\sum\text{YrDummy}+$$
$$\sum\text{IndDummy}+\mu_{i,t} \tag{1}$$

---

① 摘自《中央国有资本经营预算重点产业转型升级与发展资金管理办法》（财企〔2013〕389号）的通知。

$$\text{Tobin}\acute{}Q_{i,t}=\alpha_0+\alpha_1\text{ScmbR}_{i,t}+\alpha_2\text{Size}_{i,t}+\alpha_3\text{Growth}_{i,t}+\alpha_4\text{Share}_{i,t}+\alpha_5\text{Rid}_{i,t}+$$

$$\alpha_6\text{Ceo}_{i,t}+\alpha_7\text{ME}_{i,t}+\alpha_8\text{CS}_{i,t}+\alpha_9\text{Admins}_{i,t}+\sum\text{YrDummy}+$$

$$\sum\text{IndDummy}+\mu_{i,t} \tag{2}$$

模型（1）、模型（2）的联系与区别如图7-3所示。

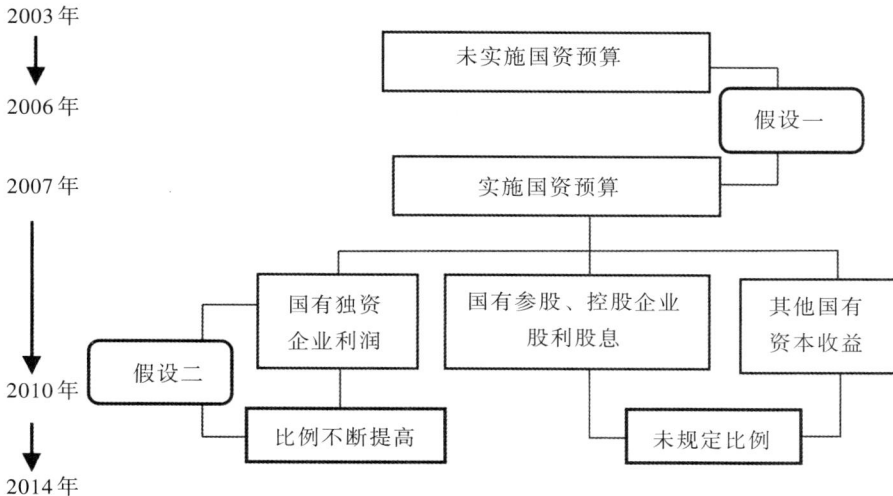

图 7-3 国资预算与企业绩效逻辑关系图

①被解释变量

公司经营绩效的衡量，实证研究中使用的测度指标通常为：会计指标和市场指标，两种测度指标各有特点。其中，会计指标有净利润（Profit）、净资产收益率（ROE）、总资产收益率（ROA）、经济增加值（EVA）等。托宾Q值作为市场指标，国外研究经常采用托宾Q值来衡量经营业绩。国内也大量采用托宾Q值来衡量公司绩效（徐莉萍等，2006；徐炜、胡道勇，2006）。因此，采用托宾Q值作为评价企业绩效的指标具有一定的适用性。就研究主题而言，采用托宾Q值测度国有企业经营绩效可以较好地体现国有资本价值创造。

②解释变量

模型（1）中，以国资预算开始实施的时间作为节点，解释变量ScmbDum表示国有企业是否实施国资预算的虚拟变量：若实施该项预算，记为1；否则记为0。模型（2）中，根据相关规定，选取国有资本收益收取比例作为解释变量（ScmbR$_{i,t}$），以检验从2007年起实施国资预算后，国有资本收益收取的经济效果。

被解释变量、解释变量以及控制变量等变量定义见表7-18。

表 7-18　　　　　　　　　国资预算与企业绩效的变量定义表

变量	名称	符号	定义
被解释变量	经营绩效	Tobin′$Q_{i,t}$	i公司在t年的Tobin′Q值
解释变量	是否实施国资预算制度	ScmbDum	实施国资预算制度为1，否则为0
	收益收取比例	$ScmbR_{i,t}$	i公司在t年度按规定上缴国有资本收益的比例
控制变量	公司规模	$Size_{i,t}$	t年度i公司总资产的自然对数
	公司成长能力	$Growth_{i,t}$	t年度i公司净利润增长率
	国有股东控制程度	$Share_{i,t}$	t年度i公司国有股股数/总股本
	独立董事比例	$Rid_{i,t}$	t年末独立董事人数占董事总数比例
	管理领导权结构	$CEO_{i,t}$	董事长兼任总经理为1；否则为0
	资产管理水平	$ME_{i,t}$	t年度i公司营业收入/平均总资产
	资本结构	$CS_{i,t}$	t年度i公司负债总额/资产总额
	管理费用率	$Admins_{i,t}$	t年度i公司管理费用占营业收入比例
	年度变量	Year	当处于该年度时为1，否则为0
	行业变量	Ind	当处于该行业时为1，否则为0

（2）样本选择与数据来源

对于模型（1），选取2003—2014年沪深A股中央企业控股上市公司①作为研究对象，并剔除了数据缺失、ST类公司。以Wind数据库中上市公司实际控制人性质作为判断依据，共得到有效样本2 791个，其中，2003—2006年合计768个，2007—2014年合计2 023个。对于模型（2），选取2007—2014年实施国资预算的中央企业控股上市公司作为研究对象，按上述相同方法对样本进行筛选，共选取有效样本2 023个。

数据主要来自上市公司年度报告、国泰安（CSMAR）数据库。其中，国有资本收益收取比例根据各上市公司最终母公司集团的性质②来确定。数据处理和统计分析使用Stata12统计软件。另外，对除虚拟变量及衡量国有资本收益收取比例的变量$ScmbR_{i,t}$以外的变量均在1%和99%分位上进行Winsorize处理。

---

① 纳入样本的央企控股上市公司的母公司均为纳入国资预算中的国有独资企业。
② 国有独资企业以合并报表为基础上缴国有资本收益，所选样本为央企控股公司，纳入合并报表范围，国有资本上缴比例对上市公司有一定的约束作用。

3）实证结果与分析

（1）描述性统计

表 7-19 国资预算与企业绩效的描述性统计

组别	变量	样本数	最小值	最大值	平均值	标准差
2003—2006年	$Tobin'Q_{i,t}$	768	0.200	4.385	1.195	0.790
	$ScmbDum$	768	0	0	0	0
	$Size_{i,t}$	768	19.688	25.683	21.619	1.184
	$Growth_{i,t}$	768	−22.914	7.609	−0.350	3.461
	$Share_{i,t}$	768	0	0.774	0.461	0.218
	$Rid_{i,t}$	768	0.167	0.455	0.338	0.043
	$CEO_{i,t}$	768	0	1	0.036	0.187
	$ME_{i,t}$	768	0.050	2.805	0.688	0.498
	$CS_{i,t}$	768	0.894	0.068	0.473	0.189
	$Admins_{i,t}$	768	0.001	0.421	0.087	0.071
2007—2014年	$Tobin'Q_{i,t}$	2 023	0.134	7.730	1.700	1.475
	$ScmbDum$	2 023	1	1	1	0
	$ScmbR_{i,t}$	2 023	0	0.250	0.081	0.048
	$Size_{i,t}$	2 023	19.816	27.166	22.558	1.633
	$Growth_{i,t}$	2 023	−28.865	10.597	−0.541	4.369
	$Share_{i,t}$	2 023	0	0.739	0.205	0.232
	$Rid_{i,t}$	2 023	0	0.600	0.362	0.072
	$CEO_{i,t}$	2 023	0	1	0.071	0.257
	$ME_{i,t}$	2 023	0.006	3.003	0.721	0.532
	$CS_{i,t}$	2 023	0.077	0.964	0.523	0.210
	$Admins_{i,t}$	2 023	0	0.320	0.073	0.053

国有企业经营绩效Tobin'Q。2003—2006年，未实施国资预算时，纳入样本的国有企业Tobin'Q的平均值为1.195；2007—2014年实施国资预算之后，国有企业Tobin'Q的平均值为1.700。通过对比可以看出，在2007年后，由于国资预算制度及其他相关改革的影响，国有企业的经营绩效有所改善。

公司规模Size。2003—2006年未实施国资预算时，总资产自然对数的平均值为 21.619；2007—2014 年国资预算实施后，总资产自然对数的平均值为 22.558。可见，自 2007 年实施国资预算以来，公司规模的平均值高于 2007 年以前未实施国资预算的平均值，表明多数国有企业处在规模扩张阶段。

公司成长性 Growth。2003—2006 年未实施国资预算时，净利润增长率的平均值为 -0.350；2007—2014 年实施国资预算之后，净利润增长率的平均值为 -0.541。此外，2003—2006 年净利润增长率的标准差为 3.461，2007—2014 年净利润增长率的标准差为 4.369。国有公司净利润增长率为负值可能是由于国有企业改革使国有企业结构变动，进而对公司成长性造成一定影响。国资预算实施后，国有企业公司成长性下降并且波动性变大可能是由于 2007 年之后宏观经济萧条等因素的影响。

国有持股比例 Share。2003—2006 年未实施国资预算时，国有持股比例的平均值为 0.461；而 2007—2014 年国资预算实施以后，国有持股比例的平均值为 0.205。相比于未实施国资预算时，国有持股比例大幅下降，这可能与国有企业改革的制度背景相关，越来越多的国有企业通过分类改革，降低了国家的控制权。

独立董事比例 Rid。2003—2006 年，独立董事占董事总人数比例的平均值为 0.338；2007—2014 年独立董事比例的平均值为 0.362，较未实施国资预算时有了小幅度增长，可见国有企业对独立董事的重视程度有所提高。

管理领导权结构 CEO。2003—2006 年，未实施国资预算时，董事长兼任总经理的平均值为 0.036；而 2007—2014 年实施国资预算之后，董事长兼任总经理的平均值为 0.071。可以看出，实行国资预算后，董事长与总经理的独立性有所减弱，这可能是由于国有企业特殊性质的影响。

资产管理水平 ME。2003—2006 年未实施国资预算时，总资产周转率的平均值为 0.688；2007—2014 年国资预算实施后，总资产周转率的平均值为 0.721。2007 年后，总资产周转率有小幅度提高，表明国有企业管理者在资金使用效率方面有所提高，但幅度较小。

资本结构 CS。2003—2006 年未实施国资预算时，国有企业资产负债率的平均值为 0.473；在 2007 年国资预算实施以后，资产负债率的平均值提高至 0.523。说明在国资预算实施前后，国有企业使用负债筹集资金的力度并未发生很大的改变，总体上属于合理范围。

管理费用率 Admins。2003—2006 年，管理费用率的平均值为 0.087；2007—2014 年，管理费用率的平均值为 0.073。表明在实施国资预算后，国有企业管理费用占营业收入的比例有所下降。

国有资本收益收取比例 ScmbR。从 2007 年实施国资预算起，平均国有资本收益收取比例约为 8.1%，远低于其他西方国家的收取比例 30%~50%，这为下一步提高国有资本收益收取比例提供了一定的证据。

（2）回归分析

①国资预算实施与否对国有企业经营绩效影响的回归分析

国资预算实施对国有企业经营绩效的影响采用模型（1）检验。回归结果见表7-20中第二列：国资预算的实施与国企绩效在1%的水平下显著正相关，说明预算实施后企业经营绩效有所提高，预算的实施使得国家作为国有企业的所有者能够执行监督职能，促使管理者提高经营管理水平，最终提高经营绩效，因此，假设1得到验证。

表7-20　　　　　国资预算与企业绩效的描述性统计的回归结果

变量（Tobin´Q）	模型（1）	模型（2）	高比例组	低比例组
ScmbDum	1.143*** （11.88）			
ScmbR$_{i,t}$		−6.162 （−0.85）	5.313* （2.04）	12.240*** （7.69）
Size$_{i,t}$	−0.584*** （−15.27）	−0.710*** （−7.93）	−1.212*** （−4.11）	−0.622*** （−6.49）
Growth$_{i,t}$	−0.0002 （−0.22）	−0.711*** （−12.16）	−0.009 （−0.75）	0.002 （0.50）
Share$_{i,t}$	0.006* （1.76）	0.231 （1.54）	0.152 （0.30）	0.100 （0.71）
Rid$_{i,t}$	0.697** （2.27）	0.007 （1.56）	0.847 （0.85）	0.704 （1.72）
CEO$_{i,t}$	0.220*** （2.65）	−0.158 （−1.24）	0.449 （1.69）	0.013 （0.15）
ME$_{i,t}$	0.186*** （4.60）	0.232** （2.08）	−0.282 （−0.95）	0.135 （1.72）
CS$_{i,t}$	0.304 （1.10）	−1.517** （−3.16）	−1.189 （−1.70）	−1.561** （−3.22）
Admins$_{i,t}$	1.641*** （9.08）	0.646* （1.89）	7.025 （1.68）	0.266 （0.24）
Year	Yes	Yes	Yes	Yes
Ind	Yes	Yes	Yes	Yes
F值	76.90	63.74	10.03	43.51
R^2	0.467	0.485	0.505	0.509

注：***、**、*分别表示在1%、5%和10%的水平显著（双尾），括号内是T值。

②国有资本收益收取比例对国有企业经营绩效影响的回归分析

模型（2）选取2007—2014年实施国资预算的中央企业控股上市公司作为研究对象。国有资本收益收取对国有企业经营绩效影响的回归结果见表7-20的第三列。可以看出：国有资本收益收取与国有企业经营绩效负相关，与假设2不符，原因可能是行业间交叉影响以及宏观经济环境因素对经营绩效的影响。

对模型（2）进行分组检验。在现行制度下，国有资本收益收取比例分为5%、10%、15%、20%和25%五种（剔除了收取比例为0的样本）。按照比例的高、低将国有企业分为高比例组（第一组：25%、20%和15%），共357个样本，低比例组（第二组：10%和5%），共1 426个样本，分别对这两组样本进行多元回归，以检验提高现行收益收取比例是否进一步有助于国有企业经营绩效的提高。回归结果见表7-20的第四、五列。

在高比例组中，$ScmbR_{i,t}$的回归系数为5.313，表明在其他控制变量不变的情况下，国有资本收益收取比例每提高0.1，衡量国有企业经营绩效的托宾Q值增加0.5313，并且国有资本收益收取比例与国有企业经营绩效在10%水平上显著正相关。在低比例组中，$ScmbR_{i,t}$的回归系数为12.240，表明在其他控制变量不变的情况下，国有资本收益收取比例每提高0.1，衡量国有企业经营绩效的托宾Q值增加1.224，并且国有资本收益的收取与国有企业经营绩效在1%水平上显著正相关。分组回归的结果说明不同类型的国有企业受到国资预算制度实施的影响存在差异，不同的收益上缴比例对相同的国有企业也会产生不同的效果，更为具体细致的收益上缴比例的确定是促进国资预算制度发挥作用不可忽视的重要问题。

（3）稳健性检验

选取国有资本保值增值率（ROVMA）作为托宾Q值的替代变量进行稳健性检验，其中对假设1的稳健性检验共得到样本2 791个，对假设2的稳健性检验共得到样本2 023个。2012年，国资委发布《中央企业负责人经营业绩考核暂行办法》，将国有资本保值增值率确定为企业负责人的经营业绩考核指标。钟文（2011）认为国有资本保值增值是国家作为所有者对国有企业进行投资、量化其经营绩效的基本指标，体现了国有企业为国家创造财富、获得利润的目标。因此，在实施国资预算之后，将国有资本保值增值率纳入中央企业负责人的考核体系，有利于国有企业各级管理人员重视企业经营绩效。

国有资本保值增值率=（期末国有资本÷期初国有资本）×100%[①]

当企业国有资本保值增值率大于100%，国有资本为增值；企业国有资本保

---

① 该公式引自国资委2004年公布的《企业国有资本保值增值结果确认暂行办法》，并且该办法所称国有资本保值增值率是指企业经营期内扣除专项批准核销、无偿划出等9条客观增减因素后的期末国有资本与期初国有资本的比率。

值增值率等于100%，国有资本为保值；企业国有资本保值增值率小于100%，国有资本为减值。

假设1、假设2以及高低比例分组的稳健性检验结果见表7-21。

表7-21　　　　　国资预算与企业绩效的描述性统计的稳健性检验

变量	假设1	假设2	高比例组	低比例组
ScmbDum	0.120***			
	(4.48)			
ScmbR$_{i,t}$		−1.333	1.329*	19.808***
		(−0.48)	(1.75)	(2.80)
Size$_{i,t}$	0.111***	0.166***	0.126*	0.032
	(8.46)	(6.35)	(2.24)	(0.91)
Growth$_{i,t}$	0.003***	0.165***	0.075	−0.001
	(3.85)	(7.60)	(0.701)	(−0.36)
Share$_{i,t}$	0.012***	0.012	−0.098	0.075
	(9.43)	(0.27)	(−1.27)	(1.20)
Rid$_{i,t}$	−0.290*	0.012***	0.003	−0.045
	(−1.25)	(7.48)	(0.56)	(−0.240)
CEO$_{i,t}$	0.004	−0.006	0.068*	0.100*
	(0.13)	(−0.15)	(2.02)	(1.72)
ME$_{i,t}$	0.023	0.014	0.131	0.013
	(0.58)	(0.32)	(0.56)	(0.37)
CS$_{i,t}$	−0.140	−0.901***	−0.331**	−0.084
	(−1.45)	(−8.14)	(−3.19)	(−0.68)
Admins$_{i,t}$	−0.314***	−0.195	−0.492	−0.073
	(−2.46)	(−1.48)	(−0.66)	(−0.20)
Year	Yes	Yes	Yes	Yes
Ind	Yes	Yes	Yes	Yes
F值	13.940	11.590	1.803	2.826
R^2	0.152	0.164	0.154	0.059

注：***、**、*分别表示在1%、5%和10%水平显著（双尾），括号内是T值。

由表7-21可见，在进行稳健性检验后，国资预算的实施与国有企业经营绩效在1%的水平下显著正相关，说明国资预算的实施有助于提高国有企业经营绩效。中国目前制度下的总体样本呈现国有资本收益收取比例与国有企业经营绩效负相关但不显著，但在高、低比例分组下国有资本收益收取比例与国有企业经营绩效分别在 10% 和 1% 水平下显著正相关。该结果分别与模型（1）和模型（2）的回归结果相吻合，证明结论具有稳健性。

4）研究结论与对策建议

（1）研究结论

以国企改革和国资预算的实施为立足点，将 2007 年国资预算的试行作为时间分界点，选择 2003—2006 年以及 2007—2014 年为对比时间区间，选取中央企业控股上市公司作为研究样本，探究国资预算实施与否对国有企业经营绩效的影响。研究结论如下：

国资预算的实施与国有企业经营绩效呈显著的正相关关系，说明在中国现有制度下，国资预算的实施能够有效地促进国有企业经营绩效的提高。这可能由于国资预算的实施使得国家能够有效发挥国有资本监管人的职能，大大提升了对国有企业经营管理的监管力度。当然，也不排除宏观经济环境、公司治理机制等因素的作用影响。

在现行制度下，国有资本收益收取比例与国有企业经营绩效整体呈负相关，按实施比例分组后，高、低比例组均显著正相关，表明从行业层面看，现有的国资预算收益收取比例对提高国有企业经营绩效有促进作用，但从整体来看现有收取比例对于提高经营绩效效果不明显。这一现象可能是由下列原因造成的：①不同类型的国有企业受到国资预算的影响存在差异，不同的收益上缴比例对相同的国有企业也会产生不同的效果，更为具体细致的收益上缴比例的确定是促进国资预算制度发挥作用不可忽视的重要问题。②国资预算收益收取比例过低，提高收益收取比例可进一步减少企业自由现金流，减少代理问题，从而进一步提高国有企业经营绩效。此外，中国仍有一些重要行业的国有企业未纳入国资预算的收入上缴范围，现行预算范围仍然比较小，不利于国资预算的有效实施及其制度作用效果的发挥。

（2）政策建议

针对上述实证分析结果及其可能的原因，分别提出以下完善国资预算实施的建议，旨在增强国资预算对国有企业经营绩效的正面影响。

①提高国有独资企业国有资本收益收取比例

见表 7-22，中国从 2010 年起至 2014 年，最高国有资本收益收取比例逐年提高，但与西方国家相比仍然较低。一方面，可按照行业的不同并结合国家政策，进一步提高国有资本收益收取比例；另一方面，由于各地国有企业的资产状况存在较大差异（陈艳利，2012），应当制定适合各地区实际的国有资本收益收缴比例，达到企业间的协同作用。

表 7-22 国有资本收益收取比例逐年变动表

2010年	2011年	2012年	2013年	2014年
10%	15%	15%	20%	25%

②扩大中央企业国资预算实施范围

至 2015 年，纳入中央国资预算编制范围的一级企业共计 832 户。但截至目前，仍未将中央金融类企业纳入国资预算管理。国资预算范围狭小，使得中央国资预算收入与政府的其他预算收入相比规模相差极大（见表 7-23）。因此，扩大中央企业国资预算实施范围是改进国资预算制度的必要环节。

扩大中央国资预算实施范围的对策：其一，由于中央金融企业在中国市场经济中占据重要地位，加之国有银行规模大、利润高的特点，应尽快将金融类央企纳入国资预算范围。其二，积极推进经营性国有资产集中统一监管，逐步建立覆盖全部国有企业、分级管理的国资预算制度。

表 7-23 中央国资决算收入与其他政府决算收入对比表 单位：亿元

年度	国资预算收入	公共财政预算收入	政府性基金预算收入	占比1（%）	占比2（%）
	（1）	（2）	（3）	（1）/（2）	（1）/（3）
2008年	583.50	33 626.90	2 506.90	1.74	23.28
2009年	988.70	35 915.70	2 508.30	2.75	39.42
2010年	558.70	42 488.50	3 175.80	1.31	17.59
2011年	765.01	51 327.30	3 130.80	1.49	24.43
2012年	970.68	56 175.23	3 318.16	1.73	29.25
2013年	1 058.43	60 198.48	4 238.44	1.76	24.97
2014年	1 410.91	64 380.00	4 168.62	2.19	33.85
2015年	1 613.06	69 267.19	4 118.19	2.33	39.17

注：表内数据均来自财政部网站。

③细化国有资本收益上缴比例

不同类型的国有企业受到国资预算的影响存在差异，不同的收益上缴比例对相同的国有企业也会产生不同的效果，更为具体细致的收益上缴比例的确定是促进国资预算制度发挥作用不可忽视的重要问题。在细化国有资本收益上缴比例的时候，不仅需要考虑行业竞争特点等较为宏观的特征，也需要结合企业资本经营特点、股权结构特征、所处生命周期阶段特征等情况，避免收益上缴造成的可能负面影响，同时促进发挥抑制自由现金流、促进管理层合理投资等作用的发挥。

现行国资预算制度仅对国有独资企业利润上缴比例做出明确规定，而对于其他类型国有企业的收入并未做出明确的比例规定，导致其他国有资本收益项目的金额远远小于利润收入占比（见表7-24）。

表7-24　　　　　　　　国有资本经营决算收入细分金额及比例表

年度	总收入（亿元）	利润收入占比%	股利、股息收入占比（%）	产权转让收入占比（%）	清算收入占比（%）	其他收入占比（%）
2010	558.67	75.99	0.18	22.75	0.00	1.08
2011	765.01	99.00	0.92	0.08	0.00	0.00
2012	970.68	97.94	0.17	1.89	0.00	0.00
2013	1 058.43	98.22	0.04	1.74	0.00	0.00
2014	1 410.91	97.70	0.70	1.60	0.00	0.00
2015	1 613.06	91.46	6.83	1.69	0.00	0.02

注：表内数据均来自财政部网站。

国有独资企业利润之外的收入项目，特别是股利、股息收入尚未做出具体规定，使得国有企业拥有可操作空间，上缴更少的利润以规避国资预算制度的约束。因此，应更加细化国资预算收入，对除国有独资企业之外的其他国有企业的收益形式和缴纳方式做出明确的规定，以此来提高预算收入的收缴效果，也为预算支出提供坚实基础。

此外，作为国有资本财务监管方式与手段之一，国资预算在资本运营、经营业绩评价与激励方面的功能仍需强化，从根本上助力于国资预算的实施效果。在当前强调政府全口径预算的情境下，应提高各利益相关者的重视程度，进一步完善政府、各级人大、社会公众等多主体多方式的国资预算的监督体系，合力推动国资预算的有效实施。

7.4　国资预算支出的公平性研究

国有资本配置的公平性，目前主要可以从国资预算分配方面进行分析，主要涉及产业、区域、代际和公共资源分配公平等方面。产业公平是指国有资本在各产业之间进行配置时，既要增加产业配置效率，也要注重各产业内部协调发展，防止产业发展差距过大；区域公平是指国有资本进行区域配置除注意发挥区域资源禀赋条件外，还应关注区域的协调发展问题；代际公平需要基于可持续发展理论进行的资本配置，重视建立长期和代际的时间框架，不仅需要尊重当代人的公平，还需要重视当代人与未来各代人之间的代际公平。公共资源分配方面的公平性，如教育资源分配、医疗资源分配的公平性问题等，这也是国有资本配置公平的重要切入点之一。

基于全民分红和利益相关者等理论，国有产权归全民所有，国有资本经营性收益属于公共资源收益，应当实现全民共享。国资预算应彰显"人民投资、人民收益"的理念，落实到实务层面，国有资本配置公平主要体现在国资预算与社会保障基金预算等的衔接问题。同时产业公平要求国有资本经营性收益支出在各个行业领域体现公平性。本部分将从两个方面分析国资预算对国有资本配置公平性的影响，一方面分析国有资本经营性收益在民生领域的分配与投入，另一方面分析国资预算支出在各行业间的结构与趋势。

1）国资预算（决算）民生支出比例分析

国资预算分为中央与地方两个层面。中央国资预算支出重点体现了预算支出思路的变化，对地方国资预算支出有导向作用；地方层面预算支出的数据难以获得，且支出口径难以统一，因此本部分主要在中央层面分析国资预算民生领域的支出比例。

在 2007 年最初建立中央国资预算制度时，国资预算支出的重点是推动国有经济布局和结构的战略性调整，集中解决国有企业发展中的体制性和机制性问题，将国资预算支出分为资本性支出、费用性支出和其他支出[1]，并没有重点提及国资预算与一般公共预算及社保基金的对接。此时，国资预算在社保等民生领域的支出比例较小。

随着国资预算相关理论研究的深化拓展和制度的不断完善，预算支出安排的考虑因素更加科学合理，其指出重点开始强调支持民生领域。例如在 2013 年和 2014 年间，中央国资预算支出编制的重点不仅包括国有经济结构调整支出、产业升级与发展支出等生产领域，还强调了国资预算补充社保基金支出、困难企业职工补助等[2]。2015 年，中央国资预算编制的重点还列示了生态环境保护支出、社会保障和就业支出、公益性设施投资补助支出[3]等。可见，国资预算支出对民生领域的关注和投入越来越多，资本配置的公平性得到提升。

表 7-25 与表 7-26 分别列示 2013—2014 年、2015 年国资预算支出在生产领域和民生领域的分配。2013 年国有资本经营预（决）算民生支出的比例为 9%（10%），2014 年为 13%（15%），总体比例处于较低水平。2015 年，由于重点支出项目的调整，民生支出的比例大幅提升至 30%（30%），可见中央国资预算在民生领域的支出比例逐渐攀升。

---

① 根据产业发展规划、国有经济布局和结构调整、国有企业发展要求，以及国家战略、安全等需要，安排资本性支出；费用性支出主要指用于弥补国有企业改革成本等方面的费用性支出。
② 《关于编报 2013 年中央国有资本经营预算建议草案的通知》财企〔2012〕243 号、《关于编报 2014 年中央国有资本经营预算建议草案的通知》财企〔2013〕139 号。
③ 《关于编报 2015 年中央国有资本经营预算建议草案的通知》财企〔2014〕175 号。

表7-25　　　　　　　2013—2014年国资预（决）算支出结构分析表　　　　　单位：亿元

支出结构	支出项目	2013年		2014年	
		预算	决算	预算	决算
生产领域	国有经济结构调整支出	369.88	329.04	615.10	557.70
	重点项目支出	346.12	312.60	374.80	332.90
	产业升级与发展支出	176.76	153.89	154.30	137.90
	境外投资及对外经济技术合作支出	67.90	84.15	149.50	181.00
	其他支出	26.11	0.00	85.00	0.20
		91%	90%	87%	85%
民生领域	补充社保基金支出	11.34	19.29	10.42	21.58
	困难企业职工补助	20.00	14.22	5.00	3.86
	转移性支出	65.00	65.00	184.00	184.00
		9%	10%	13%	15%

表7-26　　　　　　　2015年国资预（决）算支出结构分析表　　　　　单位：亿元

支出结构	支出项目	预算		决算	
生产领域	国有经济结构调整支出	499.60		265.00	
	改革成本支出	36.94		527.00	
	对外投资合作支出	173.00		20.00	
	其他国资预算支出	100.20	70%	13.12	70%
	战略性产业发展支出	23.00		60.00	
	支持科技进步支出	121.40		20.00	
	保障国家经济安全支出	45.40		85.00	
民生领域	社会保障和就业支出	21.58		11.36	
	公益性设施投资补助支出	195.50	30%	174.00	30%
	转移性支出	184.00		230.00	
	生态环境保护支出	18.50		0.00	

2）国有资本经营预（决）算支出行业方向与结构

国有资本配置公平的一个测量维度是国有资本经营性收益在各行业间的分配。图7-4和图7-5反映2011—2015年中央国有资本经营预（决）算支出行业方向与结构情况及年度变化趋势。

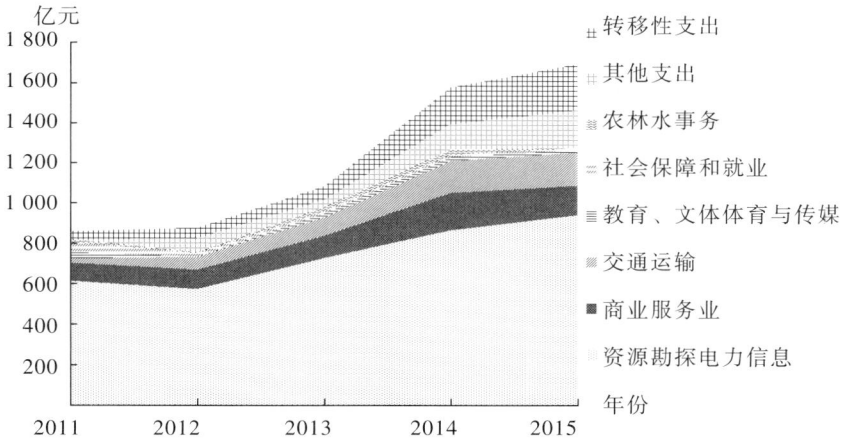

图7-4 中央国资预算支出项目构成图

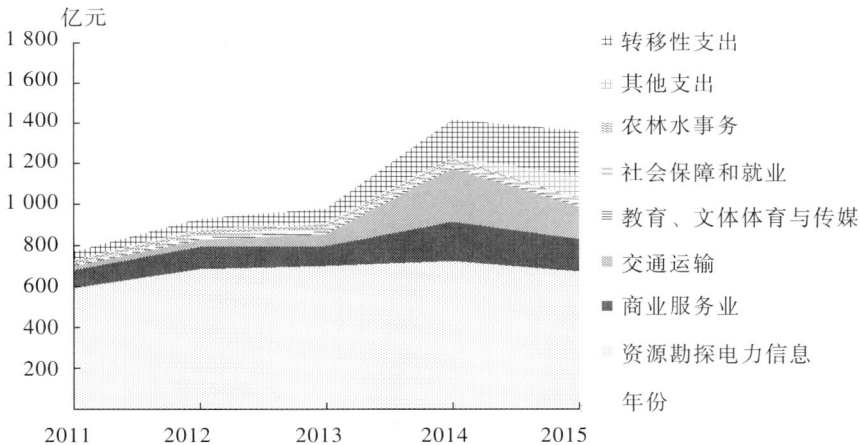

图7-5 中央国资决算支出项目构成图

通过对中央国资预（决）算支出行业方向与结构情况的分析，可以进一步明确中央国资预（决）算的支出方向的变化情况，考察中央层面的国有资本配置公平性。由图7-4、图7-5可知，国有资本经营预（决）算支出中资源勘探电力信息行业支出占比最大，平均为当年国资预算支出数额的60%左右。原因在于此类行业多为国家重点支持行业，事关国家核心竞争力与综合国力，国家有重点倾向于此类行业的支出。支出次于资源勘探电力信息的商业服务业每年占比变化趋势不大，基本维持在10%左右。对于各项支出的变化趋势，可发现转移性支出数额在2014年后转移性支出数额增长明显。2014年，政府提出"完善政府预算体系，加大国资预算与一般公共预算的统筹力度，加大国资预算调入一般公共预算的力度"的规定，这使转入一般公共预算中的国资预算收入增加。此外，根据国家政策文件，国资预算支出越来越注重对社会保障和就业等方面的支持，虽然数额较小，国家针对此方面的支出也在逐年增加。此外，2011年与2012年资源勘探电力信息等的支出约占国有资本经营预（决）算支出的70%以上，商业服务业等支出约占10%，其他行业支出只占不到20%。国有资本经营预（决）算的支出结构较为不合理，在转入社保基金、教育文化体育、农林水事务等方面支出比例较低。2014年与2015年，国有资本经营预（决）算支出的行业结构得到了合理配置，资源勘探电力信息等支出比例不断缩小，交通运输、转移性支出的比例不断扩大，国资预算支出在产业公平性方面有所改善。

3）研究结论

自2007年国资预算制度建立以来，国资预算支出编制重点由推进国有经济布局和结构的战略性调整向与一般公共预算、社保基金方向的对接逐渐转变，国资预算在社保等民生领域的支出比例逐渐提高。尤其自2013年十八届三中全会以来，在民生领域的支出比例有了明显提升。对于国资预算支出在行业方向的配置，国家支出重点有核心竞争力与综合国力的扶持性行业向注重社会保障和就业方面的行业转移，其行业之间支出比例的差距也在逐渐缩小。综上，国资预算的支出在保障民生领域和行业分配的公平等方面起到一定的积极作用。

7.5 地方国资预算实施的案例分析

北京市、上海市是我国地方国资预算改革的先行者，每年预算收入额和制度完善程度均排在我国前两位，具有一定的典型性和代表性。虽然北京市和上海市的国资预算制度相对其他地区比较完善，制度实施以来取得了一定成效，但目前仍然存在较多问题，如国有资本收益上缴比例偏低，预算执行信息反馈不及时，监督配套政策不完善等。所以，本书以北京市、上海市纳入国资预算制度实施范围的市本级国有企业为案例研究对象，对其制度进行深入细致的对比分析。

1）京沪国资预算制度存在的问题

（1）国资预算组织体系

①专业素质匹配性低

国资预算制度相关工作所涉及的专业领域较广，不仅涉及宏观层面的国家预算管控、国家审计，还涉及具体国有企业的资金管理、内部控制建设、全面预算管理、股利分红政策等内容，对各工作岗位人员的专业素质要求较高。北京市与上海市国资预算制度实施过程中的相关人员，包括政府人员和国有企业内部员工，其专业水平尚不能够满足现实需要，多数人员偏向按照已有的预算制度模板进行套用，难以及时有效地处理突发事件，较少有相关办事人员对国资预算的完善提出专业性、建设性的建议。

通过调查分析，目前上海市与北京市两个地区主要通过发布政策文件来推动国资预算制度的建立和完善。近年来主要出台了有关国资预算制度的综合性指导意见，以及一些具有辅助意义的细化性解释文件。但是，从政府部门工作人员、企业管理人员和其他类型工作人员角度出发，用来辅助指导人员学习培训的相关制度却并不到位，不利于相关人员学习和掌握最新的专业性知识。同时，相关人员获得有关国资预算制度学习的机会也比较有限，不能有效根据国资预算制度动态发展的需要来提升相应的专业素质。

②出资人履职效果差

虽然国资委代表国家履行出资人职责，但作为政府部门，其在开展相关工作过程中依然带有较为浓厚的行政性色彩。目前，国资委作为政府特设机构，凭借着政府赋予的权力开展工作，缺乏出资者的自觉意识，对国有企业资本运营效率和企业价值最大化关注不够。虽然目前上海市正在注意强化预算管控机制，加快推进改组组建国有资本投资、运营公司的试点工作，已初步形成包括"资本监管、资本运作、企业日常经营"的国资运营模式。但是，在优化落实国资预算制度、转变国资监管职能以及优化国有资本布局的成效尚有不足，尤其落实董事会职权和人才市场选聘制度方面的相关工作尚处于起步阶段。

此外，作为国资预算主管部门的财政部门应与代表国有资本出资人的国资委相互协调、各司其职，但是两者之间权责关系并未做到真正的界定明晰，工作过程中的摩擦时有发生。例如，北京市国资委与财政部门的摩擦时有发生，存在部门间职责重叠和履职缺失并存的现象。

③政府预算关系不明

国资预算与其他政府预算的关系是否协调有序，关乎组织体系是否能够有效运行。北京市、上海市虽设立专门的账户来管理国资预算收益，但现阶段国资预算收益直接划转补充政府公共预算，针对两种资金划转的制度规范还未成形，容易造成两种预算资金相互挤占和挪用。上海市只是在近期提出将市本级国资预算不低于当年预算收入19%的部分调入一般公共预算用于充实社会保险基金，实际调动多少比例合理？被调动的资金具体用到哪些项目？资金调动工作需要哪些监督？这些问题都未得到明确。

（2）国资预算编制体系

①预算编制范围局限

目前来看，上海市纳入预算编制范围的企业，都还局限在市本级国有企业。北京市65家市属国有企业已全部纳入预算编制范围，市区县属国有企业尚未全部纳入，区县属国有企业资产总额占国有资产总额的25.1%，其重要性不容忽视。目前，上海市约50%的区县制定并出台实施预算编制的意见或办法，但是多数县区尚处在试编阶段，部分区县收缴的国资收益仍入国资监管部门的专户，尚未实现真正财政单独编制。

②上缴比例划分过粗

北京市收益上缴比例统一为企业税后利润的20%，上海市规定具体上缴比例由市财政局同国资委共同协商，参考的因素角度且存在一定的可操作性，但实际落实的收益上缴比例依然按照行业进行大类划分。自国资预算制度实施以来，两市国资预算制度没有进行实质性的变动，难以适应企业经营上的动态变化。从公布的数据来看，北京市属国有企业收益上缴预算数占税后利润总额不足15%，上海市也仅在20%左右，与预期比例不符。

③支出结构有待优化

目前北京市与上海市的预算支出主要由资本性支出、费用性支出和其他三大部分组成，其中资本性支出占主要部分，北京市资本性支出占60%左右，上海市占90%以上。从已公布预（决）算数据来看，对于国有资本收益用于保障和改善民生的支出比例较低，相关数据的披露也较为模糊。北京市虽然计划在2016年实现国有资本收益的19%上缴一般公共预算，但是一直以来的预算支出表中并未细分保障和改善民生的支出项目。上海市规定，国资预算资本性支出主要用于国有企业技术创新和企业战略转型，民生项目建设包含在资本性支出的支出范围内，但是具体多少资本性支出用于支持民生项目并未进行披露。

（3）国资预算执行体系

①预算执行缺乏积极性

国资预算收支内容可能难以满足国有企业经营发展的需要，国有企业过于被动，主体意识比较淡薄。部分国有企业没有合理认识到国资预算制度的性质和意义，单纯地认为收益上缴会削减企业可利用的现金，会对企业的经营发展造成不利影响。上述偏见的存在，导致有些国有企业不能及时进行收益申报，国资预算收益申报不及时、故意隐瞒和转移利润的行为时有发生。根据国资委公布的数据，上海市国资预算的执行情况稍微好一些，决算比例在100%左右。北京市国资预算执行情况较差，近几年预算执行比例呈现逐年上升的趋势，但是基本在90%以下，存在较大的提升空间。具体数据见表7-27。

表7-27 **北京市国资决算比例汇总表**

项目	2012年	2013年	2014年	2015年	2016年	2017年	2018年
北京市收入决算比例	70.45	76.8	84.46	92.11	129.85	87.82	130.10
北京市支出决算比例	70.45	79.04	84.07	92.11	103.64	85.62	125.45

②预算信息反馈不及时

目前北京市与上海市国资预算执行问题的反馈途径主要为编制预算调整方案，但是国有企业因特殊情况需要调整预算的，需要以书面形式向其预算单位提出申请，而且需要经过预算单位、财政局和市政府的层层审批，等到预算调整方案能够真正得以执行时往往耗费时间较长。企业能够申请预算调整的特殊情况指类似于国家和本市政策调整等重大事件，对于国资预算制度具体执行过程中遇到的紧急状况并不适应，预算执行过程的收益收缴困难、部门摩擦、部门履职不到位等对于国资预算制度完善是非常重要的信息，难以及时地汇总传达到预算主管部门。

③绩效评价效果不明显

北京市虽然单独制定了国资预算支出绩效评价办法，对资金使用情况逐步实施绩效评价，但是效果并不明显。上海市对国有企业的绩效进行分类考核评价，专门针对预算执行情况的评价机制比较薄弱。上海市对国有竞争类企业侧重考核股东价值、主业发展、持续能力，功能类企业强调以完成重大专项任务为关键，而对于公共服务类企业而言，侧重以确保城市正常运营和实现社会效益为重点，并未将国资预算的执行情况作为国有企业业绩考核的关键点或者重要参考点。目前每年国资预算收入数额虽然呈现逐年上升的趋势，但是与国有企业发展真实收益增长速度并不相符，国资预算的管理部门人员和国有企业高管人员决策受预算绩效影响的效果也不是很明显。

（4）国资预算监督体系

①社会监督不到位

公民享有进行社会监督的权利和义务，在当今社会舆论监督作用越来越重要的大数据信息时代，社会监督是完善国资预算制度、促进国有资本配置效率与公平实现的不可轻视要素之一。但是，社会监督尚未能在国资预算监督体系中发挥应有的效力，国有企业员工和社会公众的监督作用尚未得到体现。

②监督存在随意性

北京市的国资预算监督手段主要以预算专项审计和企业绩效考核等外部监督为主，国有企业预算资金管理、内部控制等内部监督手段的配合作用没有得到体现。上海市的预算监管工作主要以政府审计为主，主要依据《上海市预算执行情况审计监督暂行办法》进行实施，暂行办法自1996年颁布，缺乏现实针对性，而且缺少单独明确的预算责任追究规定。预算单位在编制国资预算时的约束机制较为薄弱，导致相关工作可能存在随意性和投机性问题，不可避免地会影响国资预算执行的效率及其作用的发挥。

在国资预算的支出环节，国有企业获得国资预算资金后，企业拥有较大自主性，存在资金被挪作他用的情况。

③审计效果不明显

从国资委等官方网站披露的信息来看，关于国资预算的审计结果信息比较模糊，即使披露了国资预算审计工作中所发现的问题，类似问题在后续的国资预算管理审计结果中依然能够发现，预算审计所应该起到的查错、纠错功能并不明显。例如，在上海市2015年国资预算管理审计结果中可以看出，部分委托监管企业少缴了国资预算收益，存在国有资本经营收益计缴基数计算口径有误的问题，以前年度预算安排项目进展缓慢，资金结存较大。而上述问题并不是首次发现，在2015年之前的国资预算管理审计结果中已经存在。

2）京沪国资预算制度存在问题的原因分析

通过阅读相关文献资料和实践调查，针对每个问题的原因进行深入的分析，力求发现导致问题产生的关键原因，为后续完善地方国资预算制度提供参考依据。

（1）国资预算组织体系

①宣传培训工作不到位

政府与国有企业人员的专业素质尚不能有效适应国资预算制度发展完善的需要，主要与相关机构的宣传工作不到位有关，相关人员学习途径也比较少。虽然北京市与上海市很早便开始积极探索国资预算制度相关工作，其制度完善程度在全国比较靠前，但是部分国有企业员工和政府相关部门人员对预算实施重要性、制度目标、制度框架以及具体的作用机制并不是非常了解。他们大多通过上级部门下达的指导性书面文件进行了解，存在一定的被动性，专业性较强的视频讲解和直面培训较少。宣传培训工作不到位，相关人员会很难广泛而深入地了解到国资预算制度的重要性，在具体操作层面缺少知识支撑，进而也就难以明确自身在预算制度执行过程中的职责所在。

此外，与工作人员的工作经验有很大关系，专门从事国资预算工作的人员多由其他职能部门直接调入，相关的工作经验不足。而且，根据国资委公布的信息可知，虽然北京市与上海市均设立专门的国资预算制度研究小组，并有专门的项目资金支持研究，但这些人员多来自于各类高校，并非具体操作层面的工作人员，理论与实践存在一定程度上的差距。

②职能分工规定不细化

北京市与上海市的国资预算管理办法中，预算编制、执行和监督由不同部门专门负责，但有关职责履行的规定内容比较宽泛且缺乏具体解释说明，因而在国资预算制度的具体实施过程中容易造成权责不明问题。同时，由于缺少针对国资委履行国家出资者职能的细化性文件，导致预算单位在实施国资预算制度时缺乏相应的监督约束，难以保障以国家出资者利益为最高目的进行决策，进而预算的编制、执行和监督工作可能存在随意性和投机性问题，具体的工作安排也容易受行政习惯影响，存在一定的偏差，不可避免地会影响国资委职责作用的发挥。

③资金划转机制不完善

在协调与其他政府预算关系的历程中，加强与一般公共预算的联系一直是国家完善预算体系的重点。地方在构建国资预算组织体系时缺乏指导，同时由于地方国资预算制度实施时间尚短，人力和物力有限，预算资金的划转机制有待继续研究和完善。

（2）国资预算编制体系

①国有企业管理控制不到位

市财政局和国资委对县区国有企业的监管一般采用间接方式，当上级下发指导性文件时，部分县区可能缺乏工作积极性。此外，现行国资预算收入科目太粗，不宜对号入座。国资预算支出划分为三大类，各类别划分界限较为模糊，缺少类别划分明确解释和规定，造成不同地区同一支出大类的明细科目存在较大差别。部分县区在进行预算编制时困难较大，县区相关经验较少，研究经费支持也相对不足，会造成预算编制工作迟迟不能落实的问题，甚至出现随意设立分类，导致年度数据不可比。

②比例划分未考虑企业差异

由于各地国有企业存在较大差异，在确定国有资本收益上缴比例时应因地制宜，考虑不同行业企业的经营特点。但是，不同国有企业在行业特征、经营状况、生产特点等方面存在较大的差距。有的国有企业出于商业机密、业绩保护等因素的考虑，往往不愿意将公司的信息披露得太详细。而且，基于自利原因，往往导致国有企业进行收益上缴的动力不足。所以，出于提高工作效率的考虑，在确定收益上缴比例的时候不能做到完全考虑不同企业真实发展的需要，造成现行比例划分过粗的现象。同时，为避免对国有企业的战略发展造成不良影响，不敢轻易提高国有资本收益上缴比例，只能先尝试确定一个较低的比例，慢慢进行试探，进而造成现在收益上缴比例偏低问题。

③国有资本目标理解存在局限

我国在最初进行国资预算制度研究时，往往以资本保值增值为目标，侧重强调资本配置的效率而忽视了配置公平。资本配置的公平性表现为将国资预算收入转入一般公共预算、社保基金预算的数额。公平性要求政府合理地将国有资本分配到适当的企业、行业和公共领域中，坚持服务经济领域的同时更好地服务于公共领域。所以，国资预算支出用于支持和保障民生的比例偏低，与对国资预算目标理解的局限性有很大关系，目前国有企业对国有资本配置公平的认识还比较浅薄，对安排预算收入支持与保障民生的重要性和重视性有待进一步提高。

（3）国资预算执行体系

①缺乏硬性约束和征管把控

征管手段较弱的现象，一方面，由于制度体系的不完善，相关制度规定大多为政府指导性文件，针对性较弱，缺少法律法规的约束，督促力度不够，使一些国有企业和监管部门在预算编制和执行过程中不够严格；另一方面，国有资本经营收益属于政府的非税收收入，与税收征管相比需要企业主动申报，对国有资本收益上缴的强制性约束不足，获取预算编制信息主要途径来自于国有企业的申报。另外，与国有资本收益征收相配套的征收处罚规定尚待明确，预算执行的保障不足，也是国资预算执行效果存在偏差的一个重要原因。

②未建立预算信息共享平台

国资预算执行信息反馈不及时问题，与相关组织内部信息共享平台的不完善有较大关系。北京市和上海市的国资预算制度的建设主要处于初级阶段，侧重对预算编制、收益收取规定的修订，对与之相配套的信息共享机制建设重视不足，预算执行信息的搜集、传达、整合以及最后的结果反馈途径较为局限，多为书面文件资料，上传下达的效率较差。通过建立国资预算信息共享平台，预算执行过程中产生的信息能够被第一时间传送到相应管理部门，问题处理的效率会大大提高。同时，信息共享平台的建设会进一步提高预算信息透明度，更加符合目前大数据时代发展的要求，便于相关科研人员真实、及时、全面地获知国资预算执行过程的相关信息。

③绩效评价体系研究不完善

绩效评价效果的不理想，其中很大一部分原因与评价指标体系不完善相关，北京市仅出台了国资预算支出绩效评价的管理办法，对于收益上缴的关注不够，指标选择未能充分考虑不同国有企业的管理特点。上海市目前并没有出台具体的国资预算绩效评价的管理办法。目前国有企业管理人员的绩效考评主要采用综合性指标，其中利润总额重要性比例最大，经济增加值次之，与国有资本保值增值、预算执行效率等指标的重要性比例不够突出，导致国有企业管理层不是很重视国资预算的绩效。

（4）国资预算监督体系

①社会监督主体理解存在局限

我国正式实施国资预算制度的时间尚短，加上相关宣传普及度较弱，许多人不能够理解国资预算制度的内涵及重要性，因而也就缺少主动承担社会监督责任的积极性和主动性。另一方面，目前国资预算编制和执行相关数据的披露制度还不完善，缺乏相关明细，社会群众没有办法及时、有效、全面地获得相关信息，阻碍了他们反映问题的监督作用。

②预算监督政策尚过于宽泛

监督配套政策存在缺位的现象，而且缺乏一定的针对性和全面性。现行监督手段主要以国资预算专项审计和国有企业绩效考核等外部监督为主，相关规定制定偏向于突出通用性，不能有效考虑国有企业的类型差异而进行分类监管。而且，现行监督机制没有有效融入国有企业集团管控层面，也没有深化到具体深层次的内部控制层面，各层级的监督机制没有起到相互配合的作用。

③未制定有针对性的审计政策

北京市审计局负责监督国资预算编制、执行和决算，但是没有制定细化性文件，而且对具体的审计结果的后续跟踪处理落实不到位。上海市同样也没有出台专门针对本市国资预算专项审计的政策文件。审计局在安排相关国资预算监督审计工作时，对于审计的强度、周期等缺乏规范性约束，审计效果参差不齐。此外，在国有企业内部，与专项审计进行对接的内部审计制度尚不成熟。

为了方便理解前述有关北京市与上海市国资预算制度实施存在问题的分析，本书尝试提炼总结出表7-28。

表7-28　　　　　　　京沪国资预算制度实施问题及原因分析汇总表

预算体系	问题	原因
组织体系	专业素质匹配性低	宣传培训工作不到位
	出资人履职效果差	职能分工规定不细化
	政府预算关系不明	资金划转机制不完善
编制体系	预算编制范围局限	国有企业管理控制不到位
	上缴比例划分过粗	比例划分未考虑企业差异
	支出结构有待优化	国有资本目标理解存在局限
执行体系	预算执行缺乏积极性	缺乏硬性约束和征管把控
	预算信息反馈不及时	未建立预算信息共享平台
	绩效评价效果不明显	绩效评价体系研究不完善
监督体系	社会监督不到位	社会监督主体理解存在局限
	监督存在随意性	预算监督政策尚过于宽泛
	审计效果不明显	未制定有针对性的审计政策

3）研究结论与启示

（1）研究结论

①地方国资预算制度各具特色。自2010年财政部印发了《关于推动地方开展试编国有资本经营预算工作的意见》等文件，各地因地制宜，积极建立和完善本地国资预算制度。但是由于各地经济发展水平、历史发展因素、国有企业管控力度等不同因素的存在，各地制度实施状况参差不齐，又各具特色。一方面，各地政府根据自身要求设计符合自身特点的国资预算制度，使制度实施更具适应

性。另一方面，由于各地制度尚处于成长期，具体操作层面存在较大差异和诸多问题，积累的试点经验也存在差异。

②京沪国资预算制度同中存异。北京市与上海市作为地方国资预算改革的先行者，目前国资预算制度已基本建立，其制度实施过程中存在的问题存在一定的代表性，值得关注和解决。通过对北京市与上海市的国资预算制度实施情况进行对比分析，发现两个城市国资预算制度问题存在一定的共性，突出的问题有：相关部门的工作人员素质尚不能满足国资预算制度实施的专业需要、部门职责划分不清且履职不到位、预算编制范围局限于市本级、预算收益上缴比例偏低、预算支出安排结构不够优化、预算执行效果不理想、预算监督和信息反馈机制缺失等。

同时，基于前文分析，可以看出北京市与上海市的国资预算制度在大的制度框架方面没有太大差异，基本上遵循了中央国资预算的顶层设计，其差异主要体现在具体的制度内容安排和制度落实方面，如各部门的职能划分、收益上缴比例、预算编制范围，预算执行层级划分以及相应的绩效考评制度等。国资预算制度的特点，是由该地区的文化、经济发展水平、政府职能定位、国有企业特点等因素共同决定的，北京市是我国的首都，地区政策的制定和实施受中央政策的影响相对其他省市更大，国资预算制度与中央相似度较高，上海市是我国的金融中心，有丰厚的经济基础和人才储备，侧重从国有企业角度建立和完善国资预算制度，国资预算收益上缴比例较为灵活且更具针对性。

③完善地方国资预算制度任重道远。虽然地方国资预算制度框架体系已经初步建立，但尚处在初级阶段，仍然有许多缺陷。关于地方国资预算制度的建立和完善，既要认同目前国资预算制度所取得的可喜进步，同时也需要理智地对待制度实施过程中出现的问题，需要清醒地认识到国资预算制度的建立和完善并非一蹴而就，政府部门和国有企业任重而道远。北京市与上海市的国资预算制度完善程度，相比其他地区来说处在领先地位，是其他地区建立和完善国资预算制度的典范。北京市和上海市国资预算制度实施过程中存在的问题，侧面反映了地方国资预算制度的不完善。地方国资预算问题存在一定的普遍性，与中央国资预算制度存在的问题有较大重叠，相关问题的研究和解决，对于地方和我国总体的国资预算制度的完善具有不可忽视的重要性。此外，相关部门也必须清醒地认识到，地方国资预算制度尚处在起步发展阶段，完善地方国资预算制度需要久久为之，需要政府部门、国有企业以及相关的职能人员和社会公众形成合力，共同克服面临的各种困难。

（2）案例启示

①明确出资者的职权、理顺预算关系。完善地方国资预算制度，首先需要进一步明晰财政部门、国资委、审计部门等职能部门的权责划分，减少国资预算制

度执行过程中工作摩擦，避免职能越位和缺位现象，促进各部门间能够相互配合并相互制约，最大化效用的服务国资预算制度目标的实现。首先，需要加快推进有关国资委履行出资人职责的具体解释性文件的出台，保证财政部门在保留组织、指导和监督权的同时，更多地将执行权交由国资委，使其拥有更多的主动性权力，推进落实政企分开和政资分离。其次，在职能划分明确的同时，需要强化重视不同预算资金划拨机制的研究，努力提升不同预算资金衔接相关制度的可执行性，降低其中可能存在的不透明性问题和违规操作的可能性，避免不同预算资金的相互挤占和乱用。再次，借助政府会计改革的东风，建立定位科学、分工明确的政府预算体系，优化调整国资预算会计的核算和监督机制，建立健全相关预算科目和账务处理的规范性，提升政府预算资金的统筹力度。

此外，值得注意的是，无论是各部门职责人员的履行，还是政府预算管理的进一步理清，相匹配的高素质专业人才必不可少，是制度有效执行的必要保障。应该注意提升各职能部门内部人员专业素质的提高，可以定期组织该领域的专业教授进行面对面的知识讲授和问题解答，提高人员学习对国资预算专业知识的学习热情。

②规范预算编制规定、细化上缴比例。第一，进一步扩大国资预算的编制范围，包括横向和纵向两个维度。横向维度是指，适当考虑将尚处于游离状态的资源型国有资本纳入预算编制；纵向维度是指，加快推进县区国资预算制度的完善，将县区所属国有企业也纳入预算编制范围。第二，细化并提高国有资本收益上缴比例，充分考虑不同国有企业的生产经营特点，包括国有企业所在地区的经济发展水平、制度完善程度、行业竞争特点、生命周期阶段特征、承担的社会责任等因素。第三，支出安排方面，应该明确国资预算制度目标并以此为依据，优化预算支出的结构安排，不仅需要遵循国家宏观规划的发展需要，坚持以人为本，更多地用来支持和保障民生。同时，需要进一步透明、细化预算支出项目安排，努力做到因地制宜、因时制宜，促进预算支出更有针对性，避免出现预算资金使用混乱、划分不清等问题的出现，也能够为后期的预算执行和监督工作提供更为明确的依据。值得注意的是，各地在进一步规范国资预算的编制规定时，应该注意将相关预算内容的完善与政府会计改革的有序相衔接，合理把握国资预算改革的力度和节奏，确保顺利实施。

③强化收益征管制度、优化绩效评价。针对国资预算执行效果不理想的情况，一方面，要加大国有股股利、股息收入管理力度，依法建立常态化分红、刚性分红机制，健全主体责任和责任追究机制，用法律法规约束上市公司，确保预算收入的真实、准确、完整。另一方面，要完善国资预算制度的考核评价体系，合理确定评价的主体和评价标准，充分发挥其监督激励作用。不仅要结合本地区国资预算的实施情况，制定科学的绩效评价办法，还需要重视国资预算执行绩效

与国有企业高管人员的薪酬进行直接挂钩，加强相应的责任追究机制，通过预算绩效考评，对国资预算的执行提供较为硬性的约束保障。

另外，应该建立完善专门针对国资预算制度的现代化信息共享平台，促进预算执行过程中产生的信息能够及时传达到对应的管理部门，提高信息处理的效率。通过信息共享平台，对国资预算制度的执行情况进行实时监督和信息共享，可以降低不同管理部门之间、管理部门与国有企业之间以及国有企业内部职能部门之间的信息不对称。

④完善配套监督政策、重视社会监督。政策文件的发布可以强化监督执行的权威性，应该有针对性地制定各环节监督配套政策，强化法制理念，规范落实国资预算执行过程。应该充分考虑不同预算执行环节的工作特点的需要，在明确各监督主体职责权限的前提下，使监督主体在预算实施过程中均能够有依据、有目标、有保障的落实监督工作。此外，还应当建立、完善适用于国资预算监督执行的约束与激励机制，以保证监督体系的有效运行。

除了强调监督政策的重要性，还要综合考虑监督手段的创新性与全面性，保证事前、事中及事后监督有机配合，注意强化内外部监督的沟通互促。在具体实施国资预算监督过程中，不仅需要提升人大、财政部同其他预算部门共同的硬性约束，还应该紧跟会计改革"十三五规划"的大潮流，大力推进监督工作的网络化、信息化建设，提高国资预算工作的透明度，带动社会公众的积极性，强化人民大众的监督作用。预算工作与信息化建设密切相关、相辅相成、相互促进，科学合理的信息化平台，能够提升预算管理信息的真实性、完整性、及时性和有用性。"互联网+"是推进国资预算制度创新转型密不可分的有效途径，大数据、云共享等互联网技术的创新与合理应用，不仅会推动国有企业自身经营管理的效率，还会有效提升预算管理优化的速度和效率。

8 资本配置视角下国资预算制度研究：体系分析与制度完善

虽然中国的国资预算制度已经获得了一定的效果，但目前仍存在一些问题。本章主要基于资本配置视角，分别对国资预算的预算上缴、预算支出、地方制度实施情况和监督体系以及配套保障等方面对现行国资预算制度进行体系分析并提出相应的完善建议，国资预算体系分析与制度完善逻辑图如图8-1所示。

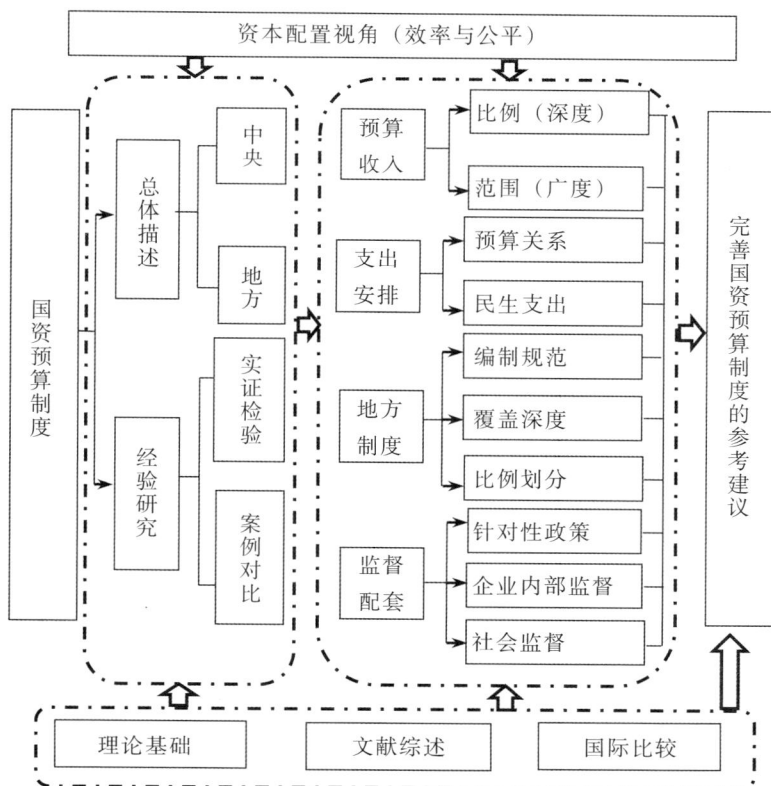

图8-1 国资预算体系分析与制度完善逻辑图

8.1　国资预算体系分析

国资预算制度对中国的深化改革进程起到了积极作用，但仍然需要完善其体系，本章主要对其在预算上缴、预算支出、地方制度实施情况和监督体系以及配套保障等方面进行分析。

8.1.1　国资预算上缴问题解析

预算上缴具体指国有企业进行的国有资本收益上缴，是国资预算制度最核心内容之一，直接影响着后续的预算支出安排，进而影响国资预算制度实施效果的发挥。根据国有资本收益上缴的相关规定，要求纳入政策制度实施范围的国有企业必须严格按照预算进行国有资本收益上缴，其中国有企业按照比例上缴的税后利润是主要收益来源，这有利于明晰国有企业的产权制度，实现国家以所有者身份依法取得国有资本投资收益。国有资本收益上缴主要存在两方面的问题：一是上缴比例偏低且分类不够细化，收入深度不足；二是预算收入广度尚有不足，实施范围有待扩大。

1）国有资本收益上缴比例偏低且分类不够细化

（1）上缴比例偏低

虽然已经数次调整了国有资本收益上缴比例，但与国外国企分红比例作比较，中国国有资本收益上缴比例在现阶段仍然较低。世界银行2009年报告分析了新西兰、挪威、瑞典等国家的49家国外国有企业分红资料，发现这些国家的分红率基本处于20%~50%，平均比率高达33%，但现阶段中国的国有资本收益上缴依然较低。以中央国有企业为例，目前收益上缴的最高比例为25%（见表8-1），主要针对中央烟草总公司，该类企业上缴的税后利润平均占总利润收入的32%（见表8-2）。上缴税后利润多的是电力、电信、石油石化、煤炭等资源垄断特征企业，该类企业上缴的税后利润平均占总利润收入的41%以上，但是其收益上缴比例仅为20%，与国外的33%的平均值尚有较大差距。

从地方层面看，虽然部分省、自治区和直辖市根据"十三五规划"调整地方国有资本收益上缴比例，但是与国外相同行业企业相比，大多数省市自治区的国有资本收益上缴比例仍然偏低。例如，以黑龙江为例，该省份将国有资本收益上缴比例划分为两类，第一类是一般竞争性企业，其国有资本收益上缴比例为10%，第二类为文化类企业，其国有资本收益上缴比例5%；贵州省将国有资本收益上缴比例进行统一，并按照时间进度进行上调，具体为2014—2015年比例为8%，2016—2017年比例为12%，2018—2019年比例为15%，2020年及以后比例为18%……综合来看，我国各地区国有资本收益上缴比例普遍在20%以下，10%~15%是各地区采用较多的比例，与"2020年提高到30%"目标的实现依然有较大差距。

表8-1 中央企业国有资本收益上缴比例变化表

行业企业	2007年	2011年	2012年	2014年至今
中国烟草总公司	10%	15%	20%	25%
电力、电信、石油石化、煤炭等资源垄断特征的企业	10%	15%	15%	20%
钢铁、贸易、运输、电子等一般竞争性行业企业	5%	10%	10%	15%
军工集团、中国邮政集团、转制科研院所	免交	5%	5%	10%
教育部、农业部、文化部所属企业、电影集团公司等	—	5%（新增）	5%	10%
工信部、体育总局、卫生部、国资委所属部分企业等	—	—	5%（新增）	10%
政策性公司，中国储备棉总公司、中国储备粮总公司	—	免交（新增）	免交	免交

表8-2 2014—2018年中央企业各行业上缴利润占比统计表

行业企业	2014年	2015年	2016年	2017年	2018年	均值
中国烟草总公司	30%	32%	3%	35%	34%	32%
电力、电信、石油石化、煤炭等资源垄断特征企业	51%	46%	41%	32%	35%	41%
钢铁、贸易、运输、电子等一般竞争性行业企业	15%	15%	21%	22%	24%	19%
其他	4%	7%	8%	11%	7%	7%

最后，实证研究发现，虽然可以通过提高国有资本上缴比例来促进国有企业投资效率，但中央及地方国有资本收益上缴比例偏低，以至于尚不能够充分发挥该制度促进国有资本配置效率提升的作用。并且，依据MM理论和"一鸟在手"理论，国有资本收益的上缴比例越高，应该越有助于企业价值创造能力的发挥。但现行国有资本收益上缴比例较低，使得预算收支在预算单位"体内循环"现象严重。从国资预算"以收定支"原则看，较低的国有资本收益上缴比例伴随着可

分配的预算支出有限，一定程度上阻碍了国有资本的资源优化再配置，不利于扩大优质产业规模并淘汰"僵尸"企业，最终不利于企业价值创造能力的提升。

（2）收益上缴比例划分笼统

国有资本收益上缴比例的确定是国资预算制度的重要内容，直接影响着最终的预算数额和后期的支出安排。当前中央企业由财政部门牵头，联合国资委共同确定国有资本收益上缴比例，按照行业特征做大类划分（见表8-1）。从地方来看，北京市、吉林省、福建省、贵州省等地区的国有资本收益上缴比例均为统一比例（分别为20%、20%、19%和8%），其余地区大多依照中央的做法也按照行业特征大类划分。然而因为大部分国有企业所控制的公司是分布在不同行业的，国有资本收益上缴比例的分类也很粗糙，没有考虑到不同企业的具体差别，无法体现国有企业功能分类的政策优势。同时，不同性质企业采用相同上缴比例也无法体现国有资本配置公平。

国有资本收益上缴制度尚未摆脱"渐进式改革"的缺陷，国有资本收益上缴比例分类过于笼统，难以满足不同企业的功能发展与股权结构调整要求，对于国有企业的价值创造和企业绩效的提升具有一定的负面影响。比如，在现行制度下，国有资本收益收取比例与国有企业经营绩效整体呈负相关，只有按实施比例分组后才能够显示正向关系，说明不同类型的国有企业受到国资预算制度实施的影响存在差异，不同的收益上缴比例对相同的国有企业也会产生不同的效果。

2）预算收入广度不足，实施范围有待进一步扩大

不能全面地将国有资产纳入预算范围中，对提高我国所有国有资本的配置效率是不利的。因为现阶段只对部分行业进行国有资本收益上缴，而其他未纳入预算的行业不能得到国资预算带来的预算约束和激励，不能享受到国家调控该行业资本配置的权利，也无法表现出全行业国有资本配置效率的公平性。就目前来看，中国国有资本收益上缴范围由最初2008年的144家中央一级企业扩大到2015年的832家中央一级企业，国有资产性质已经逐渐扩展为经营性国有资产、事业单位国有资产以及金融性国有资产，然而资源性国有资产仍然游离于预算编制的范围之外。

从地方层面来看，自从中央发布了试行国资预算制度的通知，各省、自治区和直辖市根据自身不同的实际情况较为详尽地对国资预算的实施范围做出了规定，但大多数省份仅实施到省属或者直辖市属的一级国有企业，国资预算范围仍较为局限，且较多的文化类、金融类国有企业不包括在内，其深度有待提高。以国资预算制度相对较为成熟的上海市和北京市为例，上海市纳入预算编制范围的企业仍局限在市本级国有企业；北京市区县属国有企业尚未全部纳入预算编制范围，区县属国有企业资产总额占国有资产总额的25.1%，其重要性不容忽视。目

前，上海市约50%的区县制定并出台实施预算编制的意见或办法，但是多数县区尚处在试编阶段，部分区县收缴的收益仍解入国资监管部门的专户。国资预算实施范围统计表见表8-3。

表8-3   **国资预算实施范围统计表**

企业性质	预算实施范围
中央国有企业	中央部门及中央企业主要包括国有独资企业、国有控股、参股企业
地方国有企业	省属或者直辖市属国有独资企业、国有独资公司和国有控股公司、国有参股公司

8.1.2   国资预算支出公平性问题分析

2013年党的十八届三中全会提出"完善国有资本经营预算制度，提高国有资本收益上缴公共财政比例，2020年提到30%，更多用于保障和改善民生"，这强调了国资预算支出在公平性方面的重视。在协调国资预算与其他政府预算关系的过程中，国家完善预算体系的重点始终是加强国资预算与一般公共预算之间的联系。陈艳利（2008）指出："要做好国资预算，必须要处理好公共预算和国资预算之间的关系"①。《关于完善政府预算体系有关问题的通知》（财预〔2014〕368号）已经指出应"加强国资预算与一般公共预算的统筹力度，完善国资预算制度，提高国有资本收益上缴公共财政的比例，使其更多用于保障民生和改善民生"。关于国资预算支出的编制重点，国资委官方发布的政策文件逐步引导其支出拓展到推动国有资本经济布局战略性调整以及支持提供公共服务、保护生态环境与国家安全以及保障和改善民生这些方面。然而中国现阶段经济改革仍处于深入推进的过程中，公共财政支出存在较大的缺口而且国资预算收入划转补充政府公共预算制度尚未成型，这很容易造成上述两种预算资金出现相互挤占和挪用的现象。

中国社会保险工作从1952年开始运行良好，但是由于近几年中国老龄化严重等问题，社会保险也出现较大的缺口。2007年的相关政策仅指出在必要时部分国有资本预算支出可用于社会保障支出，财政部于2014年发布的《关于完善政府预算体系有关问题的通知》（财预〔2014〕368号）中指出国资预算支出范围包括补充社保基金，并未单独出台相应的政策明确规定应补充社会保险基金的比例等内容，因此补充社保基金缺少具体的对接措施。

同时，通过分析国资预算支出配置的实施效果，国资预算支出仍然表现为

---

①   陈艳利. 国资预算制度的构建——体系框架与难点解析［J］. 财政研究，2008（10）：24-27.

"取之国企，用之国企"的状况，与保障民生领域相关的支出比重仍然偏低。在2011—2015年间，中央国资预算支出总额的平均64.49%的比例用于资源勘探电力信息等事务，11.65%用于商业服务业等事务，8.46%用于交通运输业，而用于社会保障和就业方面的只有1.47%，专门的保障民生领域相关的支出未能细致体现。地方国资预算支出的平均37.44%的比例用于资源勘探电力信息等事务，其次是商业服务业等事务、交通运输支出，三者合计占总支出的64.83%，教育支出仅占0.56%，城乡社区事务占6.66%，保障民生领域相关的支出比例有待进一步提高。中央和地方的国资预算支出构成比例统计分别见表8-4和表8-5。

表8-4 　　　　　　　　　**中央国资预算支出构成比例统计表**

行业	2011年	2012年	2013年	2014年	2015年	均值
教育	0.03%	0.23%	0.20%	0.14%	0.00%	0.12%
文化体育与传媒	0.78%	0.67%	1.02%	0.71%	0.54%	0.74%
社会保障和就业	0.07%	1.85%	1.97%	1.52%	1.92%	1.47%
农林水事务	2.51%	1.59%	1.74%	1.29%	0.02%	1.43%
交通运输	3.01%	3.80%	5.74%	18.17%	11.57%	8.46%
资源勘探电力信息等事务	76.84%	73.72%	71.68%	50.96%	49.26%	64.49%
商业服务业等事务	11.34%	11.68%	9.97%	13.54%	11.74%	11.65%
地震灾后恢复重建支出	0.23%	1.07%	0.00%	0.00%	0.00%	0.26%
其他支出	0.00%	0.00%	1.02%	0.70%	8.07%	1.96%
转移性支出	5.20%	5.38%	6.64%	12.97%	16.88%	9.41%

表8-5 　　　　　　　　　**地方国资预算支出构成比例统计表**

行业	2012年	2013年	2014年	2015年	均值
教育	0.59%	1.13%	0.26%	0.24%	0.56%
文化体育与传媒	1.24%	0.93%	3.02%	2.94%	2.03%
农林水事务	5.78%	2.23%	0.89%	1.09%	2.50%
交通运输	9.36%	13.82%	12.34%	7.20%	10.68%
资源勘探电力信息等事务	45.98%	31.86%	30.22%	41.69%	37.44%
商业服务业等事务	16.14%	17.06%	18.07%	15.58%	16.71%
调出资金	1.33%	2.15%	6.53%	0.00%	2.50%
科学技术	2.46%	4.60%	3.55%	4.30%	3.73%
节能环保	0.72%	2.93%	1.98%	2.01%	1.91%
城乡社区事务	4.44%	6.53%	7.21%	8.46%	6.66%
其他支出	11.95%	16.76%	15.93%	16.48%	15.28%
转移性支出	1.33%	2.15%	6.53%	0.00%	2.50%

由此可见，国资预算支出目前仍主要集中在资源勘探电力信息等事务、商业服务业等事务、交通运输业等垄断行业中，但在涉及民生的社会保障和就业领域的支出比例较低。而进一步分析国资预算支出在国有企业配置中的效果可知，政府对国有企业主导的垄断竞争行业或完全垄断行业扶持力度较大，然而其资本配置效率却处在较低水平。以上情况说明，目前阶段的国资预算支出结构不甚合理，关于民生领域的支出仍然较少，这无法使资本再配置发挥其应有的作用，也对国有资本效率运行和公平分配产生了不利影响。

由于2017年财政部印发《中央国有资本经营预算支出管理暂行办法》（财预〔2017〕32号），明确支出范围除调入一般公共预算和补充全国社会保障基金外，主要用于解决国有企业历史遗留问题及相关改革成本、国有企业资本金注入和其他支出，披露时的支出大类划分标准也据此进行了变更，为具体地了解此后国资预算的支出方向，以北京市和上海市为例，2016—2018年市级国资预算支出安排中，北京市国有企业资本金注入占总支出的54.32%，其中国有经济结构调整支出占比最大，占总支出的45.81%，其次是支持科技进步支出，占总支出的8.40%。上海市国有企业资本金注入占总支出的71.30%，其中支持科技进步支出占总支出的28.42%，预算调出资金主要用于上海市社会保险基金，但是该类支出较少，对于支持和保障民生的预算支出依然未单独披露。

8.1.3　地方国资预算制度体系分析

地方国资预算是国资预算系统的重要组成部分，它对于提高国有企业整体发展及国有资本配置效率有着无法被取代的作用，制度完善程度的差异性是阻碍国有资本配置公平实现的重要因素之一。对地方层面国资预算制度实施状况进行系统性描述后，发现目前除新疆维吾尔自治区、西藏自治区等地区的国资预算尚处于试点状态外，其余各省、市、自治区和直辖市都已经建立了比较系统的国资预算制度体系。

然而，各地国资预算制度的完善和普及情况差别较大，具体操作层面也参差不齐，地方国资预算制度迫切地需要加强重视和完善：

从地方制定的关于国资预算制度的政策文件中可以看出，大多数地区只是出台了与试行国资预算相关的文件，并未根据中央政策进行切实的后续调整，这导致了很多地区在预算编制规范、执行监督、信息披露等领域存在较大的差别，甚至出现混乱现象；自中央发布试行国资预算制度的通知后，各省、自治区和直辖市根据自身实际情况的不同规定了国资预算的实施范围，但大部分的省份只是实施到省属一级，金融性国有资产、资源性国有资产也基本游离在预算编制范围之外，地方国资预算覆盖的深度和广度均需被逐步优化；地方国有资本收益上缴比例存在"一刀切"的现象，并且上缴比例较低，其中北京市、吉林省、福建省、贵州省等地区的国有资本收益上缴比例均为统一比例，没有考虑到不同企业的具体差别，难以适应各个企业在经营上的动态变化，也难以使国有资本配置的公平性要求被充分体现出来。

关于国资预算信息的披露，虽然上海市、北京市和天津市披露较为详尽，其中北京市的全部国有企业均纳入预算实施范围，上海市将国有独资企业与国有独资公司分开列示，天津市则突出了文化教育、医疗卫生、新闻出版、监狱劳教等享受减免税政策的企业。但是，其他省市仅仅说明了其国资预算实施范围的企业性质，相关规定较为笼统，有的地区甚至没有披露纳入国资预算制度实施范围的具体国有企业名录。另外，相关各地区关于国资预算收支数据的信息披露显得较为杂乱，本书作者在数据搜集过程中发现此类信息的搜集十分困难，不利于社会公众及时了解国资预算执行信息并发挥应有的监督功能。

北京市和上海市作为地方国资预算制度的先行者，对于其他省份具有重要的模范带头作用，但是通过案例比较分析，两者在具体的制度实施过程中依然存在较多明显的问题，无论是组织体系设置，还是预算的编制、执行和监督，都有较大的完善空间（具体见表8-6）。这是一个信号，表明在国家高度重视中央国资预算制度完善的同时，也需要重点推进地方国资预算的改革完善，给予其更多的关注。

表8-6　　　　　　　　　　**京沪国资预算制度实施问题汇总表**

体系	问题	问题具体表现
组织体系	专业素质匹配性低	模板套用问题；不能及时有效地处理预算实施过程中的突发事件
	出资人履职效果差	国资委在履职时带有较为明显的行政性色彩；董事会职权和人才市场选聘制度尚处于起步阶段
	政府预算关系不明	针对不同预算资金的相互划转机制尚不成熟；预算资金存在相互挤占和挪用的风险和效率损失
编制体系	预算编制范围局限	多数县区国资预算编制尚处在试编阶段；个别区县国资预算由国资监管部门编制
	上缴比例划分过粗	实际收益上缴比例按照行业进行大类划分；国有企业收益上缴预算数占税后利润总额比例偏低
	支出结构有待优化	预算支出按三大类划分且资本性支出占主要部分；用于保障和改善民生的支出比较低
执行体系	预算执行缺乏积极性	国企对于国有资本收益上缴存在理解性误区
	预算信息反馈不及时	预算调整方案从申请到执行耗费时间较长
	绩效评价效果不明显	针对国资预算执行的绩效评价不够完善
监督体系	社会监督不到位	社会监督未能对国资预算发挥应有效力
	监督存在随意性	预算资金后续使用缺乏明确的配套监督机制
	审计效果不明显	审计问题在后续国资预算工作中依然能发现

立足于社会经济转型和全面深化国有企业改革的现实背景，如果要想真正地发挥国资预算制度应有的正向作用，不能仅仅单独依靠中央国资预算制度的示范作用，地方国资预算制度的配合作用也会发挥其重要作用，完善地方国资预算制度任重而道远。

8.1.4　国资预算监督配套政策解析

缺位的现象存在于国有资本经营预算的监督配套政策中，并且国资预算的监督配套政策还缺乏相应的针对性和全面性，并不能有效地助力国资预算提升国有资本配置效率与实现公平效果。现行的国资预算监督手段以国资预算专项审计和国有企业绩效考核等外部监督为主，相关规定过于宽泛、通用性较强，不能对国有企业的类型差异进行有效的考虑从而开展分类监管。并且，在现行制度中，国资预算监督机制没有被有效地融入到国有企业集团管控层面，也没有将其深化到具体国有企业的内部控制层面，国有企业的内部监督机制仍需强化。虽然政府的出资人职责是由国有资产监管机构代表的，且国有资产监管机构专门从事国资预算监督和管理的工作，然而却缺乏具体针对国资预算监督的规定和说明文件。因为缺乏具体明确的监督规定作为依据，预算单位在编制国资预算时缺乏相应的监督约束，导致预算单位的预算编制工作可能存在随意性和投机性问题，预算安排的公平维度考虑容易受到忽视，国资预算收入执行的效率及其作用的发挥受到影响不可避免。国资预算的支出环节中，国资预算资金在经财政部门批复后进入国有企业，自此，财政部门和预算单位将不再跟踪资金的后续使用，预算资金的后续使用缺乏严格而透明的监督机制，企业便被赋予了较大自主性，资金被挪作他用的现象广泛存在。

另外，虽然中国在新修订的《预算法》中明确注明了"公民、法人或者其他组织若发现有违反本法的行为，可以依法向有关国家机关进行检举、控告"的条款，保障了社会监督的合法性，但由于国有资产监督信息披露的透明度问题与社会公众对国资预算了解的局限性，目前的社会监督尚不可在国资预算监督体系中发挥其应有的效力，尤其在当今社会处于舆论监督作用越来越重要的大数据信息时代，社会监督这一要素在完善国资预算制度、促进国有资本配置效率与公平实现这些方面中的作用就更不可被轻视了。

8.1.5　国资预算影响资本配置效率分析

关于国资预算制度实施对国有资本配置效率的影响，本书以中央企业控股的上市公司为研究样本，以非效率投资、价值创造和经营绩效为资本配置效率的代理变量，实证考察国资预算的制度实施效果。

首先，对于非效率投资问题，中国编制国资经营预算的周期较短，造成企业的投资短视行为，中央企业控股上市公司普遍存在过度投资现象。国资预算制度的实施能够通过实现国有资本出资者到位、加强国有企业管理者监管、降低企业自由现金流等方式，有效地抑制工业类中央企业控股上市公司的过度投资行为，并且国有资本收益收取比例的增加有助于抑制中央企业的过度投资现象。另外，中央企业控股的上市公司中大股东占款的现象比较明显，而过多的大股东占款会使得上市公司被"掏空"，经营管理出现困境，不利于上市公司的良性发展，同时也扭曲了资本市场优化资源配置、提高投资效率的市场功能，损害了国有资本配置的社会公平性。

其次，国资预算制度的实施有助于中央企业提升企业价值创造能力，但是国有资本收益上缴比例与企业价值创造未能呈现出应有的正向关系，这表明国有资本收益上缴比例尚不能适应纳入预算的中央企业的动态变化，现行的比例未能对企业价值创造产生预期的正向影响，在现行国资预算执行监督、绩效考核等配套制度尚不十分健全的情况下，甚至会出现管理层基于机会主义动机而产生的"道德风险"与"逆向选择"问题，对企业价值产生负向影响。在对国有企业按功能进行分类后，国有资本收益上缴比例与企业价值创造之间呈现出不同的关系。按照行业竞争程度在对中央企业样本进行分组后，无论是充分竞争行业样本组还是主业处于国家重要及自然垄断行业样本组，国资预算制度实施与企业价值创造均呈显著正相关关系。但是国有资本收益上缴比例与企业价值创造的关系，在高竞争组中呈1%负相关关系，在主业处于国家重要行业及自然垄断行业等低竞争组中的负向关系则不显著。这可能是由于该样本组的企业基本属于资源垄断特征的行业，且这类行业的上缴比例较充分竞争行业高。较高的收缴比例使得国有资本收益上缴制度的积极作用显现，这也从侧面印证了现阶段中国上缴比例低导致无法对企业价值创造产生正向作用的现状。另外，管理层激励和企业过度负债情况都会影响国资预算制度作用的发挥。货币薪酬激励、管理层持股激励可以对国资预算制度与企业价值创造之间的关系产生正向调节作用。在过度负债情况下国资预算制度对企业价值创造的促进作用难以实现，并且过度负债水平越高时，国资预算收益上缴比例对国有企业价值创造能力的抑制作用越明显。过度负债不但会直接降低国有企业的价值创造能力，还会通过融资约束影响有关企业价值创造的其他因素，抑制正面作用，助长负面作用，阻碍国资预算制度的作用效果的发挥。

最后，国资预算的实施与国有企业经营绩效呈显著的正相关关系，说明在中国现有制度下，国资预算的实施能够有效地促进国有企业经营绩效的提高。国有资本收益收取比例与国有企业经营绩效整体呈负相关，这与其对国有企业价值创造能力的影响效果存在一致性。

综合来看，国资预算制度的实施对于提升国有资本配置效率是有利的，具体表现为抑制国有企业的非效率投资，促进国有企业进行价值创造和经营绩效的提升。其重要的原因有，根据出资者财务理论和产权理论，国资预算制度的实施使得国有资本出资者、经营者的身份及责任边界的划分更加清晰，有利于规范国家与中央企业间的产权关系，能够促进国资委履行国有资本出资者的收益权、重大决策权和监督管理权，将国资预算结果作为绩效考核的重要内容，发挥预算的监督、激励作用，强化内部控制，有效约束经营者行为。同时，国资预算制度以价值预算管理为核心，通过预算收支安排，将国资预算指标落实到各责任主体，能够发挥预算的分配和统筹作用，优化国有企业内外部资源配置，提升企业经营管理水平，进而促进国有资本经营效率的提升。但是，由于中国现行国有资本收益上缴比例规定尚不规范，存在收益上缴比例偏低、大类划分难以满足不同类型国有企业动态发展要求等问题，加之国资预算执行监督、绩效考核等配套制度尚不健全，一定程度上阻碍了国资预算制度对于资本配置效率提升的正向作用效果，尤其是国有资本收益上缴对国有企业自由现金流的抑制作用和由此产生的抑制管理层代理行为的作用难以发挥，甚至导致国有企业管理者为了维持原有个人利益水平，可能会通过提前在职消费、关联交易、负向盈余管理等逆向选择行为提前消耗或隐藏国有企业利润，会对国有企业价值创造产生负面影响。

8.2　国资预算制度完善

基于上述对国资预算的体系分析，本部分主要对其在预算上缴、强化预算支出的公平性、推进地方国资预算制度完善和监督配套政策的制定等方面提出完善建议。

8.2.1　预算上缴对策分析

对国资预算中预算上缴的对策主要在进一步提高利润上缴比例并细化分类和继续扩大预算实施范围两个方面展开。

1）进一步提高利润上缴比例并细化分类

中国国有资本收益上缴比例在现阶段仍然较低，无法完全促进国有资本配置效率的提高。所以，国资预算应继续提高利润的上缴比例。同时，由于各地国有企业的资产状况仍具有较大差异，且国资预算实施进度也不尽相同。因此，应因地制宜地确定国有资本收益上缴制度，更为细致地划分和规定国有资本收益上缴比例。对于东部沿海经济比较发达的地区，可以设置较高的收益上缴比例，对于西部经济基础较为薄弱的地区则可较低。这样做可以在实现国有资本配置效率的同时也兼顾到公平地配置各地域的国有资本，最终使国有资本实现平衡地保值增值。

现阶段的中国仅是按照行业将纳入国资预算制度的中央企业分为5类，每类行业确定一个固定国有资本收益上缴比例。国资委、财政部和国家发展改革委于2015年12月30日联合发布《关于国有企业功能界定与分类的指导意见》，按功能将国有企业分类为商业类企业和公益类企业。针对现阶段国有资本收益上缴比例分类过粗这一问题，可通过国有企业功能分类对其予以细化。就主业处于充分竞争行业和领域的商业类企业而言，现行的国有资本收益上缴比例无法显现其应有的正向作用，可进一步提高该类企业的国有资本收益上缴比例；就主业处于关系国家安全及国民经济命脉的重要行业和关键领域的商业类企业而言，由于需保持其国有资本的控股地位、加大国有资本投入、着力突出主业，可暂不提高上缴比例；就主业处于自然垄断行业的商业类企业而言，坚持"政企分开、政资分开"的原则，提高收益上缴比例既有助于政府强化出资者地位，又可以合理配置垄断企业内部的多余资本。此外，由于公益类企业侧重于保障和改善民生，社会责任较重，创造利润的能力较商业类企业弱，依靠自身资源难以维持企业运营，因此国资监管机构应对公益类企业给予一定的资本支持，国有资本收益上缴比例可暂不提高。

2）继续扩大预算实施范围

国资预算除了具备对国有资本的保值增值功能以外，实际上也能有效地监管纳入预算范围内的国有资产。为了使国资预算实现从狭义向广义拓展，中国应逐步将资源性国有资产也纳入到国资预算范围内，也对资源性国有资产行业征收国有资本经营收益，并对资源性国有资产进行资源配置。针对地方国资预算的上缴制度，各省、自治区和直辖市应在编制好省属一级企业的预算同时，将国资预算制度实施的深度进行拓展，使预算制度和收益上缴制度贯彻于省属以下企业。这样既可以防止一级企业利润下降，对于有效管控国有资本是有益的，还能防止国有资本流失。

另外，中国现有相关的政策制定和中央企业在实施过程中所关注的多为年度预算，忽略了对国有资本中长期预算的编制。中期预算通常以3年为计划期，采用滚动计划的编制形式，较短期预算更具稳定性和前瞻性，较长期预算更具数据准确性和实际执行性，是搭建长期预算和短期预算一致性的桥梁。国资预算可采用"1+3"的滚动编制模式，在此基础上，考虑编制5到10年的长期国资预算，为国家跨年度政策提供充足的资金保证，促进国家宏观调控政策的实施与资源配置效率的提高。

8.2.2 强化预算支出的公平性

国资预算支出范围的确定是充分发挥国资预算作用的重要条件，在国有资产管理体制深化改革的背景下，除了应重点推动国有经济布局的战略性调整和国有经济产业结构的进一步优化，促进提升国有资本配置效率外，还应该强调助力国有资本配置性的提升。

为解决国资预算收益直接划转补充政府公共预算中存在的问题，中国应建立针对于两种资金划转的制度规范，并在具体编制上设置专门的划转科目，即按照产业支出项目要求设置划转科目。另外，理顺交叉重叠科目对保证国资预算的相对独立性具有重要意义，即调出公共预算体系中用于国有企业改革发展的科目，安排进入国资预算体系，同时推动用于补贴和支持国有企业发展的支出科目逐步退出政府公共预算体系。此外，在加强国资预算与一般公共预算间衔接关系时，也应注重加强国有资本预算与社会保障预算之间的关系，使国资预算在弥补社保缺口方面能更好地发挥作用。

资本的稀缺性使得资本的合理配置成为一种客观要求。与民营企业和外资企业相比，中国国有企业的资本配置效率处于一个稳定的、较低的水平[①]。因此，国资预算在安排支出时，必须坚持以人为本的基本国策，将资本更多地转向社会保障和就业等方面公共民生事业领域，而且还要充分考虑到国家的发展战略目标，使资本更多地转向关系国家安全、国民经济命脉的重要行业和关键领域。在具体实施上，可以将民生领域的支出作为预算单独项目列示并制定具体操作流程，这将有利于各预算单位提高对民生导向预算支出的重视，从而适当偏重民生领域。

8.2.3 推进地方国资预算制度完善

目前，国资预算制度在中国各地区的实施情况各异，要想各地区的实施步调协调统一，则需要在大方向上寻求统一，在小范围内因地制宜，有节奏、有计划地完善地方国资预算制度，以此来提高全国范围内的国有资本配置效率与公平性。在努力完善地方整体国资预算制度的同时，可以允许先进地区优先发展，发达地区带动落后地区一同发展，最终实现在全国范围内建立与完善国资预算组织、编制、执行和监督体系的目标。首先，应促进各地区相关部门树立国资预算的主体意识，提升有关学习和落实国资预算制度的积极性，尤其是要积极促进各地方国资预算主管单位实行因地制宜的方案，不断优化本地区的国资预算收益上缴比例，拓展及深化预算编制的范围。其次，财政部应制定普及国资预算制度的政策建议，并定期调查、持续关注地方国资预算的普及情况，推动地方国资预算工作规范有序地开展。最后，在实践过程中，对于国资预算实施效果显著的地区需要总结相关经验，在理论与实践方面对其他地区给予帮助，为本地区乃至全国

---

① 方军雄. 所有制市场化进程与资本配置效率［J］. 管理世界，2007（11）：27-35.

国资预算制度的完善添砖加瓦，从而积极推动国资预算制度的全面发展。

8.2.4 监督配套政策的制定需要兼顾针对性与全面性要求

政策文件的发布可以强化监督执行的权威性，国家应当综合考虑国资预算实施全过程的监督需要，制定各环节监督配套政策，同时加强其针对性，以规范落实国资预算的监督工作，使监督机制在提高国有资本配置的效率与公平性方面发挥作用。一方面，监督政策需要具有针对性，明确规定各监督主体的职责权限，尤其需要加快推动国资委履行国资预算监督职能的详细规定的出台，有效实现国资委的监督管理作用。应该充分考虑不同预算执行环节的工作特点的需要，使监督主体在国资预算实施过程中均能够有依据、有目标、有保障地落实监督工作，为国资预算对国有资本配置效率与公平双向作用的实现保驾护航。另一方面，相关政策也要满足监督的全面性，同时综合考虑监督手段的多样性与创新性，将事前、事中及事后的监督进行有机配合，并强化内外部监督的沟通互促。对于内部监督，应将国资预算制度与国有企业内部审计、内部控制进行融合，将监督工作细化落实到公司治理与日常管理活动中，可以适当采用举报信箱、举报电话等方式来充分调动职工监督的积极性。对于外部监督，不仅需要提升人大、财政部同其他预算部门共同的硬性约束，还应该大力推进监督信息的网络化、信息化建设，进一步拓宽信息披露的路径，提高国资预算工作的透明度，带动社会公众的积极性，强化人民大众的监督作用。同时，加强利用国资预算内外监督信息的共享机制，减少内外信息不对称，以最优的方式促进国资预算监督目标的达成。此外，还应当建立、完善适用于国资预算监督执行的约束与激励机制，确保监督体系的有效运行。

8.2.5 协同推进国资预算改革与国有企业公司治理完善

综合来看，国资预算制度的实施对于提升国有资本配置效率是有利的，但是制度实施效果受到国有企业管理层投机、股东侵占等代理问题的影响。所以，要想最大化实现国资预算制度实施对资本配置效率提升的促进作用，在对国有资本收益上缴比例、预算制度实施范围、相关监督配套政策等内容进行重点完善的同时，需要协同推进国有企业公司治理机制的优化。重视国资预算制度与公司治理机制的深入融合，推动国资预算绩效考评与企业激励和约束制度建设的直接挂钩，促使中央企业管理层将国有资本经营管理目标的达成作为其自身利益实现的重要关注，通过国有资本的有效运营和优化配置实现国有资本的保值增值。

具体而言，可通过强化预算管控机制进一步优化国有企业公司治理，有针对性地健全国有企业预算执行监督、绩效考核等相关规定，硬性压缩国有企业管理者逆向选择的可操作性。同时，需要完善中央企业管理层激励机制，实现其与国资预算制度的协调效应。结合国有企业改革要点，"强化激励约束，实现业绩考核与薪酬分配的协同联动"。针对现阶段中央企业实施的股权激励比例较低、股权激励机制存在"一刀切"现象，需要结合企业具体的公司治理情况，加快构建分类分层的股权激励计划，以激励管理层积极工作，认真落实国资预算计划，将国资预算目标的实现与自身利益的实现相挂钩。

另外，对于国有企业的过度负债问题，可以分类进行处理。对于主业处于充分竞争行业和领域的商业类国有企业的过度负债问题，债务重组是最有效的解决方法之一。对于主业处于自然垄断行业的商业类国有企业，国有企业应选择多元化融资渠道，并强化资本经营责任。对于主业处于关系国家安全、国民经济命脉的重要行业和关键领域的商业类国有企业，过度负债问题的解决应该得到国资预算支出的重点支持；公益类国有企业侧重于保障和改善民生，社会责任较重，国资预算支出应为该类国有企业债务重组提供有效的资金支持。

9 资本配置视角下国资预算制度研究：主要结论与研究展望

本书立足于社会经济转型和全面深化改革的现实背景，在系统研究资本配置效率与公平双维导向下，对中央和地方的国资预算的制度实施状况以及制度效果进行深入研究，得出以下结论和展望。

9.1 研究结论

本书通过核心概念和理论基础的界定、国际比较，并对国资预算的实施效果进行实地调研、访谈调查、案例分析和实证检验，重点从资本配置的视角研究当前制度存在的缺陷，研究内容和配套建议具备一定的参考价值。本章主要从国资预算的实施效果和完善等方面阐述研究结论。

9.1.1 国资预算对提升资本配置效率的必要性和有效性

国资预算作为政府预算的重要组成部分，在提高国有资本配置效率、实现国有经济结构调整与政府治理转型发挥了较为重要的作用。

本书基于资本配置视角，选取国资预算制度实施前后的中央企业控股的上市公司为研究样本，以非效率投资、价值创造和经营绩效为研究视角，实证考察国资预算的实施效果。实证研究结果表明，国资预算制度的实施能够综合地提升国有资本配置效率，具体表现为抑制企业的非效率投资，促进企业进行价值创造和企业经营绩效的提升。因此，实施国资预算制度对于提升国有资本配置效率是有必要的。

9.1.2 国资预算对保障资本配置公平的可行性与成长性

国资预算在中国收入分配机制的调节和政府间各预算的协调方面发挥了一定的积极作用，使国有企业的收益可以用于更为广泛的领域。在保障资本配置公平性方面，国资预算制度实施取得了一定成效，具有可行性。近些年来，国资预算支出在民生领域的总体数额和比例逐渐攀升，其在保障民生方面的作用越发受到重视。此外，财政部等主管部门对于国资预算支出的方向进行了优化调整，注重国有资本在行业间的再配置，保障产业间再分配的公平性。

但是，通过分析国资预算支出配置的实施效果发现，国资预算支出仍然表现为"取之国企，用之国企"的状况，其指出方向目前仍主要集中在资源勘探电力信息等事务、商业服务业等事务、交通运输业等垄断行业中，与保障民生领域相关的支出比重仍然偏低。

9.1.3　国资预算地区间差异的普遍性

中央层面的国资预算制度在中国率先得到建立和完善，地方国有企业以中央为基础，纷纷结合自身实际情况开展制度实施试点。由于各地区经济发展水平和国有企业经营特点的不同，制度实施状况差别较大，对地区国有资本配置的影响也因此会存在差异。

在国资预算制度实施的年份上，中国西部、南部地区明显滞后于东部和北部省份；编制主体方面也呈现出两级编制主体、三级编制主体和四级编制主体的多样性；在预算收益上缴比例和实施范围方面，也因各地方政府规定的不同而各具特色；预算支出方面也呈现出较大的差异，发达地区占比较高。北京市和上海市的国资预算实施较早，是地方国资预算改革的先行者和典型示范，两者在国资预算制度框架搭建和制度实践方面各有特色，但是存在较大的完善空间。

9.1.4　基于资本配置视角的国资预算仍需进一步完善

中央国资预算制度试行以来，其政策体系不断完善，制度实施过程中涉及的预算编制、执行、评价及激励各环节均制定了较为详细地保障政策，预算制度实施范围逐渐扩大，国有资本收益上缴比例和上缴总额不断提升，用于保障和改善民生的预算支出也不断加大。同时，各省、自治区和直辖市的国资预算制度各具特色，试点工作取得了较大进步。以上对于改善国有资本配置情况具有一定的促进作用。

但是，目前国资预算制度仍有较大缺陷，主要有各组织部门之间权责不明、部分国有企业尚未纳入预算范围、支出结构有待优化、征管手段较弱、评价指标体系尚不完善、监督政策过于宽泛和地方国资预算制度普及程度参差不齐等，预算编制和执行的详细数据的可得性较差，信息披露的透明性也有待提升。此外，目前国资预算支出资金用于补充公共财政预算、社会保障基金预算的比重仍较低，相关对接机制有待进一步明确和完善。因此，及时发现国资预算缺陷、切实提出具有针对性的完善建议仍是目前国资预算的重要任务。

9.2 研究展望

在全面深化国企改革和政府会计改革的背景下，资本配置视角下国资预算理论与实践的完善是一项重要课题，由于时间和能力所限，本书对国资预算的实施效果与制度完善的研究仍有继续深化和拓展的地方。

9.2.1 制度效果理论研究的不断拓展

本书关于国资预算与国有企业公司治理、盈余管理、集团管控和高管业绩等方面的研究比较薄弱，相关理论研究需要更加深入，相应的作用机理和研究方法也有待拓展和创新。目前研究多为基于委托代理理论、自由现金流理论的实证研究，基于利益相关者理论、管理者情绪等其他相关理论的研究还较少。国有资本配置效率的相关指标基本多采用投资效率、公司绩效等指标，且多集中在较为微观的领域，中观和宏观维度的指标设计和理论研究尚需深化和补充；公平维度主要以支持与保障民生方面支出金额的描述性统计，研究方法较为单一。该制度效果理论研究的拓展将有助于合理设计并不断强化国资预算的制度机制。

9.2.2 国有企业资本配置效率的跟踪研究

关于国资预算制度实施效果研究有待深化和拓展，已有研究成果比较局限，多为制度实施对非效率投资、企业绩效等微观层面企业资本配置效率影响的研究，研究视角较为单一，未能将宏观与微观层面、资本配置的效率与公平维度放在系统框架中进行综合考察。本书关于资本配置公平与国资预算制度实施相结合的实证类研究仍显薄弱。另外，从公司治理方面，有关制度实施对国有企业资本配置效率影响机制的研究，目前主要集中于国有资本收益上缴对国有企业自由现金流的抑制作用，多为非主动型的作用机制，相关的研究视角和路径等有待进一步深化和拓展。同时，预算支出及后续的追踪研究有待加强，国资预算制度对国有企业内部、企业集团内部、不同行业资源配置优化的研究略显不足。

9.2.3 国资预算公平维度的深入研究

本书以国资预算与国有资本优化配置之间的良性互动为逻辑主线，系统研究资本配置效率与公平双维导向下完善国资预算制度的政策设计。然而，关于国有资本配置公平的研究主要分析了国资预算的民生支出比例以及在各行业的分配情况，有关公平维度的研究还比较局限，相关的理论研究和研究方法都有待深化。结合国企分类改革以及国有资本授权经营体制改革要求，根据不同类型国有企业的特点，基于公平角度研究国资预算的预算收入和支出的制度安排，对于优化国有资本配置、助力经济体制改革和国有经济高质量发展更加具有重要的现实意义。

9.2.4　地方国资预算制度实施效果的持续检验

地方国有资本是中国国有资本的重要组成部分，若想整体提升国有资本配置的效率和公平，地方国资预算制度的实施影响不可忽视。本书经验研究主要以中央企业为研究样本，对于地方国资预算制度实施效果的研究较为薄弱，相关的案例研究和实证研究有待补充。本书虽然汇总了地方层面制度实施的描述性统计结果，但由于相关信息的披露尚不规范，研究数据的可获得性较差。此外，部分省市考虑到监管绩效、企业保护等因素，对相关预算资料和数据进行保密，以致对问卷调查和实地访谈造成了一定障碍。进一步深化国资预算的地方政策研究，有助于加快构建系统完备的国资预算的制度体系，完善中国预算制度。

参考文献

[1] 高路易,高伟彦,张春霖. 国企分红不应偏离国家预算[N]. 21世纪经济报道,2006-02-27.

[2] 陈工,陈明利. 财政分权、企业投资效率与资本配置[J]. 华东经济管理,2016(1):1-11.

[3] 陈林,唐杨柳. 混合所有制改革与国有企业政策性负担——基于早期国企产权改革大数据的实证研究[J]. 经济学家,2014(11):13-23.

[4] 陈林. 什么是国有资本经营预算制度[J]. 求是,2014(7):61.

[5] 陈艳利,迟怡君. 央企投资效率与资本运营:由国有资本经营预算观察[J]. 改革,2015(10):41-50.

[6] 陈艳利,徐同伟,弓锐. 国有资本经营预算对国有企业经营绩效的影响研究——来自央企控股上市公司的经验证据[J]. 财政研究,2016(5):57-67.

[7] 陈艳利,乔菲,孙鹤元. 资源配置效率视角下企业集团内部交易的经济后果——来自中国资本市场的经验证据[J]. 会计研究,2014(10):28-35.

[8] 陈艳利. 国有资本经营预算制度的构建:体系框架与难点解析[J]. 财政研究,2008(10):24-27.

[9] 陈艳利. 进一步深化国有资本经营预算制度的思考[J]. 国有资产管理,2012(4):75-77.

[10] 陈艳利,姜艳峰. 国有资本经营预算制度、过度负债与企业价值创造[J]. 财经问题研究,2017(2):43-51.

[11] 陈德球,李思飞,钟昀珈. 政府质量、投资与资本配置效率[J]. 世界经济,2012(3):89-110.

[12] 陈少晖. 国有企业利润上缴:国外运行模式与中国的制度重构[J]. 财贸研究,2010(3):80-87.

[13] 陈少晖,朱珍. 国有上市公司利润分配与国有资本经营预算的建构——以钢铁行业为例[J]. 东南学术,2011(6):104-115.

[14] 陈少晖,朱珍. 民生财政导向下的国有资本经营预算支出研究[J]. 当代经济研究,2012(4):32-38.

[15] 陈少晖,廖添士. 公共财政框架下的省域国有资本经营预算研究[M]. 北京:社会科学文献出版社,2012.

[16] 陈雪峰. 国有资本经营预算管理研究[D]. 青岛:青岛科技大学,2007.

[17] 程仲鸣,夏银桂. 制度变迁、国家控股与股权激励[J]. 南开管理评论,2008(4):89-96.

[18] 成力为,孙玮,孙雁泽. 地方政府财政支出竞争与区域资本配置效率——区域制造业产

业资本配置效率视角[J]. 公共管理学报,2009(2):29-35.

[19] 曹均伟. 国外国有资产监督模式的比较和借鉴[J]. 世界经济研究,2007(6):73-88.

[20] 杜宁,王桂媛. 转型经济下复式预算硬化国有资本约束的机理分析[J]. 财政研究,2009(11):24-27.

[21] 杜胜利,翟艳玲. 总经理年度报酬决定因素的实证分析——以我国上市公司为例[J]. 管理世界,2005(8):113-120.

[22] 邓子基. 论国有资本经营预算[J]. 产权导刊,2006(1):9-14.

[23] 格林沃尔德. 现代经济词典[M]. 北京:商务印书馆,1981.

[24] 邓子基,陈少晖. 国有资本财政研究[M]. 北京:中国财政经济出版社,2006.

[25] 方军雄. 所有制、市场化进程与资本配置效率[J]. 管理世界,2007(11):27-35.

[26] 方军雄. 我国上市公司高管的薪酬存在粘性吗?[J]. 经济研究,2009(3):110-124.

[27] 方军雄. 所有制、制度环境与信贷资金配置[J]. 经济研究,2007(12):82-92.

[28] 樊纲. 论体制转轨的动态过程——非国有部门的成长与国有部门的改革[J]. 经济研究,2000(1):11-21.

[29] 弗里曼. 利益相关者方法[M]. 王彦华,梁豪,译. 上海:上海译文出版社,2006.

[30] 郭复初. 社会主义财务的三个层次[J]. 财经科学,1988(3):21-24.

[31] 郭复初. 论国家财务[J]. 财经科学,1991(3):36-39.

[32] 郭复初. 国家财务论[M]. 成都:西南财经大学出版社,1993.

[33] 顾斌,周立烨. 我国上市公司股权激励实施效果的研究[J]. 会计研究,2007(2):79-84.

[34] 郭敏,张凤莲. 基于价值创造的财务管理体系建构[J]. 管理世界,2005(5):156-157.

[35] 范里安. 微观经济学:现代观点[M]. 费方域,朱保华,等,译. 9版. 上海:格致出版社,2015.

[36] 黄群慧,王佳宁. 国有企业改革新进展与趋势观察[J]. 改革,2017(5):5-14.

[37] 韩倩倩,潘爱玲. 预算管理的理论演进与实践发展:综述及启示[J]. 华东经济管理,2010(5):149-152.

[38] 郝书辰,田金方,陶虎. 国有工业企业效率的行业检验[J]. 中国工业经济,2012(12):57-69.

[39] 米德. 经济分析与政策导论[M]. 伦敦:牛津大学出版社,1936.

[40] 詹蕾. 国有资本经营管理绩效评价研究[J]. 改革与开放,2009(4):112-113.

[41] 贾后明. 资本概念理解上的分歧及派别划分[J]. 理论月刊,2003(12):77-80.

[42] 蒋艾丽. 国有企业绩效评价体系探讨[J]. 新疆财经大学学报,2008(2):35-37.

[43] 焦健,刘银国,张琛,等. 国企分红、过度投资与企业绩效——基于沪深两市国有控股上市公司的面板数据分析[J]. 经济与管理研究,2014(4):104-112.

[44] 凯恩斯. 就业、利息和货币通论[M]. 李欣全,译. 2版. 海南:南海出版社,2010.

[45] 李燕,唐卓. 国有企业利润分配与完善国有资本经营预算——基于公共资源收益全民共享的分析[J]. 中央财经大学学报,2013(6):7-12.

[46] 李曙光. 国有资产法律保护机制研究[M]. 北京:经济科学出版社,2015.

[47] 李燕. 论建立我国国有资本经营预算制度[J]. 中央财经大学学报,2004(2):1-8.

[48] 李鑫,李香梅. 代理冲突、公司治理因素的激励约束效应与资本配置效率[J]. 管理世界,2014(11):166-167.

[49] 李云鹤,李湛,唐松莲. 企业生命周期、公司治理与公司资本配置效率[J]. 南开管理评论,2011(3):110-121.

[50] 连玉君,程建. 不同成长机会下资本结构与经营绩效之关系研究[J]. 当代经济科学,2006(2):97-103.

[51] 刘行,叶康涛. 企业的避税活动会影响投资效率吗?[J]. 会计研究,2013(6):47-53.

[52] 刘凤委,李琦. 市场竞争、EVA评价与企业过度投资[J]. 会计研究,2013(2):54-95.

[53] 刘玉平,赵兴莉. 智力资本驱动企业价值创造的有效性研究——基于智力资本综合评价视角[J]. 中央财经大学学报,2013(1):41-45.

[54] 刘永泽,陈艳利,孙光国. 国有资本预算制度的构建目标、原则与基本框架[J]. 财经问题研究,2007(9):72-77.

[55] 刘淑莲. 企业价值评估与价值创造战略研究——两种价值模式与六大驱动因素[J]. 会计研究,2004(9):69-71.

[56] 刘建秋,宋献中. 社会责任与企业价值创造研究:回顾与展望[J]. 中南财经政法大学学报,2010(3):101-105.

[57] 刘银国,焦健,于志军. 国有企业分红、自由现金流与在职消费——基于公司治理机制的考察[J]. 经济学动态,2016(4):23-36.

[58] 陆正飞,何婕,窦欢. 谁更过度负债:国有还是非国有企业[J]. 经济研究,2015(12):54-67.

[59] 列宁. 列宁全集[M]. 中共中央马克思恩格斯列宁斯大林著作编译局,译. 北京:人民出版社,1984.

[60] 廖添土. 国有资本经营预算:历史考察与制度建构[M]. 北京:社会科学文献出版社,2015.

[61] 科斯. 论生产的制度结构[M]. 盛洪,陈郁,译. 上海:三联书店上海分店出版社,1994.

[62] 马乃云. 国外国有企业管理及收益收缴实践对我的启示[J]. 财会研究,2010(17):60-63.

[63] 马克思,恩格斯. 马克思恩格斯全集[M]. 中共中央马克思恩格斯列宁斯大林著作编译局,译. 北京:人民出版社,1972.

[64] 蒲艳萍,成肖. 金融发展、市场化与服务业资本配置效率[J]. 经济学家,2014(6):43-52.

[65] 蒲艳萍,成肖. 行业非国有经济资本配置效率研究[J]. 上海经济研究,2015(11):28-36.

[66] 佩鲁. 略论"发展极"概念[J]. 应用经济学,1955(8):307-320.

[67] 覃家琦,邵新建. 交叉上市、政府干预与资本配置效率[J]. 经济研究,2015(6):117-130.

[68] 申慧慧,于鹏,吴联生. 国有股权、环境不确定性与投资效率[J]. 经济研究,2012(7):113-126.

[69] 谌新民,刘善敏. 上市公司经营者报酬结构性差异的实证研究[J]. 经济研究,2003(8):55-63.

[70] 宋淑琴,姚凯丽. 融资约束、异质债务与过度投资差异化:民营上市公司2007—2011年样本[J]. 改革,2014(1):138-147.

[71] 唐雪松,周晓苏,马如静. 上市公司过度投资行为及其制约机制的实证研究[J]. 会计研究,2007(7):44-52.

[72] 谭崇台. 发展经济学[M]. 上海:上海人民出版社,1989.

[73] 田利辉. 杠杆治理、预算软约束和中国上市公司绩效[J]. 经济学(季刊),2004(1):15-26.

[74] 王大鹏,朱迎春. 改善资本配置效率的Malmquist指数分解方法[J]. 数量经济技术经济研究,2009(1):99-108.

[75] 王木,钱坤. 国有资本配置公平性测算与分析——基于94个行业和31个省市的数据[J]. 财会通讯,2011(27):116-117.

[76] 王淼. 政府干预、公司治理与国有企业的资本配置效率[J]. 华东经济管理,2016(3):34-41.

[77] 王景升. 国有资本经营预算组织与编制研究[M]. 大连:东北财经大学出版社,2010.

[78] 王佳杰,童锦治,李星. 国企分红、过度投资与国有资本经营预算制度的有效性[J]. 经济学动态,2014(8):70-77.

[79] 汪平,李光贵,袁晨. 国外国有企业分红政策:实践总结与评述[J]. 经济与管理研究,2008(6):78-86.

[80] 文宗瑜. 国有资本经营预算管理改革的继续深化[J]. 地方财政研究,2011(4):9-23.

[81] 文宗瑜. 国有资本经营预算管理改革应继续深化[J]. 上海国资,2010(12):56-57.

[82] 魏明海,柳建华. 国企分红、治理因素与过度投资[J]. 管理世界,2007(4):88-95.

[83] 吴晓东. 国有资本经营预算绩效评价体系研究[J]. 财经问题研究,2012(10):68-73.

[84] 徐倩. 不确定性、股权激励与非效率投资[J]. 会计研究,2014(3):41-48.

[85] 徐莉萍,辛宇,陈工孟. 股权集中度和股权制衡及其对公司经营绩效的影响[J]. 经济研究,2006(1):90-100.

[86] 徐炜,胡道勇. 股权结构与公司绩效——相对托宾Q视角下的实证研究[J]. 南京师大学报:社会科学版,2006(1):59-64.

[87] 许娟娟,陈艳,陈志阳. 股权激励、盈余管理与公司绩效[J]. 山西财经大学学报,2016(3):100-112.

[88] 夏立军,方轶强. 政府控制、治理环境与公司价值——来自中国证券市场的经验证据[J].

经济研究,2005(5):40-51.

[89] 许秀梅. 技术资本、人力资本与企业价值——异质性视角的微观检验[J]. 山西财经大学学报,2016(4):13-24.

[90] 谢地. 政府规制经济学[M]. 北京:高等教育出版社,2013.

[91] 谢志华. 国有资本预算经营与管理前沿理论研究[M]. 北京:经济科学出版社,2011:57-63.

[92] 谢志华,崔学刚,何玉润,等. 完善国有资本预算经营制度研究[M]. 北京:经济科学出版社,2011:37-41.

[93] 谢志华. 出资者财务论[J]. 会计研究,1997(5):24-29.

[94] 俞红海,徐龙炳,陈百助. 终极控股股东控制权与自由现金流过度投资[J]. 经济研究,2010,45(8):103-114.

[95] 叶振鹏. 适应社会主义市场经济的要求重构财政职能[J]. 财政研究,1993(3):25-31.

[96] 赵冬梅. 浅议国有资本经营预算制度存在的问题及改进建议[J]. 财务与会计,2012(10):37-38.

[97] 张涛,曲宁. 西方国有企业分红模式及政策比较:经验与借鉴[J]. 会计之友,2010(6):19-22.

[98] 张纯,吕伟. 信息环境、融资约束与现金股利[J]. 金融研究,2009(7):81-94.

[99] 张纯,吕伟. 信息披露、信息中介与企业过度投资[J]. 会计研究,2009(1):60-65.

[100] 张建华,王君彩. 国企分红、国企绩效与过度投资:实证检验——基于国有资本金预算新政前后的对比分析[J]. 中央财经大学学报,2011(8):66-69.

[101] 张先治,李琦. 基于EVA的业绩评价对央企过度投资行为影响的实证分析[J]. 当代财经,2012(5):119-128.

[102] 钟文. 国有资本经营绩效评价研究[D]. 成都:西南财经大学,2011.

[103] 张舒. 我国国有资本经营预算理论研究进展及评述[J]. 财政研究,2013(1):16-18.

[104] 朱珍,陈少晖. 国有资本经营预算的政策演替与实践效果——基于中央企业PVAR模型的分析[J]. 经济与管理研究,2013(7):5-12.

[105] Aghion P,Bolton P.An Incomplete Contacts Approach to Financial Contracting[J]. Review of Economic Studies[J]. 1992,59(3):473-494.

[106] Bai C,Lu J,Tao Z.Multitask Theory of State Enterprise Reform：Empirical Evidence from China[J]. American Economic Review,2006(96):353-357.

[107] Black F and Seholes M. The Effects of Dividend Yield and Dividend Policy on Common Stock Prices and Returns[J]. Journal of Financial Economics,1974(1):1-22.

[108] Bull M,Ridley-Duff,Rory. Social Enterprise as a Socially Rational Business [J]. International Journal of Entrepreneurial Behaviour & Research,2008,14(5):291-312.

[109] Claude Dennis,Doug Brown.Shareholders and Corporate Control[J]. Journal of

Political Economy,1994(95):461-488.

[110] Caskey J, Hughes J, Liu J. Leverage, Excess Leverage, and Future Returns[J]. Review of Accounting Studies,2012,17(2):443-471.

[111] Denis D J, Mckeon S B. Debt Financing an Financial Flexibility Evidence from Proactive Leverage Increases[J]. Review of Financial Studies, 2012, 25(12): 1897-1929.

[112] Easterbrook F H. Two Agency-Cost Explanation of Dividends[J]. American Economic Review,1984,74(4):650-659.

[113] Fazzari S M, Hubbard R G, Petersen B C. Financing Constraints on Corporate Investment[J]. Brookings Papers on Economic Activity,1988,1(1):141-195.

[114] Galera G, Borzaga C. Social Enterprise: an International Overview of Its Conceptual Evolution and Legal Implementation[J]. Social Enterprise Journal,2009,5(3):210-228.

[115] Harford J. Corporate Cash Reserves and Acquisitions[J]. The Journal of Finance, 1999,54(6):1969-1997.

[116] Jenny Wurgler. Financial Market and the Allocation of Capital[J]. Journal of Financial Economics,2000(58):187-214.

[117] Jensen M C, Meckling W H. Theory of the Firm : Managerial Behavior, Agency Costs, and Ownership Structure[J]. Journal of Financial Economics, 1976,3(4): 305-360.

[118] Jensen M. Agency Costs of Free Cash Flow, Corporate Finance, and Takeovers[J]. American Economic Review,1986(76):323-329.

[119] Kalay A. Signaling, Information Content and the Reluctance to Cut Dividends[J]. Journal of Financial and Quantitative Analysis,1982(15):855-869.

[120] Lie E. Excess Funds and Agency Problems[J]. The Review of Financial Studies, 2000(1):219-249.

[121] Lang L H P, Litzenberger R H. Dividend Announcements: Cash Flow Signalling vs. Free Cash Flow Hypothesis?[J]. Journal of Financial Economics, 1989, 24(1): 181-191.

[122] Lamont Owen. Cash Flow and Investment: Evidence from Internal Capital Markets [J]. the Journal of Finance,1997,52.

[123] Morck R, Shleifer A, Vishny R W. Management Ownership and Corporate Performance: an Empirical Analysis[J]. Social Science Electronic Publishing,1986, 5(4):1441-1453.

[124] Megginson W, Netter J. From State to Market: A Survey of Empirical Studies on Privatization[J]. Journal of Economic Literature,2001(2):321-389.

[125] Matsusaka J G, Nanda V. Internal Capital Markets and Corporate Refocusing[J].

Journal of Financial Intermediation,2002,11(2):176-211.

[126] Porta R,Shleifer A.Corporate Ownership around the World[J]. Journal of Finance,1996(54):471-517.

[127] Richardson S. Over-Investment of Free Cash Flow [J]. Review of Accounting Studies,2006,11(2):159-189.

[128] Sun Q,Tong W.China Share Issue Privatization:The Extent of Its Success[J]. Journal of Financial Economics,2003(2):183-222.

[129] Shirley M,Xu L C.Information,Incentives,and Commitment : An Empirical Analysis of Contracts between Government and State Enterprises[J]. Journal of Law,1998(14):358-378.

附　录

附录1　2007年试行国有资本经营预算的央企范围及利润上交比例表

试行国有资本经营预算的央企范围及利润上交比例表——2007年

第一类上交10%的企业

1	中国石油天然气集团公司	10	中国大唐集团公司
2	中国石油化工集团公司	11	神华集团有限责任公司
3	中国海洋石油总公司	12	中国中煤能源集团公司
4	国家电网公司	13	中国移动通信集团公司
5	中国长江三峡开发总公司	14	中国电信集团公司
6	中国电力投资集团公司	15	中国网络通信集团公司
7	中国华能集团公司	16	中国铁通集团公司
8	中国国电集团公司	17	中国卫星通信集团公司
9	中国华电集团公司	18	中国烟草总公司

第二类上交5%的企业

19	中国铝业公司	69	中国工艺（集团）公司
20	中国有色矿业集团有限公司	70	中国轻工集团公司
21	中国黄金集团公司	71	中国机械工业集团公司
22	鲁中冶金矿业集团公司	72	中国通用技术（集团）控股有限责任公司
23	宝钢集团有限公司	73	中国中化集团公司
24	鞍山钢铁集团公司	74	中粮集团有限公司
25	武汉钢铁（集团）公司	75	中国五矿集团公司
26	攀枝花钢铁（集团）公司	76	中国保利集团公司
27	中国中纺集团公司	77	中国铁路物资总公司
28	中国恒天集团有限公司	78	中国邮电器材集团公司
29	中国中材集团公司	79	珠海振戎公司
30	中国建筑材料集团公司	80	中国诚通控股集团有限公司
31	中国生物技术集团公司	81	中国华星集团公司
32	中国医药集团总公司	82	中国轻工业品进出口总公司
33	三九企业集团（深圳南方制药厂）（托管）	83	中商企业集团公司

34	中国房地产开发集团公司	84	中国成套设备进出口（集团）总公司
35	中国化工集团公司	85	中国远东国际贸易总公司
36	中国化学工程集团公司	86	中国中钢集团公司
37	中国乐凯胶片集团公司	87	中国丝绸进出口总公司
38	中国远洋运输（集团）总公司	88	中国华孚贸易发展集团公司
39	中国海运（集团）总公司	89	中国唱片总公司（托管）
40	中国对外贸易运输（集团）总公司	90	中国新时代控股（集团）公司
41	中国长江航运（集团）总公司	91	中国国旅集团公司
42	中国航空集团公司	92	中国出国人员服务总公司
43	中国南方航空集团公司	93	中国国际工程咨询公司
44	中国航空油料集团公司	94	中国电力工程顾问集团公司
45	中国民航信息集团公司	95	中国水电工程顾问集团公司
46	中国海洋航空集团公司	96	中国国际技术智力合作公司
47	中国东方航空集团公司	97	中国国际企业合作公司
48	国家开发投资公司	98	中国轻工业对外经济技术合作公司
49	中国节能投资公司	99	华润（集团）有限公司
50	中国高新投资集团公司	100	南光（集团）有限公司
51	中国水利投资集团公司	101	中国港中旅集团公司
52	中国电子信息产业集团公司	102	招商局集团有限公司
53	彩虹集团公司	103	东风汽车公司
54	中国华录集团有限公司	104	中国东方电气集团公司
55	中国普天信息产业集团公司	105	新兴铸管集团有限公司
56	中国交通建设集团有限公司	106	哈尔滨电站设备集团公司
57	中国建筑工程总公司	107	中国第一重型机械集团公司
58	中国铁路工程总公司	108	中国铁路通信信号集团公司
59	中国冶金科工集团公司	109	中国南方机车车辆工业集团公司
60	华侨城集团公司	110	中国第一汽车集团公司
61	中国水利水电建设集团公司	111	中国北方机车车辆工业集团公司
62	中国铁道建筑总公司	112	西安电力机械制造公司
63	中国葛洲坝集团公司	113	中国第二重型机械集团公司
64	中国新兴（集团）总公司	114	中国福马机械集团有限公司
65	中国盐业总公司	115	中国农垦（集团）总公司（托管）
66	中国印刷集团公司	116	中国农业发展集团总公司
67	中国包装总公司（托管）	117	中国林业集团公司
68	中国航空器材进出口集团公司		

第三类暂缓三年上交的企业

118	煤炭科学研究总院	134	中国电子工程设计院
119	中国纺织科学研究院	135	中国煤炭地质总局
120	中煤国际工程设计研究总院	136	电信科学技术研究院
121	中国海诚国际工程投资总院	137	上海医药工业研究院
122	中国钢研科技集团公司	138	中国航空工业第一集团公司
123	中国建筑设计研究院	139	中国航空工业第二集团公司
124	中国汽车技术研究中心	140	中国核工业集团公司
125	北京有色金属研究总院	141	中国核工业建设集团公司
126	机械科学研究总院	142	中国兵器工业集团公司
127	中国建筑科学研究院	143	中国兵器装备集团公司
128	中国冶金地质总局	144	中国船舶重工集团公司
129	中国农业机械化科学研究院	145	中国船舶工业集团公司
130	上海船舶运输科学研究所	146	中国航天科技集团公司
131	北京矿冶研究总院	147	中国航天科工集团公司
132	武汉邮电科学研究院	148	中国电子科技集团公司
133	长沙矿冶研究院	149	国家核电技术有限公司

第四类免交的企业

150	中国储备粮管理总公司
151	中国储备棉管理总公司

附录2　2011年试行国有资本经营预算的央企范围及利润上交比例表

试行国有资本经营预算的央企范围及利润上交比例表—2011年

第一类上交15%的企业

1	中国烟草总公司	9	中国国电集团公司
2	中国石油天然气集团公司	10	中国华电集团公司
3	中国石油化工集团公司	11	中国大唐集团公司
4	中国海洋石油总公司	12	神华集团有限责任公司
5	国家电网公司	13	中国中煤能源集团公司
6	中国长江三峡集团公司	14	中国移动通信集团公司
7	中国电力投资集团公司	15	中国电信集团公司
8	中国华能集团公司		

第二类上交10%的企业

16	中国铝业公司	55	中国第一重型机械集团公司
17	中国有色矿业集团有限公司	56	中国第二重型机械集团公司
18	中国黄金集团公司	57	中国南车集团公司
19	宝钢集团有限公司	58	中国北方机车车辆工业集团公司
20	鞍钢集团公司	59	中国铁路通信信号集团公司
21	武汉钢铁（集团）公司	60	新兴铸管集团有限公司
22	中国化工集团公司	61	国家开发投资公司
23	中国乐凯胶片集团公司	62	中国节能投资公司
24	中国远洋运输（集团）总公司	63	中国高新投资集团公司
25	中国海运（集团）总公司	64	华侨城集团公司
26	中国外运长航集团公司	65	中国国旅集团有限公司
27	中国航空集团公司	66	中国国际工程咨询公司
28	中国南方航空集团公司	67	中国水电工程顾问集团公司
29	中国东方航空集团公司	68	中国电力工程顾问集团公司
30	中国民航信息集团公司	69	中国恒天集团公司
31	中国电子信息产业集团公司	70	中国盐业总公司
32	彩虹集团公司	71	中国印刷集团公司
33	中国华录集团有限公司	72	中国中纺集团公司
34	中国普天信息产业集团公司	73	中国航空油料集团公司
35	中国第一汽车集团公司	74	中国航空器材集团公司
36	东风汽车公司	75	中国工艺（集团）公司
37	中国东方电气集团有限公司	76	中国轻工集团公司
38	哈尔滨电气集团公司	77	中国机械工业集团有限公司
39	中国西电集团公司	78	中国通用技术（集团）控股有限责任公司
40	中国中化集团公司	79	中国化学工程集团公司
41	中粮集团有限公司	80	中国交通建设集团有限公司
42	中国五矿集团公司	81	中国建筑工程总公司
43	中国保利集团公司	82	中国铁路工程总公司
44	中国铁路物资总公司	83	中国冶金科工集团有限公司
45	珠海振戎公司	84	中国水利水电建设集团公司
46	中国诚通控股集团有限公司	85	中国铁道建筑总公司
47	中国华星集团公司	86	中国葛洲坝集团公司
48	中商企业集团公司	87	华润（集团）有限公司
49	中国中钢集团公司	88	南光（集团）有限公司
50	中国丝绸进出口总公司	89	中国港中旅集团公司
51	中国华孚贸易发展集团公司	90	中国东方电气集团公司

52	中国医药集团公司	91	中国国际技术智力合作公司
53	中国中材集团公司	92	中国农业发展集团总公司
54	中国建筑材料集团有限公司	93	中国林业集团公司

第三类上交5%的企业

94	中国核工业集团公司	111	中国建筑设计研究院
95	中国核工业建设集团公司	112	武汉邮电科学研究院
96	中国航天科技集团公司	113	中国汽车技术研究中心
97	中国航天科工集团公司	114	中国冶金地质总局
98	中国航空工业集团公司	115	中国煤炭地质总局
99	中国船舶工业集团公司	116	中国邮政集团公司
100	中国船舶重工集团公司	117	中国出版集团公司
101	中国兵器工业集团公司	118	中国对外文化集团公司
102	中国兵器装备集团公司	119	中国东方演艺集团公司
103	中国电子科技集团公司	120	中国文化传媒集团公司
104	中国煤炭科工集团有限公司	121	中国动漫集团公司
105	机械科学研究总院	122	中国电影集团公司
106	中国钢研科技集团公司	123	黑龙江北大荒农垦集团公司
107	北京有色金属研究总院	124	广东省农垦集团公司
108	北京矿冶研究总院	125	教育部所属企业
109	中国建筑科学研究院	126	中国国际贸易促进委员会所属企业
110	电信科学技术研究院		

第四类免交的企业

| 127 | 中国储备粮管理总公司 |
| 128 | 中国储备棉管理总公司 |

附录3　2012年纳入中央国有资本经营预算实施范围企业名单

纳入中央国有资本经营预算实施范围企业名单—2012年

工业和信息化部所属企业（81户）

1	北京赛西电子科技公司	42	哈尔滨船大工程技术设计研究院
2	秦皇岛市北戴河幸运国际大酒店	43	西安西北工业大学科技产业集团公司
3	北京翠东招待所	44	南京航空航天大学资产经营有限公司
4	北京三达经济技术合作开发中心	45	江苏南航恒响科教器材公司

5	北京中汇通信息咨询有限责任公司	46	北京海淀亚信技术公司
6	北京西长安外事服务中心	47	北京瑞特电信技术公司
7	北京城中园宾馆	48	北京金元宾馆
8	北京市金厦物业管理有限公司	49	保定泰尔通信设备抗震研究所
9	长安通信清算有限公司	50	北京讯惠通信技术开发有限公司
10	北京北航机械厂	51	泰尔认证中心
11	北京航威创新教育科技有限公司	52	北京华信邮电通信工程咨询公司
12	北京航空航天大学教育培训中心	53	北京泰尔凯达电信信息咨询有限责任公司
13	北京北航资产经营有限公司	54	北京泰尔赛科科技有限公司
14	北京北航招待所	55	北京泰尔管理咨询有限公司
15	北京优购商贸有限公司	56	北京五龙电信技术公司
16	北京市海讯达通信有限责任公司	57	北京中电赛意科技有限公司
17	广州赛宝信息产业技术研究院	58	北京赛普信科技有限公司
18	广州赛宝计量检测中心服务有限公司	59	天维讯达无线电设备检测（北京）有限责任公司
19	广州南方电子工程设计院	60	北京东方波泰无线电频谱技术有限公司
20	广州华飞印刷厂	61	北京通产广告公司
21	广州赛宝物业经营管理中心	62	北京文经广告策划中心
22	广州市天河运行机电工程部	63	北京通九洲信息科技有限公司
23	广州赛宝认证中心服务有限公司	64	《数码精品世界》杂志社
24	广州赛宝腾睿信息科技有限公司	65	《IT经理世界》杂志社
25	广州赛宝联睿信息科技有限公司	66	北京纲正知识产权事务咨询服务有限公司
26	哈尔滨工业大学实业开发总公司	67	北京市鑫海威信息中心
27	哈尔滨工业大学印刷厂	68	北京市信源电子信息技术公司
28	哈尔滨工业大学资产投资经营有限责任公司	69	中国电子音像出版社
29	哈尔滨工业大学经济技术发展中心	70	北京新奥时代科技有限责任公司
30	哈尔滨工业大学电子仪器厂	71	赛迪信息产业（集团）有限公司
31	南京理工大学资产经营有限公司印刷分公司	72	《世界电子元器件》杂志社
32	南京理工大学后勤服务总公司	73	电脑商报社
33	南京华勤建筑安装公司	74	北京赛迪电子出版社
34	南京理工大学建设监理公司	75	北京赛迪国软认证有限公司
35	南京理工大学生活服务中心	76	《数字生活》杂志社
36	南京理工大学科技培训中心	77	《网管员世界》杂志社
37	南京理工大学接待中心	78	北京理工资产经营有限公司
38	哈尔滨工程大学科技园发展有限公司	79	北京理工大学出版社
39	黑龙江水运规划设计院	80	北京诚志融晟资产管理公司
40	哈尔滨工程大学招待所	81	《中国招标》周刊社
41	哈尔滨工程大学出版社		

卫生部所属企业（3户）

1	成都华西天使宾馆有限责任公司	3	北京协和制药二厂
2	北京协和药厂		

国资委所属企业（55户）

1	北京富商华物业管理有限责任公司	29	北京中纺达房地产经纪中心
2	北京商达服经贸有限公司	30	北京中金瀚商贸公司
3	北京康忻机票代理服务中心	31	北京中天京建物业管理有限公司
4	北京兴贸招待所	32	北京国佳建材招待所
5	北京日月明饺子屋	33	北京海淀国建建筑装饰工程队
6	北京益德宝洗衣有限公司	34	北京中企信通科技有限公司
7	北京中物娱乐城	35	北京众服信达物业服务有限责任公司
8	中物物业管理开发有限公司	36	华纺房地产开发公司
9	北京中恒房地产开发有限公司	37	企业技术进步杂志社
10	北京中工友联商务服务公司	38	北京金瀚物业管理公司
11	北京万方白云路招待所	39	北京和平里宾馆
12	北京万方北河沿招待所	40	北京海福湾大酒楼有限公司
13	北京三维机电产品销售中心	41	轻工招待所（中轻宾馆）
14	北京万方白云路西里招待所	42	北京紫霞企业管理咨询有限责任公司
15	北京同心物业管理有限公司	43	北京月坛宾馆
16	北京中工资产经营管理有限公司	44	北京内贸汽车维修中心
17	机械机关招待所	45	中工机电发展总公司
18	北京金基业工贸集团有限责任公司	46	北京中工虎峪酒店管理有限公司
19	北京康瑞普冶金设备有限公司	47	北京凯威特商贸公司
20	北京金色东方工业气体有限责任公司	48	北京国建塑钢有限责任公司
21	北京金苑恒通物业管理中心	49	北京海淀百万庄建材综合经营部
22	北京礼士宾馆	50	北京国经建科贸有限公司
23	北京金力达创业科技发展中心	51	中国经济贸易年鉴社
24	北京金盛苑服务中心	52	中博实业发展总公司
25	北京中亚远恒物业管理有限公司	53	中国经济图书进出口公司
26	北京国轻天地物业管理有限公司	54	中经录音录像中心
27	北京三乐物业管理公司	55	中国经济书店
28	北京新中纺物业管理有限公司		

国家体育总局所属企业（53户）

1	青岛航海宾馆	28	北京永洲体育用品公司
2	北京中乒体育文化发展有限责任公司	29	北京天坛体育宾馆
3	北京中羽兴国际体育文化发展中心	30	北京中网泰尼斯体育发展中心

4	北京兴棋艺苑商贸中心	31	北京奥润体育发展有限责任公司
5	北京体联体育发展有限公司	32	安阳通用航空有限责任公司
6	北京体联国际体育交流有限公司	33	北京航管体育服务中心
7	北京奥林冠体育广告有限公司	34	北京天路达电讯器材研究所
8	北京中篮体育开发中心	35	北京首都体育馆
9	北京北体宾馆	36	北京奥星广告公司
10	北京博体体育科学技术开发中心	37	北京市钮科林科技开发公司
11	北京海淀北体加油站	38	北京首体宾馆
12	北京海淀北体汽车配件销售中心	39	北京奥体旅行社
13	北京北体大校园综合商店	40	沈阳滑翔机制造厂
14	北京北体康乐城	41	中体彩彩票运营管理有限公司
15	北京体育大学出版社	42	北京奥华出租汽车有限公司
16	北京国体科技开发服务中心	43	北京奥华汽车租赁公司
17	北京市首金国际体育发展中心	44	北京市奥华出租汽车修理站
18	北京老山体育文化发展中心	45	北京奥体广告公司
19	北京市老山汽车租赁有限公司	46	北京奥林匹克实业开发公司
20	华兴体育用品发展中心	47	北京奥林匹克经济技术开发公司
21	北京国体世纪体育用品质量认证中心	48	北京奥林匹克体育设施工程技术公司
22	北京天下上善体育文化发展有限公司	49	中体产业集团股份有限公司
23	中体彩科技发展有限公司	50	华体集团有限公司
24	北京台体宾馆	51	湛江市阳光健身俱乐部
25	北京摩托运动发展公司	52	北京首体招待所
26	北京菱华广告服务中心	53	中国国际体育旅游公司
27	北京体鑫信息咨询服务社		

中国民用航空局直属企业（1户）

1　首都机场集团公司

文资办履行出资人职责企业（108户）

1	中广传播集团有限公司	55	中国金融出版社
2	中国教育出版传媒集团有限公司	56	中国时代经济出版社
3	党建读物出版社	57	中国经济出版社
4	学习出版社有限责任公司	58	冶金工业出版社
5	当代世界出版社	59	中国海关出版社
6	中国长安出版社	60	中国税务出版社
7	研究出版社	61	中国工商出版社
8	五洲传播出版社	62	中国质检出版社（中国标准出版社）
9	金城出版社	63	中国国际广播出版社

10	九州出版社	64	中国广播电视出版社
11	中国档案出版社	65	中国书籍出版社
12	世界知识出版社	66	中国体育报业总社
13	中国计划出版社	67	煤炭工业出版社
14	中国市场出版社	68	中国统计出版社
15	教育科学出版社	69	中国林业出版社
16	科学技术文献出版社	70	知识产权出版社
17	人民邮电出版社	71	中国旅游出版社
18	电子工业出版社	72	宗教文化出版社
19	中国民族摄影艺术出版社	73	中国法制出版社
20	中国方正出版社	74	中国言实出版社
21	中国社会出版社	75	中国三峡出版社
22	法律出版社	76	中国文史出版社
23	经济科学出版社	77	中国检察出版社
24	中国财政经济出版社	78	人民法院出版社
25	中国人事出版社	79	开明出版社
26	中国劳动社会保障出版社	80	民主与建设出版社
27	地质出版社	81	群言出版社
28	中国大地出版社	82	台海出版社
29	中国地图出版社	83	团结出版社
30	测绘出版社	84	学苑出版社
31	中华地图学社	85	中国致公出版社
32	西安地图出版社	86	中国工人出版社
33	哈尔滨地图出版社	87	中国青年出版社
34	成都地图出版社	88	团中央中国少年儿童新闻出版总社
35	海洋出版社	89	中国妇女出版社
36	中国环境科学出版社	90	中国电影出版社
37	中国城市出版社	91	中国摄影出版社
38	中国建筑工业出版社	92	作家出版社
39	人民交通出版社	93	中国华侨出版社
40	中国民航出版社	94	科学普及出版社
41	中国铁道出版社	95	中国科学技术出版社
42	中国水利水电出版社	96	华夏出版社
43	中国农业出版社	97	中国和平出版社
44	农村读物出版社	98	中国福利会出版社
45	中国农业科学技术出版社	99	中华工商联合出版社有限责任公司
46	中国商务出版社	100	化学工业出版社

47	文化艺术出版社	101	机械工业出版社
48	国家图书馆出版社	102	中国物资出版社
49	紫禁城出版社	103	中国纺织出版社
50	文物出版社	104	中国轻工业出版社
51	人民卫生出版社	105	中国商业出版社
52	中国中医药出版社	106	线装书局
53	中医古籍出版社	107	中国医药科技出版社
54	中国人口出版社	108	企业管理出版社

附录4 2014年国有资本经营预算的央企范围及利润上交比例表

国有资本经营预算的央企范围及利润上交比例表—2014年

第一类上交25%的企业

| 1 | 中国烟草总公司 | | |

第二类上交20%的企业

2	中国石油天然气集团公司	9	中国国电集团公司
3	中国石油化工集团公司	10	中国华电集团公司
4	中国海洋石油总公司	11	中国大唐集团公司
5	国家电网公司	12	神华集团有限责任公司
6	中国长江三峡集团公司	13	中国中煤能源集团公司
7	中国电力投资集团公司	14	中国移动通信集团公司
8	中国华能集团公司	15	中国电信集团公司

第三类上交15%的企业

16	中国铝业公司	51	中国中纺集团公司
17	中国有色矿业集团有限公司	52	中国航空油料集团公司
18	中国黄金集团公司	53	中国航空器材集团公司
19	宝钢集团有限公司	54	中国工艺（集团）公司
20	鞍钢集团公司	55	中国轻工业集团公司
21	武汉钢铁（集团）公司	56	中国机械工业集团有限公司
22	中国化工集团公司	57	中国通用技术（集团）控股有限责任公司
23	中国远洋运输（集团）总公司	58	中国中化集团公司
24	中国海运（集团）总公司	59	中粮集团有限公司
25	中国外运长航集团公司	60	中国五矿集团公司

26	中国航空集团公司	61	中国保利集团公司
27	中国南方航空集团公司	62	中国铁路物资总公司
28	中国东方航空集团公司	63	珠海振戎公司
29	中国民航信息集团公司	64	中国诚通控股集团有限公司
30	中国电子信息产业集团公司	65	中国中钢集团公司
31	中国华录集团有限公司	66	中国中丝集团公司
32	中国普天信息产业集团公司	67	中国华孚贸易发展集团公司
33	中国第一汽车集团公司	68	中国医药集团总公司
34	东风汽车公司	69	中国中材集团有限公司
35	中国东方电气集团有限公司	70	中国建筑材料集团有限公司
36	哈尔滨电气集团公司	71	中国化学工程集团公司
37	中国西电集团公司	72	中国交通建设集团有限公司
38	中国第一重型机械集团公司	73	中国建筑工程总公司
39	中国南车集团公司	74	中国铁路工程总公司
40	中国北方机车车辆工业集团	75	中国铁道建筑总公司
41	中国铁路通信信号集团公司	76	中国冶金科工集团有限公司
42	新兴际华集团有限公司	77	中国电力建设集团有限公司
43	国家开发投资公司	78	中国能源建设集团有限公司
44	中国国新控股有限责任公司	79	华润（集团）有限公司
45	中国节能环保集团公司	80	南光（集团）有限公司
46	华侨城集团公司	81	中国港中旅集团公司
47	中国国旅集团有限公司	82	中国葛洲坝集团公司
48	中国国际工程咨询公司	83	招商局集团有限公司
49	中国恒天集团有限公司	84	中国农业发展集团总公司
50	中国盐业总公司	85	中国林业集团公司

第四类上交 10% 的企业

86	中国核工业集团公司	103	中国建筑设计研究院
87	中国核工业建设集团公司	104	武汉邮电科学研究院
88	中国航天科技集团公司	105	中国汽车技术研究中心
89	中国航天科工集团公司	106	中国冶金地质总局
90	中国航空工业集团公司	107	中国煤炭地质总局
91	中国船舶工业集团公司	108	中国邮政集团公司
92	中国船舶重工集团公司	109	中国电影集团公司
93	中国兵器工业集团公司	110	黑龙江北大荒农垦集团公司
94	中国兵器装备集团公司	111	广东省农垦集团公司
95	中国电子科技集团公司	112	教育部所属企业

96	中国煤炭科工集团有限公司	113	贸促会所属企业
97	机械科学研究总院	114	工业和信息化部所属企业
98	中国钢研科技集团公司	115	卫生计生委所属企业
99	北京有色金属研究总院	116	国资委所属企业
100	北京矿冶研究总院	117	体育总局所属企业
101	中国建筑科学研究院	118	首都机场集团公司
102	电信科学技术研究院	119	文资办履行出资人职责的中央文化企业

第五类免交的企业

120	中国储备粮管理总公司
121	中国储备棉管理总公司

附录5 关于国有资本经营预算制度执行情况的调查问卷

尊敬的先生/女士：

您好！我们来自东北财经大学会计学院、中国内部控制研究中心，正在进行"资本配置视角下国有资本经营预算的实施效果与制度完善研究"项目（14BJY151）。

为了解国有资本经营预算制度实施效果方面的情况，加强国有资本经营预算制度的完善，需要了解国有企业对国有资本经营预算制度的执行情况，希望能够得到您的大力支持与合作，提供您的意见和看法。

问卷说明：本问卷不记名，我们将对您提供的信息保密并仅用于学术研究，请您放心作答。本问卷主要采用单项选择的形式，部分问题为多项选择和填空，问卷中的问题答案无对错之分，请您按照了解的情况进行选择并填入括号内，部分填空请您在相应处如实填写。

衷心感谢您能在百忙之中抽出时间填答问卷！

"资本配置视角下国有资本经营预算的实施效果与制度完善研究"课题组

年 月 日

一、基本信息

1.贵公司的性质是（　　）。

A.国有独资企业　　　　　　　　B.国有控股子公司

C.国有参股子公司　　　　　　　D.其他

2.贵公司所处的行业类别是（　　）。

A.中国烟草总公司

B.电力、电信、石油石化、煤炭等资源垄断特征的企业

C.钢铁、贸易、运输、电子等一般竞争性行业企业

D.军工企业、转制科研院所企业、中央文化企业等

E.政策性公司，中国储备棉总公司、中国储备粮总公司

3.您在贵公司所处的部门是（　　　）。

A.董事会　　　　　　　　　　B.总裁办

C.财务部　　　　　　　　　　D.其他

4.您的职位所处的公司层级是（　　　）。

A.高层管理人员　　　　　　　B.中级管理人员

C.基层人员

二、实施情况调查

（一）国有资本经营预算制度普及情况

5.您对国有资本经营预算的了解程度是（　　　）。

A.完全不了解——▶若选A请结束答题　B.一般了解

C.比较了解　　　　　　　　　D.非常了解

6.您对国有资本经营预算主要通过何种途径了解？（　　　）多选

A.查找书籍文献　　　　　　　B.阅读新闻、报纸

C.学习政策文件　　　　　　　D.参加公司培训

E.其他_____（请列明）

7.国有资本经营预算制度在贵公司从哪一年开始实行（编制上报）？（　　　）

A.2007年及之前　　　　　　　B.2008年

C.2009年　　　　　　　　　　D.2010年

E.2011年　　　　　　　　　　F.2012年

G.2012年以后

8.自国有资本经营预算制度实施以来，贵公司组织国有资本经营预算学习培训活动的频率是（　　　）。

A.从未组织　　　　　　　　　B.极少组织

C.每年组织，但不定期　　　　D.每年定期组织培训

（二）国有资本经营预算收支范围

9.您认为下列各类国有企业的国有资本收益上缴比例应做如何调整？

（请在每一行适当的空格中打√）

	提高比例	保持比例	降低比例	停止收取
烟草企业（25%）				
资源型企业（20%）				
一般竞争性企业（15%）				
转制科研院所、军工企业、2011年之后纳入的企业（10%）				
政策性企业（0）				

10.请对如下国有资本经营预算中的4个选项，在国有企业支出方面的重要性进行排序。
（请将各选项按重要性顺序填入相应位置）

第一重要	第二重要	第三重要	第四重要

A.国有企业资本金注入　　　　　　B.解决历史遗留问题及改革成本支出
C.国有企业政策性补贴　　　　　　D.其他（国有企业灾后重建等）

11.您对下列国有资本经营预算收入来源的收取比例（力度）有何看法？
（请在每一行适当的空格中打√）

	提高比例 （加大力度）	保持比例 （保持现状）	降低比例 （减轻力度）	停止收取
利润收入				
股息、红利收入				
国有产权收入				
清算收入				

12.您认为下列各行业的国有资本经营预算支出比例应作何调整？
（请在每一行适当的空格中打√）

	提高比例 （加大力度）	保持比例 （保持现状）	降低比例 （减轻力度）	停止支出
教育				
文化体育与传媒				
农林水事务				
资源勘探电力信息				
商业服务业等事务				
交通运输				
社会保障和就业				
转移性支出				

（三）预算的编制和批复

13.贵企业是否设有专门的预算编制机构或者人员组织该方面工作？（　　　　）

A.设有专门机构进行编制

B.未设有专门机构但有专门人员编制

C.统一由财务部门编制

D.其他　　（请列明）

14.您认为现行的国有资本经营预算编制系统复杂程度如何？（　　　）

A.非常复杂　　　　　　　　　　　B.较为复杂

C.不复杂　　　　　　　　　　　　D.不了解

15.您认为现有国有资本经营预算编制工作中工作量如何？（　　　）

A.工作任务量很大，人员严重不足

B.工作任务量较重

C.工作任务量一般

D.工作任务量很小，存在冗员现象

16.您认为现时国有资本经营预算制度支出项目审核强度如何？（　　　）

A.非常严格　　　　　　　　　　　B.较为严格

C.合理尺度　　　　　　　　　　　D.较为宽松

17.您认为现时的国有资本经营预算编制和批复的行政效率如何？（　　　）

（请在每一行适当的空格中打√）

	效率很高	效率较高	效率一般	效率较低	效率很低
预算编制方面					
预算批复方面					

（四）预算的执行

18.贵公司在预算执行方面是否存在过以下情况？

（请在每一行适当的空格中打√）

	存在，常年如此	存在，但较少	基本不存在	从未出现
国有资本收益上缴不及时				
国有资本收益上缴不足额				
预算资金擅自调剂使用				

19.您认为国有资本经营预算制度的总体执行情况如何？（　　　）

A.非常严格　　　　　　　　　　　B.比较严格

C.比较宽松　　　　　　　　　　　D.管理制度形同虚设，没有人遵守

20.贵公司总体上每年的国有资本收益上缴额与收到的国有资本经营预算拨付资金数额差异如何？（　　　）

A.收益上缴通常大于拨入资金　　　B.收益上缴通常小于拨入资金

C.收益上缴通常等于拨入资金　　　D.每年收支差额变动幅度较大

（五）决算

21.您认为现行的国有资本经营决算编制流程复杂程度如何？（　　　）

　　A.非常复杂　　　　　　　　　　　　B.较为复杂

　　C.不复杂　　　　　　　　　　　　　D.不了解

22.您认为现有国有资本经营决算编制工作中工作量如何？（　　　）

　　A.工作任务量很大，人员严重不足　　B.工作任务量较重

　　C.工作任务量一般　　　　　　　　　D.工作任务量很小，存在冗员现象

（六）绩效管理与监督检查

23.财政、审计部门对贵公司国有资本经营预算审计频率如何（　　　）。

　　A.定期全面审计　　　　　　　　　　B.定期抽样审计

　　C.不定期全面审计抽样审计　　　　　D.不定期抽样审计

　　E.从未进行审计

24.您认为审计部门对国有资本经营预算的相关审计结果或结论会对贵公司以后年度国有资本经营预算项目申报与审批产生多大程度的影响？（　　　）

　　A.影响非常大　　　　　　　　　　　B.影响较大

　　C.影响一般　　　　　　　　　　　　D.影响较小

　　E.没有影响

25.贵公司对国有资本经营预算绩效管理与评价机制的实施情况如何？（　　　）

　　A.全面实施　　　　　　　　　　　　B.试点实施

　　C.还未实施　　　　　　　　　　　　D.不清楚

26.您认为绩效评价的结果对今后贵公司国有资本经营预算项目和资金安排的影响程度如何？（　　　）

　　A.影响非常大　　　　　　　　　　　B.影响较大

　　C.影响一般　　　　　　　　　　　　D.没太有影响

　　E.没有影响

27.您认为财政、审计等部门对贵公司国有资本经营预算执行情况的监督及监控力度如何？（　　　）

　　A.非常严格　　　　　　　　　　　　B.较为严格

　　C.合理尺度　　　　　　　　　　　　D.较为宽松

（七）总体实施情况调查

28.您认为现行的国有资本经营预算制度完善程度如何？（　　　）

　　A.极不完善　　　　　　　　　　　　B.不太完善

　　C.较为完善　　　　　　　　　　　　D.很完善

29.您如何看待上缴的国有资本收益用于社会保障及社会福利等支出？（　　　）

　　A.应主要用于社会保障及社会福利等支出

　　B.可以小部分用于社会保障及社会福利等支出

　　C.不应用于社会保障及社会福利等支出

　　D.不清楚

30.您认为现有的国有资本经营预算体系中，政府部门是否存在职能交叉、部门分工不明的现象？（　　）

A.普遍存在　　　　　　　　　　　B.偶尔存在

C.基本不存在　　　　　　　　　　D.不清楚

31.您认为现行国有资本经营预算制度存在哪些薄弱之处？（　　）（多选）

A.组织体系建设　　　　　　　　　B.预算编制与审批效率

C.预算执行力度　　　　　　　　　D.预算监督与管控

E.绩效考核的实施　　　　　　　　F.预算实施范围

G.支出方向与比例的合理性　　　　H.其他　　　（请列明）

32.你对国有资本经营预算制度的改进与完善有何良策？（请列明）

（1）

（2）

（3）

索 引